U0905140

教育部青年基金项目
“中国劳动报酬与劳动生产率同步增长的模型构建与检验”结项成果
（项目批准号：13YJC790091）

刘海波 著

中国劳动报酬与劳动生产率同步增长研究

Research on the synchronous growth of labor remuneration and labor productivity in China

中国财经出版传媒集团
经济科学出版社
Economic Science Press

图书在版编目（CIP）数据

中国劳动报酬与劳动生产率同步增长研究/刘海波著．
—北京：经济科学出版社，2019．10
ISBN 978－7－5218－1100－1

Ⅰ．①中…　Ⅱ．①刘…　Ⅲ．①劳动报酬－研究－中国
②劳动生产率－研究－中国　Ⅳ．①F249．24 ②F249．22

中国版本图书馆CIP数据核字（2019）第272669号

责任编辑：杜　鹏　刘　悦
责任校对：隗立娜
责任印制：邱　天

中国劳动报酬与劳动生产率同步增长研究
刘海波　著
经济科学出版社出版、发行　新华书店经销
社址：北京市海淀区阜成路甲28号　邮编：100142
编辑部电话：010－88191441　发行部电话：010－88191522
网址：www．esp．com．cn
电子邮箱：esp_bj@163．com
天猫网店：经济科学出版社旗舰店
网址：http：//jjkxcbs．tmall．com
固安华明印业有限公司印装
710×1000　16开　13印张　210000字
2020年3月第1版　2020年3月第1次印刷
ISBN 978－7－5218－1100－1　定价：59．00元
（图书出现印装问题，本社负责调换。电话：010－88191510）

前　言

在学界，劳动报酬与劳动生产率虽然是一直受到经济学家高度关注的两个重要研究话题，但在绝大多数场合，两者都是被分别研究的，很少有人在一个统一的框架下谈及两者之间的相互联系。这或许是因为完全竞争市场条件下劳动报酬与劳动生产率之间的对应关系是如此直接明了与深入人心，以致隐藏于其间的细节被忽视了。然而，最近几年学界和政府关于提高劳动报酬的一些意见，却不得不让我们重新对劳动报酬与劳动生产率增长之间看似简单的关系进行更为深刻的思考。

本书以此为出发点，基于劳动报酬与劳动生产率两者同步增长的目标设定，在理论梳理、机制演绎以及认清中国当前两者增长非同步性的基础上，一方面以同质性家庭、异质性行业为载体，利用社会核算矩阵（social account matrix，SAM）和可计算一般均衡分析（computable general equilibrium，CGE），展开政策变量作用于两者关系的静态比较模拟研究；另一方面以异质性家庭、异质性企业为载体，利用新凯恩斯－动态随机一般均衡分析（new keynesian dynamic stochastic general equilibrium，NK－DSGE）展开政策变量作用于两者关系的随机动态冲击模拟研究。另外，结合理论研究和实证研究结果，提出推动两者同步增长的政策建议。

第一，梳理劳动报酬和劳动生产率的相关理论：古典经济学以斯密、李嘉图、萨伊和乔治的思想为代表；新古典经济学以马歇尔、克拉克和霍布森的思想为代表；新古典综合派以凯恩斯、罗宾逊和萨缪尔森的思想为代表。

第二，在新经济增长框架下对劳动报酬和劳动生产率的相互影响路径和影响机理进行逻辑演绎，分为“干中学”模型、研发模型、人力资本模型和分利模型。其中第一个模型知识为生产的副产品；第二个模型生产要素分为两部分，一部分在生产部门，另一部分在研发部门；第三个模型是引入人力资本变量；第四个模型是在人力资本模型基础上引入社会基础结构变量。

第三，对中国劳动报酬与劳动生产率演化和增长的同步性进行测度：按现有数据来源分为GDP收入法核算视角、资金流量表核算视角和投入产出表核算视角，并对三种核算视角的测算结果进行比较。

第四，利用CGE模型，结合比较静态分析，模拟确定性冲击下，劳动报酬与劳动生产率的相互影响路径和影响机理，探索各变量的反应方向和长期反应效果，细分为中国SAM编制、中国CGE模型构建及政策变量的冲击模拟。

第五，利用NK-DSGE模型，在随机冲击下，进一步对两者相互影响路径和影响机理进行动态验证，深入探索各变量的反应方向、反应幅度和反应时长，细分为中国NK-DSGE模型构建及政策变量的冲击模拟。

第六，根据上述分析，提出促进中国劳动报酬和劳动生产率同步增长的政策建议：一方面对改革开放以来中国收入分配的制度变迁进行总结和思考；另一方面在总结我国当前公共政策目标的基础上，利用上述的分析结果提出促进劳动报酬和劳动生产率同步增长的政策建议。

作　者

2020年3月

目　　录

第一章　绪　论

一、研究背景

劳动报酬与劳动生产率虽然是一直受到经济学家高度关注的两个重要研究话题，但在大多数场合，两者都是被分别研究的，这或许是因为完全竞争市场条件下劳动报酬与劳动生产率之间的对应关系直接明了，以致隐藏于其间的细节被忽视了。然而，最近几年社会各界关于提高劳动报酬的一些意见，却不得不让我们重新对劳动报酬与劳动生产率增长之间看似简单的关系进行更为深刻的思考。

卡尔多（Kaldor，1956）① 认为要素收入分配比例长期不变，直到 20 世纪 80 年代末发达国家发现要素分配比例变化的事实。在当前的收入分配结构中，高收入阶层的收入占比不断提高、劳动报酬和技能工人收入占比不断下降、低收入阶层陷入贫困代际转移等问题，已经成为当今世界各国普遍面临的重大困难与挑战。对我国而言，20 世纪 80 年代中期我国的基尼系数仅为 0. 26 左右，随后逐年拉大至 2008 年的 0. 491，此后虽略有下降，但仍在 0. 46 左右的高位徘徊，2015 ~2017 年则再次呈现上升态势，分别为 0. 462、0. 465 和 0. 467。与此同时，缩小收入差距、实现共同富裕始终是我国不断探索与实践的重要课题。

党的十八大报告提出实现发展成果由人民共享，必须深化收入分配制度改革，努力实现居民收入增长和经济发展同步、劳动报酬增长和劳动生产率提高同步，提高居民收入在国民收入分配中的比重，提高劳动报酬在初次分

---

① Kaldor N. Alternative Theories of Distribution [J]. Review of Economic Studies, 1955, 23 (2): 83 - 100.

配中的比重。党的十九大报告更是将缩小收入差距和实现共同富裕作为新时代中国特色社会主义的发展目标，再次提出要坚持在经济增长的同时实现居民收入同步增长，在劳动生产率提高的同时实现劳动报酬同步提高；要扩宽居民劳动报酬和财产性收入渠道；履行好政府再分配调节职能，加快推进公共服务均等化，缩小收入差距；明确提出从2020年到2035年“全体人民共同富裕迈出坚实步伐”，从2035年到21世纪中叶“全体人民共同富裕基本实现”。

显然，我国当前收入分配差距的现状已经对缩小收入差距和实现共同富裕形成了严重挑战，而劳动报酬与劳动生产率尚未实现同步增长无疑是造成这种影响的重要原因之一。劳动要素是每个居民天生的资源，劳动报酬也是居民收入的主要来源，自古论语有“不患寡而患不均”，若能在劳动生产率提高的同时实现劳动报酬的同步提高，抑或在劳动报酬增长落后于劳动生产率增长较长时间后实现前者增长快于后者，则会在一定程度上实现居民收入与经济增长同步，也会自动实现缩小收入差距和共同富裕。因此，在全面建成小康社会的决胜期，立足于探索其背后的相互影响路径和影响机理，实现劳动报酬与劳动生产率同步增长尤为重要。

二、研究意义

劳动报酬所占比重过低的经济背景是中国二元经济下的劳动要素无限供给，导致劳动要素市场资源配置失效，尽管劳动要素生产率提高，劳动要素报酬并没有得到一致增长。而中国经济早期重积累轻消费的观念，资本要素需求被强化，致使资本要素实际价格过高。扭曲的要素回报，致使现实中居民由于要素禀赋的差别，收入差距日益扩大，尤其是低技术工人的劳动要素报酬令人担忧。

党的十八大以来中国实施了一系列惠民举措，例如，党的十八大期间收入分配制度已调整为“初次分配和再分配兼顾效率与公平，再分配更加注重公平”；党的十九大期间“让改革发展成果更多更公平惠及全体人民”“坚决打赢脱贫攻坚战”等一系列政策的实施。统计数据显示，2012年以来劳动报酬增速超过劳动生产率增速，从而使劳动报酬占比和居民报酬占比有所提高，但最近两年劳动报酬占比略微回落，说明当前两者的关系并不稳固，亦存在反复的可能。

目前中国经济已由高速增长阶段转向高质量发展阶段，正处在转变发展方式、优化经济结构、转换增长动力的攻关期，一方面人口红利消失、资金出现流动性过剩、要素成本上升；另一方面收入分配制度坚持按劳分配原则，强调履行好政府再分配调节职能，目标在于缩小收入差距。因此，在要素结构发生变化和政府机能改变的同时，为促进中国顺利通过攻关期，探索劳动报酬和劳动生产率同步提高，巩固改革成果，实际应用价值重大。

关于中国劳动报酬和劳动生产率同步增长的路径和机制检验，本书通过构建开放条件下的 CGE 模型和 NK-DSGE 模型，分别利用其比较静态分析和动态随机冲击模拟功能，长期与短期相结合进行全面验证。两类模型均为微观基础上的宏观均衡模型，不同于传统的新古典模型，也不同于凯恩斯模型，较为全面和系统地设定了各类宏观政策发生作用的经济背景，弥补了国内分散研究和系统性研究的不足。在此基础上提出的政策建议，更具有科学性。本书研究将为劳动报酬、劳动生产率、缩小收入差距、实现共同富裕的相关研究和政策制定提供参考，并将大大丰富宏观经济学、统计学、数量经济学的研究内容。

三、研究内容

本书在相关研究概念、文献述评和度量工具介绍的基础上做了进一步深入研究。第一，对劳动报酬和劳动生产率的基本理论进行梳理；第二，对劳动报酬与劳动生产率同步增长机理进行数理演绎；第三，结合中国多角度发生的实际数据，对中国劳动报酬与劳动生产率演化和增长的同步性进行测度；第四，中国劳动报酬与劳动生产率同步增长的 CGE 静态模拟；第五，中国劳动报酬与劳动生产率同步增长的 NK-DSGE 动态模拟；第六，在中国收入分配政策变迁分析和当前公共政策目标的基础上，提出两者同步增长的有效建议。

研究内容一：梳理劳动报酬和劳动生产率的相关理论。古典经济学以斯密、李嘉图、萨伊和乔治的思想为代表；新古典经济学以马歇尔、克拉克和霍布森的思想为代表；新古典综合派以凯恩斯、罗宾逊和萨缪尔森的思想为代表。

研究内容二：在新经济增长框架下对劳动报酬和劳动生产率的相互影响

路径和影响机理进行逻辑演绎。分为"干中学"模型、研发模型、人力资本模型和分利模型。其中，第一个模型知识为生产的副产品；第二个模型生产要素分为两部分，一部分在生产部门，另一部分在研发部门；第三个模型是引入人力资本变量；第四个模型是在人力资本模型基础上，引入社会基础结构变量。

研究内容三：对中国劳动报酬与劳动生产率演化和增长的同步性进行测度。按现有数据来源，分为 GDP 收入法核算视角、资金流量表核算视角和投入产出表核算视角，并对三种核算视角的测算结果进行比较。

研究内容四：利用 CGE 模型，结合比较静态分析，模拟确定性冲击下，劳动报酬与劳动生产率的相互影响路径和影响机理，探索各变量的反应方向和长期反应效果。细分为中国社会核算矩阵的编制（social account matrix，SAM）、中国 CGE 模型构建以及政策变量的冲击模拟。

研究内容五：利用 NK-DSGE 模型，模拟随机冲击发生时，进一步对两者相互影响路径和影响机理进行动态验证，深入探索各变量各时期的反应幅度和反应时长。细分为中国 NK-DSGE 模型构建及政策变量的冲击模拟。

根据上述分析，本书提出促进中国劳动报酬和劳动生产率同步增长的政策建议。一方面对改革开放以来中国收入分配的制度变迁进行总结和思考；另一方面在总结我国当前公共政策目标的基础上，利用上述的分析结果提出促进劳动报酬和劳动生产率同步增长的政策建议。

四、研究思路与研究方法

本书基于劳动报酬与劳动生产率两者同步增长的目标设定，在理论梳理、机制演绎及认清中国当前两者增长非同步性的基础上，一方面以同质性家庭、异质性行业为载体，利用 SAM 表和 CGE 模型，展开政策变量作用于两者关系的静态比较模拟研究；另一方面以异质性家庭、异质性企业为载体，利用 NK-DSGE 模型，展开政策变量作用于两者关系的随机动态冲击模拟研究；另外，基于理论研究和实证研究相结合，提出推动两者同步增长的政策建议。基于研究框架和目标，本书遵循"问题提出—理论梳理和理论模型演绎—理论模型静态模拟—理论模型动态模拟—政策建议"的研究思路，具体如图 1－1 所示。

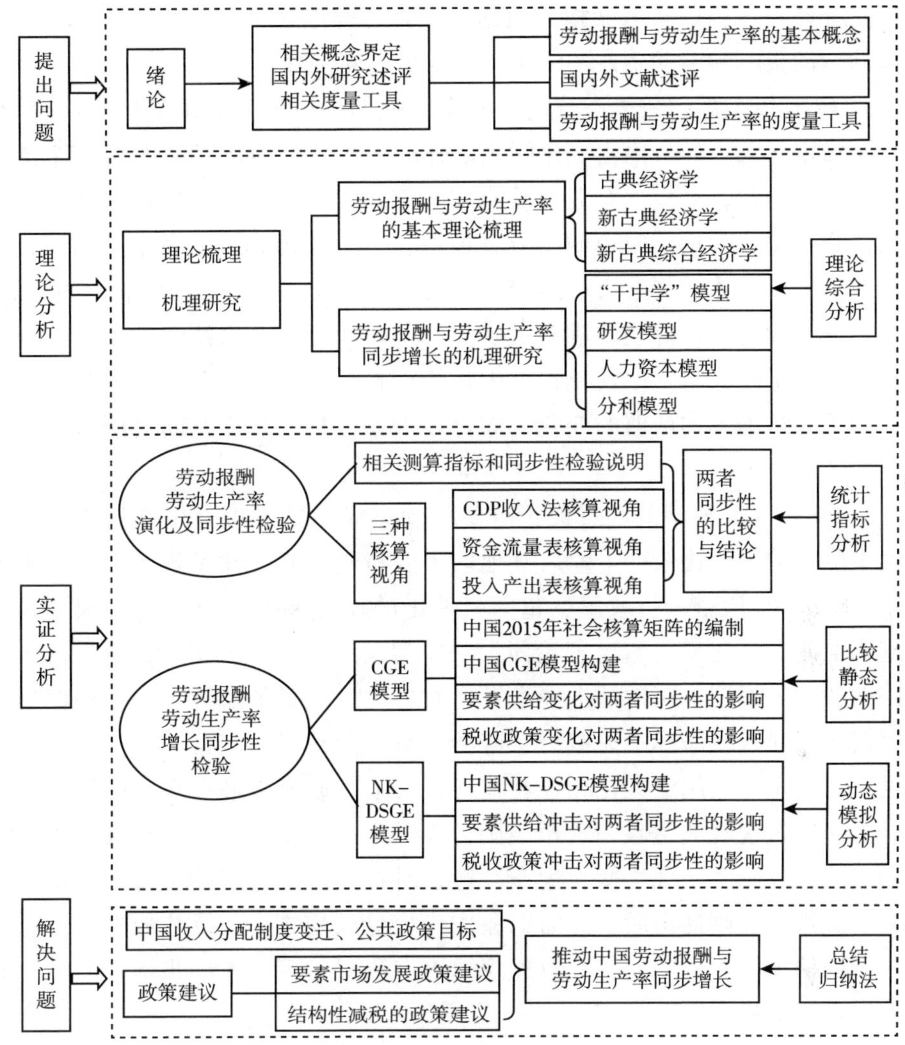

图1－1　研究思路

本书的研究方法有以下五种。

1. 理论综合分析。通过阅读相关的经典和前沿著作、文献，界定相关概念和内涵，梳理相应理论，进而在新经济增长理论框架下结合经典模型，对劳动报酬与劳动生产率的相互影响路径和影响机制进行机理研究。

2. 统计指标分析。数据主要来源于1978～2018年《中国统计年鉴》，和2002年、2005年、2007年、2010年、2012年、2015年中国投入产出表及相对应年份资金流量表（实物部分）、国际收支平衡表、中国公共财政预算决算收支统计表。利用多角度相关数据，计算各类绝对指标与相对指标，测算我国的劳动报酬和劳动生产率演化，并分析其同步性。

3. CGE模型的比较静态分析。静态模拟即模拟外生变量的确定性变化，做不同稳定状态下的各内生变量的比较分析。本书的CGE模型分为三个活动部门，三个行业，家庭、企业、政府和外部四类经济主体，生产模块、外部模块、收支模块和均衡模块四类方程模块；总量均衡和满足各市场出清，即满足劳动市场出清、资本市场出清、产品市场出清、外部市场出清。冲击前，模型实现基准均衡，外生政策变量发生确定性改变后，系统调整重新实现新的均衡。基于此，本书用其模拟外生政策变量改变前后，劳动报酬和劳动生产率相关变量不同均衡值的变化，即比较静态分析，从而判断对两者增长同步性的影响。

4. NK-DSGE模型的动态模拟分析。动态模拟即模拟外生变量或内生变量发生随机冲击，比较冲击前后其他内生变量随时间变化呈现的反应。本书利用NK-DSGE模型进行政策变量随机冲击的动态模拟。NK-DSGE模型是微观基础上的宏观建模，通过理论假设、模型设定、方程演绎、参数校准、模型稳态和冲击模拟，探讨外生冲击发生时各内生变量的反应。本书中模型分为家庭、企业、政府和中央银行、市场出清、劳动报酬和劳动生产率共计五个模块，在家庭效用最大化和企业利润最大化（或成本最小化）的微观行为基础上，通过宏观的财政和货币规则，各微观主体交互反应，最终实现所有市场出清，理论上实现均衡和稳态。稳态时各变量间呈现的是排除短期波动的长期关系；受到冲击后，此时的各内生变量反应方向、反应幅度、反应时长呈现的清楚明了，因此，该数理演绎更有利于发现两者同步增长的短期影响路径和影响机制。

5. 总结归纳分析。通过归纳前述理论研究和机理研究，结合研究假设下CGE模型和NK-DSGE模型演绎揭示的理论作用机制和模拟检验出的实际作用机制，总结促进中国劳动报酬与劳动生产率同步增长的政策建议。

五、创新与不足

本书的创新之处有三点：一是利用经典的新经济增长模型，围绕劳动报酬和劳动生产率进行一阶矩和二阶矩演绎，不同以往模型中仅关注产出、消费、储蓄等宏观指标分析；二是多角度测算劳动报酬和劳动生产率的同步性，即利用 GDP 收入法、投入产出表和资金流量表的最新数据对两者的同步性进行全面检验，具体测算指标为实际人均劳动报酬、实际劳动生产率及两者的比值，实际人均劳动报酬增长率、实际劳动生产率增长率及其两者的比值，劳动报酬份额、资本报酬份额及两者的比值；三是将 CGE 模型和 NK－DSGE 模型结合起来分析，分别利用其比较静态分析功能和随机动态冲击模拟功能，对劳动报酬与劳动生产率同步增长的相互影响路径和影响机制进行全方位检验，这不同于以往的单一静态比较或单一随机动态模拟分析。

本书的不足之处有两点：一是有关劳动报酬与劳动生产率的理论梳理，只是对各位经济学家的思想做了主要介绍，而对于其内涵没有做深入挖掘；二是政策模拟时，模拟场景有很多，本书只摘取了其中的主要部分，其余部分感兴趣的读者可向笔者索要。

第二章　相关研究综述与度量工具

第一节　劳动报酬与劳动生产率的相关概念

一、生产要素与经济主体

1. 生产要素。生产要素指的是生产商品和服务的过程中所使用的物品或劳务，经常被划分为土地（自然资源）、劳动和资本。土地（自然资源）是指生产过程中大自然赋予人们的礼物，例如土地、矿产资源、空气、水等。劳动指人们花费在生产过程中的时间和精力。资本是用于生产物品与服务的设备和建筑物，代表的是正用于生产新物品和服务的过去生产的物品的积累①。

2. 经济主体。开放经济条件下，国民经济主体通常被划分为四类，分别是居民（家庭）、企业、政府和国外。封闭经济则不含国外。理论上，居民经常被假定为实现家庭效用最大化目标；企业被假定为实现利润最大化或成本最小化目标；政府市场经济条件的主要职能有提高经济效率、增进公平、促进宏观经济的稳定和增长、提高居民福利水平。

二、要素收入分配与要素分配结构

1. 要素收入分配，是指生产要素所有者凭借其生产要素所取得的收入②，

---

① ［美］曼昆．经济学原理：7 版［M］．梁小民译．北京：北京大学出版社，2018（2）：411.
② 龚刚，杨光．从功能性收入看中国收入分配的不平等［J］．中国社会科学，2010（2）：54－69.

主要考察国民收入在土地所有者、劳动力所有者和资本所有者之间的分配，其中，土地所有者得到的是地租，劳动力所有者得到的是工资，资本所有者获得的是利润①。

2. 要素分配结构，国民收入中资本要素收入和劳动要素收入所占的比例即为要素分配结构②。

三、生产率与劳动生产率

1. 生产率。即一定时期内产出与投入的比率③。

2. 劳动生产率。萨缪尔森高度概括地将劳动生产率定义为每单位劳动的产出④。

四、效率与公平

1. 效率。效率是指最有效的使用社会资源以满足人类的愿望和需求。经济效率要求在给定技术和稀缺资源的条件下，生产最优质量和最多数量的商品和服务。在不会使其他人境况变坏的前提下，如果一项经济活动不再有可能增进任何人的经济福利，则该项经济活动就被认为是有效率的。

2. 公平。市场并不能带来公平的收入分配。市场经济可能产生令人难以接受的收入水平和消费水平的巨大差异。原因之一在于收入取决于很多因素，例如努力程度、教育、要素价格、继承、运气、政策环境等。

第二节　国内外相关文献述评

一、劳动报酬和劳动生产率关系的理论论述

经济理论中关于两者关系的认知是一个动态变化和不断综合的过程，古

---

① 周明海，姚先国，肖文．功能性与规模性收入分配：研究进展和未来方向［J］．世界经济文汇，2012（3）：89－108.

② 白重恩，钱震杰，武康平．中国工业部门要素分配份额决定因素研究［J］．经济研究，2008（8）：16－28.

③④ 萨缪尔森．经济学：19 版［M］．萧琛译．北京：商务印书馆，2016（8）：182.

典经济学、新古典经济学、新古典综合经济学，包括新经济增长理论以及论述有关劳动报酬与劳动生产率的观点各异。

关于劳动报酬和劳动生产率关系的论述，古典经济学家如李嘉图（Ricardo，1817）等认为劳动生产率增速必须超过平均工资增长速度；新古典经济学家如马歇尔（Marshall，1890）①、克拉克（Clark，1899）② 认为劳动报酬由劳动的边际生产力所决定，单位劳动报酬即是单位劳动的边际劳动生产率，两者同步增长；新古典综合经济学家如凯恩斯（Keynes，1936）③ 等认为由于工资刚性和价格黏性，劳动报酬与劳动生产率的变化不同步；罗宾逊（Robinson，1956）④ 认为由于技术进步的偏向性，两者的变化可能不同步；新经济增长理论经济学家如罗默（Romer，1990）⑤、卢卡斯（Lucas，1988）⑥ 等认为，劳动报酬不仅受劳动要素边际生产率的影响，还受许多其他因素影响，例如谈判能力、分享工资、效率工资、人力资本、社会基础结构等，各种因素的综合作用使劳动报酬增长与劳动生产率提高可能呈现不一致性。类似的研究如黄文忠（1982）⑦、Denison（1974）⑧、Christensen、Cummings 和 Jorgenson（1980）⑨ 等。

二、劳动报酬和劳动生产率关系的经验研究

关于劳动报酬和劳动生产率的经验研究主流一致的结论是两者相互影响、相互促进。从简单相关系数描述来看两者是正相关的，但各个国家相关程度

① 马歇尔．经济学原理［M］．陈良璧译．北京：商务印书馆，2017：9.

② 克拉克．财富的分配［M］．陈福生，陈振骅译．北京：商务印书馆，2017.

③ 约翰·梅纳德·凯恩斯．就业、利息和货币通论［M］．高鸿业译．北京：商务印书馆，2017：34-35.

④ 琼·罗宾逊．资本积累论［M］．于树生译．北京：商务印书馆，2017.

⑤ Romer P M. Endogenous technological change［J］. Journal of political Economy，1990，98（5，Part 2）：71-102.

⑥ Lucas Jr R E. On the mechanics of economic development［J］. Journal of monetary economics，1988，22（1）：3-42.

⑦ 黄文忠．劳动生产率的增长速度必须大于工资增长速度［J］．经济问题探索，1982（6）：46-49，75.

⑧ Denison E F. Accounting for United States Economic Growth，1929-1969［M］. Washington：Brookings institution，1974.

⑨ Christensen L R，Cummings D，Jorgenson D. Economic Growth，1947-73：An International Comparison［J］. Nber Chapters，1980，24（352）：707-26.

有低有高。宏观建模研究劳动报酬和劳动生产率关系主要有四种视角。第一种是在新古典条件下要素回报等于其边际产出，即劳动报酬由劳动边际生产率决定；第二种是在凯恩斯框架下，假定存在失业，探讨劳动报酬和劳动生产率的关系；第三种是在CGE框架下，假定初期实现瓦尔拉斯一般均衡，利用比较静态分析，探讨外生变量或参数发生确定性变化时，劳动报酬和劳动生产率的变化；第四种是在动态随机一般均衡分析（DSGE）框架下，假定稳态时实现一般均衡、市场出清，探讨外生变量发生确定性变化或随机冲击时，劳动报酬和劳动生产率的动态变化。

新古典框架下，如李稻葵、刘霖林和王红领（2009）① 假设经济中有农业生产和工业生产两种生产方式，以刘易斯的二元经济理论为背景，建立了一个二元经济中劳动力转移的数理模型，假定工业部门工人拿到的是农业部门的工资，在此情况下研究农业劳动力转移的过程中，劳动报酬占比的变化情况。在转移初期，劳动边际生产率增速高于劳动报酬增速；劳动力转移中期，两者速度趋于一致；劳动力转移末期，劳动报酬增速高于劳动生产率增速。类似的研究有常进雄和王丹枫（2011）② 等。

新古典假设劳动要素被充分使用，有学者认为这有违中国当前二元经济结构下刘易斯剩余劳动力的无限供给，而凯恩斯设想的社会更符合中国。龚刚和杨光（2010a、2010b）③ 构建了一个具有凯恩斯主义特征的非均衡模型，其中假定名义工资增长率受劳动生产率增长率的影响，并且回归结果揭示，后者变化一个单位，前者变化0.3141个单位。相关的研究参见刘易斯（W. A. Lewis）（1954）④、龚刚和林毅夫（2007）⑤、蔡昉（2010）⑥ 等。

CGE模型框架下，该模型可将生产活动、产品、地域、经济主体等根据研究目的进行细分，例如，经济主体可以划分为居民、企业、政府和国外四

---

① 李稻葵，刘霖林，王红领．GDP中劳动份额演变的U型规律（英文）［J］．中国社会科学（英文版），2009（4）：131－153.

② 常进雄，王丹枫．初次分配中的劳动份额：变化趋势与要素贡献［J］．统计研究，2011（5）：58－64.

③ 龚刚，杨光．从功能性收入看中国收入分配的不平等［J］．中国社会科学，2010（2）：54－68，221．龚刚，杨光．论工资性收入占国民收入比例的演变［J］．管理世界，2010（5）：45－55，187－188.

④ Lewis W A. Economic development with unlimited supplies of labour［J］. The manchester school，1954，22（2）：139－191.

⑤ 龚刚，林毅夫．过度反应：中国经济“缩长”之解释［J］．经济研究，2007（4）：53－66.

⑥ 蔡昉．人口转变、人口红利与刘易斯转折点［J］．经济研究，2010（4）：4－13.

大主体，并对其经济主体的行为进行设定：生产者根据利润最大化或者成本最小化原则，在生产要素供给约束和一定技术条件下，确定对生产要素的需求，提供商品的供给；居民等账户在预算约束条件下，确定对生产要素的供给和各类商品的需求，收入等于支出；各市场出清，商品供给等于商品需求、要素供给等于要素需求、外部经济账户平衡等，整个经济系统处于均衡状态。因为有整个经济系统平衡的约束条件，CGE 模型可以探讨在外生变量发生确定性变化时，对各个内生变量的影响，进而可以定量模拟分析各经济变量间的相互影响关系。董万好（2013）① 的研究结果表明，大规模财政投资使得劳动生产率提高，但居民的劳动报酬份额下降；从劳动报酬和政府税收的角度来看，大规模财政投资加剧了"国进民退"；行业间的增长效应并不一致，石化等少数几个垄断行业受投资影响的增长效应较为明显，其行业劳动报酬份额呈现上升的趋势，同时这些行业的劳动报酬占全国总体劳动报酬的比例也呈上升的趋势；竞争性行业劳动报酬份额则呈现明显的下降趋势；大规模财政投资加剧了垄断行业和竞争行业的劳动报酬差距，建议政府新一轮刺激政策需要考虑到政策的负面影响。类似的研究有袁宇杰（2010）②、董万好和刘兰娟等（2011）③、刘兰娟和徐鑫（2014）④、徐鑫和刘兰娟（2014）⑤、杨静明（2018）⑥ 等。

在众多的实证研究方法中，DSGE 模型作为当前国际上较为广泛应用的宏观经济分析方法，其建立在家庭效用最大化和企业利润最大化（或成本最小化）的微观经济学基础之上，通过理论假设、模型设定、方程演绎、参数校准和冲击模拟，来探讨外生变量变化或外生随机冲击发生时，各内生变量的动态反应。由于其理论的严谨性吸引了众多的学者以此方法来研究中国问题，部分学者就劳动报酬份额和劳动生产率的相关问题展开研究。

---

① 董万好．大规模财政投资、劳动报酬占比及经济增长：CGE 模拟分析［J］．南京师大学报（社会科学版），2013（3）：58－64.

② 袁宇杰．旅游 CGE 系统开发及应用［D］．上海：华东师范大学，2010（6）.

③ 董万好，刘兰娟，王军．调整财政民生支出和行政管理支出对劳动报酬的影响——基于 CGE 模型的收入再分配研究［J］．财经研究，2011（9）：4－15.

④ 刘兰娟，徐鑫．智慧城市建设财政支出影响经济转型的 CGE 模拟分析——以上海为例［J］．上海经济研究，2014（1）：104－110.

⑤ 徐鑫，刘兰娟．信息基础设施建设对上海经济转型的影响——基于区域 CGE 模拟分析［J］．华东经济管理，2014（7）：11－14.

⑥ 杨明静．基于 CGE 模型的浙江省工业经济碳税冲击效应研究［D］．无锡：江南大学商学院，2018（6）.

例如，刘帅光（2016）[①] 分析了货币扩张对劳动报酬分配的影响机制，发现持续扩张的总量性货币政策有助于带动产出和就业增长，但对于融资依赖性较强的产业，其劳动报酬份额下降；周源（2016）[②] 将家庭分为较高收入家庭和较低收入家庭，发现利率下降短期内会提高劳动报酬份额，使家庭收入差距缩小；陈利锋（2018）[③] 将家庭分为“大卫·李嘉图式”家庭和“非大卫·李嘉图式”家庭，发现扩张的货币政策冲击会使劳动报酬份额下降；江春等（2018）[④] 引入流动性约束，设定“大卫·李嘉图式”和“经验规则式”两类异质性家庭，探讨了货币政策的收入分配效应；邓红亮和陈乐一（2019）[⑤] 构建 NK-DSGE 模型引入劳动生产率冲击与工资交错议价过程，对劳动生产率冲击和工资黏性影响中国经济周期波动的作用特征、传导机制及其模拟效果进行了深入分析；刘海波、邵飞飞和钟学超（2019）[⑥] 构建 NK-DSGE 模型，研究了两类家庭消费税、劳动所得税、资本所得税和企业所得税五种税收政策冲击对产出、两类家庭收入及其分配差距的影响，发现税种及其变化幅度对劳动报酬和劳动生产率均有影响。类似的研究有，马文涛和魏福成（2011）[⑦]、刘宗明和李春琦（2013）[⑧]、陈利锋（2017）[⑨]、罗娜和程方楠（2017）[⑩]、杨源源（2017）[⑪]、

---

① 刘帅光．货币扩张、部门融资依赖差异与劳动收入份额下降——基于 DSGE 模型的分析［J］．中央财经大学学报，2016（8）：84－92.

② 周源．货币政策的收入分配效应研究［J］．西安电子科技大学学报（社会科学版），2016（5）：26－32.

③ 陈利锋．收入不平等与货币政策：基于异质性家庭的视角——货币政策盯住目标应该纳入收入不平等吗？［J］．西部论坛，2018（1）：18－28.

④ 江春，向丽锦，肖祖沔．货币政策、收入分配及经济福利——基于 DSGE 模型的贝叶斯估计［J］．财贸经济，2018（3）：17－34.

⑤ 邓红亮，陈乐一．劳动生产率冲击、工资粘性与中国实际经济周期［J］．中国工业经济，2019（1）：23－42.

⑥ 刘海波，邵飞飞，钟学超．我国结构性减税政策及其收入分配效应——基于异质性家庭 NK-DSGE 的模拟分析［J］．财政研究，2019（3）：30－46.

⑦ 马文涛，魏福成．基于新凯恩斯动态随机一般均衡模型的季度产出缺口测度［J］．管理世界，2011（5）：39－65.

⑧ 刘宗明，李春琦．劳动交易成本、选择性路径依赖与劳动就业动态［J］．管理世界，2013（2）：18－31，187.

⑨ 陈利锋．消息、房地产价格与货币政策［J］．当代财经，2017（6）：3－17.

⑩ 罗娜，程方楠．房价波动的宏观审慎政策与货币政策协调效应分析——基于新凯恩斯主义的 DSGE 模型［J］．国际金融研究，2017（1）：39－48.

⑪ 杨源源．财政支出结构、通货膨胀与非李嘉图制度——基于 DSGE 模型的分析［J］．财政研究，2017（1）：64－76，88.

王立勇和徐晓莉（2018）[①]、袁飞兰（2018）[②] 等。

三、劳动报酬份额的变化特征及原因研究

国际上更多的经验研究体现在劳动报酬份额变化特征的研究，主要有两种结论：一种结论是认为劳动报酬份额长期保持不变（Kaldor，1961[③]；Dougherty，1991[④]；Young，1995[⑤]，Barron and Sala-i-Martin，1995[⑥]；Kyyra and Maliranta，2006[⑦]；Feldstein，2007[⑧]）。另一种结论是发现发达国家要素收入分配的比例是变化的，呈现为库兹涅兹的“U”型曲线特征（Koray，1989[⑨]；Blanchard，1997[⑩]；Krueger，1999[⑪]；Hofman，2001[⑫]；Siddiqui and Iqbal，2001[⑬]；Bentolila and Saint，2003[⑭]；Gunes，

---

① 王立勇，徐晓莉．纳入企业异质性与金融摩擦特征的政府支出乘数研究［J］．经济研究，2018（8）：100－115.

② 袁飞兰．劳动份额在经济周期中的波动性及其影响效应［J］．中南财经政法大学学报，2018（3）：43－54.

③ Kaldor N. Capital accumulation and economic growth ［M］//The theory of capital. London：Palgrave Macmillan，1961：177－222.

④ Dougherty J C. A Comparison of Productivity and Economic Growth in the G－7 Countries［microform］［M］. Ann Arbor，Mich.：University Microfilms International，1991.

⑤ Young A. The tyranny of numbers：confronting the statistical realities of the East Asian growth experience［J］. The Quarterly Journal of Economics，1995，110（3）：641－680.

⑥ Barro R J，Mankiw N G，Sala-I-Martin X. Capital Mobility in Neoclassical Models of Growth［J］. The American Economic Review，1995：103－115.

⑦ Kyyrä T，Maliranta M. The Declining Labour Share：Lessons From Finnish Micro-data［R］. EcoMod，2006.

⑧ Feldstein M，Altman D. Unemployment insurance savings accounts［J］. Tax policy and the economy，2007，21：35－63.

⑨ Koray F，Lastrapes W D. Real exchange rate volatility and US bilateral trade：a VAR approach［J］. The Review of Economics and Statistics，1989：708－712.

⑩ Blanchard O J. The medium run［J］. Brookings Papers on Economic Activity，1997：89－141.

⑪ Krueger A B. Measuring labor's share［J］. American Economic Review，1999，89（2）：45－51.

⑫ Hofman A A. Economic Growth，Factor Shares and Income Distribution in Latin American in the Twentieth Century［J］. Santiago，CEPAL，mimeo，2001.

⑬ Siddiqui R，Iqbal Z. Tariff Reduction and Functional Income Distribution in Pakistan：A CGE Model［R］. Pakistan Institute of Development Economics，2001.

⑭ Bentolila S，Saint-Paul G. Explaining movements in the labor share［J］. Contributions in Macroeconomics，2003，3（1）.

2007[①]；Stockhammer，2009[②])。

在中国，劳动报酬份额在20世纪90年代中期达到0.56峰值之后，就一直呈总体下降趋势；党的十八大、党的十九大以来下降趋势有所缓解，转为小幅上升趋势，但最近几年又呈不明显的略微下浮状态。白重恩和钱震杰（2009）[③]以2004年经济普查后修订的资金流量表为基础，发现在初次分配中，居民部门劳动报酬在国民收入中的占比下降了5.99个百分点。相关研究请参考龚刚和杨光（2010a、2010b）[④]黄先海和徐圣（2009）[⑤]、李稻葵、刘霖林和王红领（2009）[⑥]、罗长远和张军（2009 a、2009b）[⑦]、罗长远和丁纯（2012）[⑧]等。

（一）关于劳动报酬份额变化的原因

国外占主流的观点有人力资本溢出效应、产业结构说、社会基础结构、社会稳定性机制、技术进步说，此外还有劳资谈判说、金融危机说、对外贸易和全球化、内部人—外部人模型等。从人力资本溢出效应的角度，如某些学者（Tinbergen，1972）[⑨]将收入差距过大的根源定位于影响劳动力供给和需求的因素上，而影响劳动力供给和需求的两个最重要的因素是教育和技术进步。他发现收入差距的变化是教育和技术进步竞争的结果，如果教育比技术发展得快，收入差距缩小，相反则加大。某些学者（Galor and Zeira，1993）[⑩]在一个

---

① Gunes S. Functional income distribution in Turkey: a cointegration and VECM analysis [J]. Journal of Economic and social Research, 2007, 9 (2): 23-36.

② Stockhammer E. Determinants of functional income distribution in OECD countries [R]. IMK Study, 2009.

③ 白重恩，钱震杰．我国资本收入份额影响因素及变化原因分析——基于省际面板数据的研究［J］．清华大学学报：哲学社会科学版，2009（4）：137-147.

④ 龚刚，杨光．从功能性收入看中国收入分配的不平等［J］．中国社会科学，2010（2）：54-68. 龚刚，杨光．论工资性收入占国民收入比例的演变［J］．管理世界，2010（5）：45-55.

⑤ 黄先海，徐圣．中国劳动收入比重下降成因分析——基于劳动节约型技术进步的视角［J］．经济研究，2009（7）：34-44.

⑥ 李稻葵，刘霖林，王红领．GDP中劳动份额演变的U型规律［J］．经济研究，2009（1）：70-82.

⑦ 罗长远，张军．劳动收入占比下降的经济学解释——基于中国省级面板数据的分析［J］．管理世界，2009（5）：25-35.

罗长远，张军．经济发展中的劳动收入占比：基于中国产业数据的实证研究［J］．中国社会科学，2009（4）：65-79+206.

⑧ 罗长远，丁纯．欧洲国家劳动收入占比下降的成因及对中国的启示［J］．欧洲研究，2012（3）：84-100.

⑨ Tinbergen J. The impact of education on income distribution [J]. Review of Income and wealth, 1972, 18 (3): 255-265.

⑩ Galor O, Zeira J. Income distribution and macroeconomics [J]. The review of economic studies, 1993, 60 (1): 35-52.

小型开放经济中从人力资本投资的角度研究了收入分配格局的动态演化，发现富人阶层世世代代进行较高的人力资本投资，从而收入较高，而穷人阶层只能作为不熟练劳动力，收入较低。

（二）产业结构说

产业结构说认为产业结构失衡扭曲了要素分配，体现为制造业部门过度发展带来制造业产品的过度出口和外资对第二产业的过热投入；同时，生产要素价格失真，低工资、低环境成本等提高了出口竞争力，加强了资本流入，进一步加剧了要素分配的不合理，劳动报酬份额下降。相关研究如毛红燕（2006）①、罗长远（2008）②。

（三）社会基础结构说

某些学者（Hall and Jones，1999）③ 认为除了实物资本积累和人力资本积累会影响收入分配，差异很大程度上来源于社会基础结构，即政府财政政策的各种特征、对外的制度和政府自身的寻租行为等。某些学者（Dollar and Wei，2007）④ 通过调查中国120个城市的12400个企业2002～2004年的相关数据，检验出由于产权制度的不同，资本的边际回报出现扭曲，发现私人产权或者是外国产权的资本回报率高于国有产权。石建勋（2008）⑤ 认为，国民收入分配中政府和企业所得份额增长高于居民所得增长，财政对社会事业和社会保障投入不足，而内需的不足迫使政府不断加大公共投资刺激经济，对政府投资的依赖加强，又加剧了经济结构的失衡和劳动报酬受抑，从而形成恶性循环。罗德明、李畔和史晋川（2012）⑥ 认为政府的资本政策可以通过影响金融市场的发展影响企业生产率，进而产生效率损失。类似相关研究参考盛洪（1993）⑦、

---

① 毛红燕．外部经济失衡的内在原因分析及协调对策［J］．经济论坛，2006（16）：32－34.

② 罗长远．中国外贸外部失衡探讨［J］．学习与探索，2008（3）：137－142.

③ Hall R E, Jones C I. Why do some countries produce so much more output per worker than others?［J］. The quarterly journal of economics, 1999, 114（1）: 83－116.

④ Dollar D, Wei S J. Das（Wasted）Kapital: Firm Ownership and Investment Efficiency in China［J］. Journal Issue, 2007: 9.

⑤ 石建勋．国民收入分配失衡是经济失衡的主因［N］．证券时报，2008－03－19.

⑥ 罗德明，李晔，史晋川．要素市场扭曲、资源错置与生产率［J］．经济研究，2012（3）：4－14.

⑦ 盛洪．中国中央政府宏观经济政策的操作及其变革［J］．管理世界，1993（6）：44－52，219－220.

陈宗胜（1997）[①]、陈友华（2004）[②]、蔡昉（2004）[③]、李晓宁（2007）[④]、刘小玄和曲玥（2008）[⑤]、徐现祥和王海港（2008）[⑥]、罗长远和张军（2009）[⑦]、钟水映和李魁（2009）[⑧]、薛欣欣（2010）[⑨]、聂辉华和贾瑞雪（2011）[⑩]、祁毓和李祥云（2011）[⑪] 等。

（四）社会稳定性机制

该理论认为在一个收入分配两极化的社会中，人们有着强烈的冲动在正常的市场活动或者政治渠道之外进行有组织的寻租，从而引起社会不稳定（Alesina and Perotti，1996）[⑫]，计量研究表明"政治不稳定""社会不安全"与收入分配不平等一直呈显著的正相关关系（Keefer and Knack，1995）[⑬]。此类研究有 Stigler（1976）[⑭]、Freeman and Medoff（1981、1984）[⑮]、Shaked and

---

① 陈宗胜．价格管制复归的制度变迁研究——天津市鸡蛋价格管制剖析［J］．经济研究，1997（11）：69－80.

② 陈友华．人口老龄化、经济发展与老年社会福利设施建设——以南京市为例［J］．人口学刊，2004（2）：20－25.

③ 蔡昉．人口转变、人口红利与经济增长可持续性——兼论充分就业如何促进经济增长［J］．人口研究，2004，28（2）：2－9.

④ 李晓宁．关于行业工资差距与行业垄断的研究［J］．经济问题，2007（7）：19－22.

⑤ 刘小玄，曲玥．中国工业企业的工资差异研究——检验市场分割对工资收入差距的影响效果［J］．世界经济文汇，2008（5）：58－76.

⑥ 徐现祥，王海港．我国初次分配中的两极分化及成因［J］．经济研究，2008（2）：106－118.

⑦ 罗长远，张军．劳动收入占比下降的经济学解释——基于中国省级面板数据的分析［J］．管理世界，2009（5）：25－35.

⑧ 钟水映，李魁．人口红利与经济增长关系研究综述［J］．人口与经济，2009（2）：55－59.

⑨ 薛欣欣．不同所有制部门工资差异的行业分布特征分析［J］．产业经济评论（山东大学），2010，9（1）：52－65.

⑩ 聂辉华，贾瑞雪．中国制造业企业生产率与资源误置［J］．世界经济，2011（7）：27－42.

⑪ 祁毓，李祥云．财政分权、劳动保护与劳动收入占比［J］．南方经济，2011（11）：42－53.

⑫ Alesina A，Perotti R. Income distribution，political instability，and investment［J］. European economic review，1996，40（6）：1203－1228.

⑬ Knack S，Keefer P. Institutions and economic performance：cross country tests using alternative institutional measures［J］. Economics & Politics，1995，7（3）：207－227.

⑭ Stigler G J. The Xistence of X-efficiency［J］. The American Economic Review，1976，66（1）：213－216.

⑮ Freeman R B，Medoff J L. The impact of the percentage organized on union and nonunion wages［J］. The Review of Economics and Statistics，1981：561－572. Freeman R B，Medoff J L. What do unions do［J］. Indus. & Lab. Rel. Rev.，1984，38：244.

Sutton (1984)①、Lindbeck and Snower (1986)②、Greenwood and Jovanovic (1990)③、Diwan (1999)④、Giammarioli (2002)⑤、Blanchard and Giavazzi (2003)⑥、Martins (2004)⑦、Jaumotte and Tytell (2007)⑧ 等。

(五) 技术进步说

依据技术进步 A 与生产要素 L、K、H 等的结合方式，一种角度认为技术进步与生产要素的结合是一种不稳定关系，两者在一定时期内存在背离，称之为短期行为角度；另一种角度认为技术进步与生产要素的结合是一种稳定的缔结关系，两者的关系在很长时期内保持不变，称之为长期行为角度。短期行为角度认为，技术进步与生产要素之间的关系不紧密，原因一方面在于技术进步有时并不是连续的均匀进步，而是存在跳跃式进步，其数值表现短期来看是不稳定的；另一方面生产要素的供给也不是稳定增长的，存在反周期现象，所以在一定程度上出现两者关系背离。短期行为角度呈现的特点是要素的边际产品不断变化，从而使工资和利润在产出中的比重不断变化。重要的文献包括 Gomme and Greenwood (1995)⑨、Boldrin and Horvath (1995)⑩、Andrew (2004)⑪。

① Shaked A, Sutton J. Involuntary unemployment as a perfect equilibrium in a bargaining model [J]. Econometrica: Journal of the Econometric Society, 1984: 1351 - 1364.

② Lindbeck A, Snower D J. Wage setting, unemployment, and insider-outsider relations [J]. The American Economic Review, 1986, 76 (2): 235 - 239.

③ Greenwood J, Jovanovic B. Financial development, growth, and the distribution of income [J]. Journal of political Economy, 1990, 98 (5, Part 1): 1076 - 1107.

④ Diwan I, Shaban R A. Development under adversity: the Palestinian economy in transition [M] // Development under Adversity: The Palestinian Economy in Transition, 1999.

⑤ Giammarioli N, Messina J, Steinberger T, et al. European labor share dynamics: an institutional perspective [J]. 2002.

⑥ Blanchard O, Giavazzi F. Macroeconomic effects of regulation and deregulation in goods and labor markets [J]. The Quarterly journal of economics, 2003, 118 (3): 879 - 907.

⑦ Martins P S, Pereira P T. Does education reduce wage inequality? Quantile regression evidence from 16 countries [J]. Labour economics, 2004, 11 (3): 355 - 371.

⑧ Jaumotte M F, Tytell I. How has the globalization of labor affected the labor income share in advanced countries? [M]. Washington : International Monetary Fund, 2007.

⑨ Gomme P, Greenwood J. On the cyclical allocation of risk [J]. Journal of Economic dynamics and control, 1995, 19 (1 - 2): 91 - 124.

⑩ Boldrin M, Horvath M. Labor contracts and business cycles [J]. Journal of Political Economy, 1995, 103 (5): 972 - 1004.

⑪ Young A T. Labor's share fluctuations, biased technical change, and the business cycle [J]. Review of economic dynamics, 2004, 7 (4): 916 - 931.

短期行为角度的缺点是到目前为止并没有形成一个成熟的理论指导体系，也没有对工资、劳动生产率等作更多的讨论，更多的是对社会经济发展过程中出现现象的一种解释和刻画。

长期行为视角认为，技术进步与各生产要素在一定时期内形成了紧密而又稳定的关系，细分为中性技术进步与非中性技术进步。中性技术进步意味着某种技术进步并不改变工资与利润在国民收入中的份额，依据技术进步 A 与生产要素 L、K、H 等的结合方式，分为希克斯中性、哈罗德中性和索洛中性，其重要文献包括 Hicks（1932）[①]、Harrod（1948）[②]、Solow（1956）[③]、Kaldor（1961）[④]、Romer（1986）[⑤]、lucas（1988）[⑥]、Hernando Zuleta（2008）[⑦] 等。非中性技术进步是指技术进步改变了利润与工资占国民收入的比例，依据技术进步对生产要素效率的贡献大小，分为资本增加型技术进步、劳动增加型技术进步等，其重要参考文献包括 Rao and Preston（1984）[⑧]、Hunt（1986）[⑨]、Romer（1996）[⑩] 等。显然，长期行为视角在新古典经济学框架下或新增长理论框架下已经形成了一个比较成熟的理论体系。但是，目前文献对要素收入分配的讨论主要局限于要素边际产品的表达，而对于劳动报酬和劳动生产率稳态或动态的数理演绎则不多见。类似的研究有 Blanchard（1997）、Acemoglu（2000）、杨少华（2000）[⑪]、

---

① Hicks J R. Marginal productivity and the principle of variation [J]. Economica, 1932 (35): 79-88.

② Harrod R F. Towards a Dynamic Economics: Some recent developments of economic theory and their application to policy [M]. London: MacMillan and Company, 1948.

③ Solow R M. A contribution to the theory of economic growth [J]. The quarterly journal of economics, 1956, 70 (1): 65-94.

④ Kaldor N. Capital accumulation and economic growth [M] //The theory of capital. London: Palgrave Macmillan, 1961: 177-222.

⑤ Romer P M. Increasing returns and long-run growth [J]. Journal of political economy, 1986, 94 (5): 1002-1037.

⑥ Lucas Jr R E. On the mechanics of economic development [J]. Journal of monetary economics, 1988, 22 (1): 3-42.

⑦ Zuleta H. Factor saving innovations and factor income shares [J]. Review of Economic Dynamics, 2008, 11 (4): 836-851.

⑧ Rao P S, Preston R S. Inter-factor substitution, economies of scale and technical change: Evidence from Canadian industries [J]. Empirical Economics, 1984, 9 (2): 87-111.

⑨ Hunt S D, Vitell S. A general theory of marketing ethics [J]. Journal of macromarketing, 1986, 6 (1): 5-16.

⑩ Romer C, Romer D. Institutions for monetary stability [J]. Nber Working Papers, 1996, 39 (1): 53-84.

⑪ 杨少华，徐学清. 居民劳动报酬对功能收入分配的影响分析 [J]. 运筹与管理，2000 (1): 110-114.

Gollin (2002)①、尹恒等 (2002)②、Bentolila and Saint-Paul (2003)③、Young (2004)④、蔡昉 (2005)⑤、Jayadev (2007)⑥、邹薇等 (2010)⑦、张延等 (2010)⑧、李学林 (2011)⑨ 等的研究。在非中性生产函数方面，刘金全 (1999)⑩ 对非中性生产函数的形式作了介绍，李学林 (2010)⑪ 等在放松宏观经济学若干假定条件的基础上，理论上对非中性生产函数进行了探讨，而在此方面的应用较为缺乏。

四、提高中国劳动报酬份额的税收政策研究

国内学者围绕税收政策的收入分配效应已经开展了大量研究，但观点却各不相同。有的学者认为现行的各类税收政策恶化了劳动报酬份额，使收入分配差距变大，例如，刘怡和聂海峰 (2004)⑫ 认为消费税的累退性恶化了收入分配；安体富和蒋震 (2009)⑬ 认为企业利润会侵蚀劳动报酬，政府税收收入的快速增长会降低居民收入分配所占比重；徐建炜等 (2013)⑭ 认为

---

① Gollin D. Getting income shares right [J]. Journal of political Economy, 2002, 110 (2): 458 –474.

② 尹恒，龚六堂，邹恒甫. 当代收入分配理论的新发展 [J]. 经济研究，2002 (8): 83 –91, 95.

③ Bentolila S, Saint-Paul G. Explaining movements in the labor share [J]. Contributions in Macroeconomics, 2003, 3 (1): 1 –33.

④ Young A T. Labor's share fluctuations, biased technical change, and the business cycle [J]. Review of economic dynamics, 2004, 7 (4): 916 –931.

⑤ 蔡昉. 探索适应经济发展的公平分配机制 [J]. 人民论坛，2005 (10): 30 –31.

⑥ Jayadev, A. Capital account openness and the labour share of income [J]. Cambridge Journal of Economics, 2007, 31 (3): 423 –443.

⑦ 邹薇，刘勇. 技能劳动、经济转型与收入不平等的动态研究 [J]. 世界经济，2010, 33 (6): 81 –98.

⑧ 张延，许云霄，王智强. 人力资本、实物资本与中美两国的产出差别——人力资本模型对1981 –2005 年 52 个国家面板数据的实证研究 [J]. 财贸经济，2010 (9): 118 –124.

⑨ 李学林. 我国要素收入分配结构变迁的实证研究——一个基于我国宏观经济基本假设的结构模型 [J]. 中央财经大学学报，2011 (1): 56 –61.

⑩ 刘金全. 技术进步与生产函数的非中性 [J]. 数量经济技术经济研究，1999 (2): 16 –18.

⑪ 李学林. 宏观经济基本假设下我国要素收入分配理论探析 [J]. 现代财经（天津财经大学学报），2010, 30 (11): 10 –15.

⑫ 刘怡，聂海峰. 间接税负担对收入分配的影响分析 [J]. 经济研究，2004 (5): 22 –30.

⑬ 安体富，蒋震. 调整国民收入分配格局 提高居民分配所占比重 [J]. 财贸经济，2009 (7): 50 –55.

⑭ 徐建炜，马光荣，李实. 个人所得税改善中国收入分配了吗——基于对 1997—2011 年微观数据的动态评估 [J]. 中国社会科学，2013 (6): 53 –71, 205.

2011年后平均有效税率的降低恶化了个税的收入分配效应；田志伟等（2014）[①] 认为企业所得税对劳动报酬份额和收入分配调节作用在2002～2006年是逆向调节，在2006～2011年是正向调节，降低企业所得税可能会导致收入分配的进一步恶化。

但同时，有的学者认为现行税收政策提高了劳动报酬份额，改善了收入分配，例如，国家计委综合司课题组（1999）[②] 认为减少企业所得税有利于解决经济发展动力不足以及政府收入分配结构不合理问题；王亚芬等（2007）[③] 认为2002年以后个人所得税发挥了对收入分配差距的调节作用；王乔和汪柱旺（2008）[④] 认为现行税制下个人所得税对提高劳动报酬份额、缩小收入差距有较好的调节作用；张亚斌等（2011）[⑤] 认为税制改革能够提高劳动者收入份额。

也有的学者研究发现，现行税收政策对劳动报酬份额和收入差距的作用有限，例如，刘尚希和应亚珍（2003）[⑥] 认为累进的个人所得税制调节收入分配有一定的效果，但效果不大；万莹（2012）[⑦] 认为消费税对收入分配的整体影响并不明显；岳希明和徐静（2012）[⑧] 认为个人所得税虽然降低了居民的收入分配不平等程度，但效果很小可忽略不计。类似的研究有李绍荣和耿莹（2005）[⑨]、杨文芳和方齐云（2010）[⑩]、李青（2012）[⑪]、岳希明等（2012）[⑫]、

---

① 田志伟，胡怡建，朱王林．个人所得税、企业所得税、个人社保支出与收入分配［J］．财经论丛，2014（11）：18－24.

② 国家计委综合司课题组．90年代我国宏观收入分配的实证研究［J］．经济研究，1999（11）：3－12.

③ 王亚芬，肖晓飞，高铁梅．我国收入分配差距及个人所得税调节作用的实证分析［J］．财贸经济，2007（4）：18－26，126，128.

④ 王乔，汪柱旺．我国现行税制结构影响居民收入分配差距的实证分析［J］．当代财经，2008（2）：37－38，125.

⑤ 张亚斌，吴江，冯迪．劳动收入份额的地区差异实证研究——来自中国省级面板数据的证据［J］．经济地理，2011（9）：1499－1503.

⑥ 刘尚希，应亚珍．个人所得税：功能定位与税制设计［J］．税务研究，2003（6）：24－30.

⑦ 万莹．我国流转税收入分配效应的实证分析［J］．当代财经，2012（7）：21－30.

⑧ 岳希明，徐静．我国个人所得税的居民收入分配效应［J］．经济学动态，2012（6）：16－25.

⑨ 李绍荣，耿莹．中国的税收结构、经济增长与收入分配［J］．经济研究，2005（5）：118－126.

⑩ 杨文芳，方齐云．财政收入、财政支出与居民消费率［J］．当代财经，2010（2）：43－50.

⑪ 李青．我国个人所得税对收入分配的影响：不同来源数据与角度的考察［J］．财贸经济，2012（5）：37－44.

⑫ 岳希明，徐静，刘谦，丁胜，董莉娟．2011年个人所得税改革的收入再分配效应［J］．经济研究，2012（9）：113－124.

聂海峰和岳希明（2012）①、倪红福等（2016）②、孙玉栋和庞伟（2017）③ 等。

五、文献评价

自20世纪80年代以来，美国、西欧、中国等国家和地区的劳动报酬所占比重出现下降的态势，劳动报酬与劳动生产率增长不一致特征凸显，使得要素收入分配的长期行为及其影响路径和影响机制研究日益占据主流。而不论技术进步A与生产要素L、K、H等的结合方式是否稳定，生产要素的投入量都会对劳动报酬和劳动生产率等造成实质根本的影响。从上述国内外学者对于劳动报酬和劳动生产率的关系研究中，无论从理论上还是经验上都有不同角度的论证，但本书以实现中国劳动报酬与劳动生产率同步增长为目标，因此，现有研究仍存在以下不足。

第一，国外的相关研究多是以发达国家人口充分转移后为研究背景，对中国有一定参考价值，但显然与中国国情不符。

第二，理论研究中的部分模型也大多限于研究稳态下的产出、消费或增长率变化，或发生技术冲击时，前述主要宏观经济变量的变化，鲜有关注劳动报酬或劳动生产率在稳态或动态时的情形。

第三，国内现有文献中，以劳动报酬与劳动生产率为核心、将两者统一在一个框架下展开研究的文献较少。

第四，对劳动报酬或劳动生产率统计指标测算或者特征分析，其数据时期大多数截至党的十八大之前，党的十八大以来的相关指标演绎和特征的研究较少，而且现有研究中关注一阶矩的变化较多，二阶矩的变化较少。

第五，单一方程模型分析中，存在由于建模理论基础不牢导致内生变量和外生变量的选择随意、数据基础薄弱，进而导致测度指标使用混乱的问题；存在研究方法各异、结论并不统一的问题；存在路径研究过于片面、导致对策建议可信度低的问题。

---

① 聂海峰，岳希明．间接税归宿对城乡居民收入分配影响研究［J］．经济学（季刊），2012，12（1）：287－312.

② 倪红福，龚六堂，王茜萌．“营改增”的价格效应和收入分配效应［J］．中国工业经济，2016（12）：23－39.

③ 孙玉栋，庞伟．分类个人所得税对收入分配的影响效应［J］．税务研究，2017（7）：47－53.

第六，微观基础上的CGE模型或DSGE模型研究，多数的研究集中在探讨各宏观政策对产出、消费或投资的作用，鲜有学者利用一般均衡框架来研究税收等各类政策对劳动报酬和劳动生产率同步增长的影响，也很少从要素供给侧角度探讨其固定变化或随机变化带来的影响。

新古典框架下的新经济增长理论魅力无穷，瓦尔拉斯的一般均衡分析影响深远，对两种理论及其应用的深入挖掘是未来经济学科的发展趋势。本书将在新经济增长框架下，以促进劳动报酬与劳动生产率同步增长为目标，利用最新数据对其同步性进行全面统计测算和验证；并结合CGE模型和DSGE模型，充分利用两大模型的经济政策实验室的模拟功能，模拟要素供给侧和税收政策变化对劳动报酬和劳动生产率及其相关变量带来的影响，稳态分析与动态分析相结合，长期和短期分析相结合，探索劳动报酬和劳动生产率同步增长的作用路径和作用机制，从而为中国两者的一致有效增长与提高提出可行的对策建议。

第三节　劳动报酬与劳动生产率的度量工具

一、相对指标

按作用和计算方法不同，可将相对指标划分为强度相对指标、动态相对指标、结构相对指标、比例相对指标以及比较相对指标五类。

1. 强度相对指标，是两个性质不同而有一定联系的总量指标的比值，用以反映社会经济现象的发展强度、分布密度和普遍程度，其计算公式为：强度相对指标＝某一总量指标数值÷另一性质不同而有联系的总量指标数值。

2. 动态相对指标，是将同一事物在不同时间的指标数值进行对比而计算的综合指标，用以反映社会经济现象在时间上发展变化的程度，又称发展速度，其计算公式为：发展速度＝报告期指标数值÷基期指标数值；如果基期为固定某一时期，称为定基发展速度；如果基期为上一期，称为环比发展速度。

3. 结构相对指标，指各部分数值与总体数值对比而计算的比重或比率，是反映总体内部组成状况的综合指标，其计算公式为：结构相对指标＝总体某一部分数值÷总体全部数值。

4. 比例相对指标，指将总体中不同组成部分的指标数值进行对比而计算的综合指标，用以反映总体中各组成部分之间的数量联系程度和比例关系，其计算公式为：比例相对指标 = 总体中某一部分数值÷总体中另一部分数值。

5. 比较相对指标，是将同类现象在不同空间所表现的不同数量进行对比而计算的综合指标，本书是指同类指标在不同数据核算背景下所表现的不同数量进行对比而计算的综合指标，其计算公式为：比较相对指标 = 一种核算背景下的某指标数值÷另一种核算背景下的该指标数值。

本书将计算强度相对指标人均劳动报酬和劳动生产率；动态相对指标人均劳动报酬增长率和劳动生产率增长率；结构相对指标劳动报酬份额和资本报酬份额，并计算两个要素份额的比例相对指标；同时会进一步计算同类指标在不同数据核算背景下的比较相对指标。

二、集中程度指标

为全面描绘一组数据的分布特征，常规来说有三个角度：一是集中趋势的测度，一般计算均值、中位数或众数；二是离散程度或离中趋势的测度，一般计算标准差、极差或变异系数（离散系数）；三是数据分布对称与偏斜程度，一般计算峰度系数和偏度系数。本书将主要计算前两类指标。

对于离散数据，常用描绘一组数据集中程度的指标有众数、中位数和平均数。众数（Mo）是一组数据中出现次数最多的变量值；中位数（Me）是一组数据排序后处于中间位置上的变量值；平均数（$\overline{X}$）是数值加总除以数据的个数。前两个指标为位置平均数，只和该数据出现的位置有关；第三个为数值型平均数，与所有数值有关。如果一组数据分布为单峰对称分布，则三个指标相等；如果一组数据为右偏分布，即峰在左侧、右侧的尾巴长，则 $Mo < Me < \overline{X}$；如果一组数据为左偏分布，即峰在右侧、左侧的尾巴长，则 $\overline{X} < Me < Mo$。

本书数值差异性较大，加之数据个数有限，众数特征不突出，因此，采用中位数和均值来描绘一组数据分布的集中水平。中位数是一组数据排序之后处于中间位置上的变量值，Excel 函数名称为 median；均值是所有数据加总在一起除以数据的个数，Excel 函数名称为 average。

三、离散程度指标

离中趋势，又称离散趋势。常用的测度指标有绝对离散趋势指标极差、标准差；相对离散程度指标离散系数，又称变异系数。

极差为一组数据最大值与最小值之差，是衡量离中趋势的最粗略的指标，Excel 函数名称为 range，最大值函数名称为 max，最小值函数名称 min。标准差是离差平方和的算术平均数的开方，因其有实际量纲具有真正的数量含义，是最经常用于刻画绝对离散程度的指标，Excel 函数名称为 stdevp，但容易受数值绝对量大小的影响，因而比较离散程度大小时，经常需要辅助于变异系数来刻画其相对离散程度。变异系数为标准差与均值之商，将不同数据的水平值抽象掉，没有量纲，常用于不同样本或总体间离散程度的比较分析。

本书将在不同情况下分别采用极差、标准差或变异系数对该组数据的相对离散程度和绝对离散程度进行测算。

四、偏度与峰度

偏度衡量随机变量概率分布的不对称性，是相对于平均值不对称程度的度量，通过对偏度系数的测量，能够判定数据分布的不对称程度以及方向。偏度系数定义为三阶标准中心距。通常情况下，偏度的衡量是相对于正态分布来说，正态分布的偏度为0，即若数据分布是对称的，偏度为0。若偏度大于0，则分布右偏，即分布有一条长尾在右；若偏度小于0，则分布为左偏，即分布有一条长尾在左；同时偏度的绝对值越大，说明分布的偏移程度越严重。

峰度反映与正态分布相比某一分布的尖锐度或平坦度。正峰值表示相对尖锐的分布，负峰值表示相对平坦的分布。通过对峰度系数的测量，我们能够判定数据相对于正态分布而言是更陡峭还是更平缓。例如标准正态分布的峰度系数为3；若峰度系数 >0，则为尖峰分布；若峰度系数 <0，则为扁平分布。

对于一组数据，如果呈右偏尖峰分布，则说明该组数据中小的值相对较多。例如，劳动报酬的时间序列数据指标呈右偏尖峰分布，则说明劳动报酬低的年份相对较多。

五、相关系数与三σ准则

相关系数是反映两个变量之间线性相关程度的指标，Excel 函数名称为 correl。如果相关系数 $r \geq 0.8$ 为高度相关；$0.5 \leq r < 0.8$ 为中度相关；$0.3 \leq r < 0.5$ 为低度相关；$r < 0.3$，关系极弱，认为不相关。

三σ准则是针对正态分布而言，σ代表其标准差；μ代表均值。三σ准则为：以均值μ为中心，正负一倍标准差的概率为68%，正负两倍标准差的概率为95%，正负三倍标准差的概率为99.7%，三倍标准差之外的点称为离散点。

本书将利用相关系数的大小来判断劳动报酬与劳动生产率两个变量相关关系的强弱，并用三σ准则来判断两者增长的同步性。

第三章　劳动报酬与劳动生产率的基本理论梳理

劳动报酬与劳动生产率的关系研究一直可见于要素收入分配理论中，而要素收入分配一直是经济学家关注的一个话题。由古典经济学的土地、资本和劳动三要素论为支撑的劳动价值论、成本价值论和效用论，发展到新古典经济学的土地、资本、劳动和组织四要素论为支撑的边际效用价值论。现代经济学从凯恩斯开始，用有效需求不足理论替代了传统的供给理论，提出有效需求决定就业水平、物价水平决定货币工资率的理论。本章将结合古典经济学、新古典经济学和新古典综合经济学主要代表人物的要素分配理论观点，提炼其关于劳动报酬与劳动生产率的相关理论。

现代经济学家把 17 世纪中叶到 19 世纪 70 年代，以亚当·斯密（Adam Smith）、大卫·李嘉图（David Ricardo）、让·巴蒂斯特·萨伊（Jean Baptiste Say）和亨利·乔治（Henry George）等为代表的经济学说统称为“古典经济学”；19 世纪 70 年代到 20 世纪 30 年代以乔治·卡特莱特·马歇尔（George Catlett Marshall）、约翰·贝茨·克拉克（John Bates Clark）和约翰·阿特金森·霍布森等为代表的经济学说统称为“新古典经济学”；20 世纪 30 年代至今，以约翰·梅纳德·凯恩斯（John Maynard Keynes）、琼·罗宾逊（Joan Robinson）和保罗·萨缪尔森（Paul Samuelson）等为代表的经济学说称为“新古典综合派”。

第一节　古典经济学中的劳动报酬与劳动生产率理论

以亚当·斯密、大卫·李嘉图、让·巴蒂斯特·萨伊和亨利·乔治为代表的古典经济学家认为劳动、资本等生产要素参与价值的创造，每种生产要素按其贡献大小获得相应收入。斯密的观点参考其1776年的著作《国民财富的性质和原因的研究》[①]，李嘉图的观点参考其1817年的著作《政治经济学及赋税原理》[②]，萨伊的观点参考其1827年的著作《政治经济学概论》[③]，亨利·乔治的观点参考其1880年的著作《进步与贫困》[④]。

一、斯密的分工与劳动工资论

斯密在《国富论》中开篇写道“劳动生产力上最大的改良，以及在任何处指导劳动或应用劳动时所用的熟练技巧和判断力的大部分，都是分工的结果”。斯密认为，分工使各种不同技艺的发展大大增加了，分工使劳动生产率提高。而在分工的基础上，一国土地和劳动的全部年产物，自然分解成土地地租、劳动工资和资本利润三部分，分给以地租为生、以工资为生和以利润为生的三种人。地租分给地主阶级，劳动工资分给劳动者，利润分给劳动者的雇主。

（一）劳动报酬——工资

斯密提出著名的劳动价值论，认为劳动是衡量一切商品价值的真正尺度。而劳动生产物构成劳动的自然报酬或自然工资；在土地尚未私有、资本尚未蓄积的原始社会状态下，劳动的全部生产物皆属于劳动者，没有地主分配，也没有雇主坐享[⑤]。劳动的货币价格，必然受支配于两种情形：第一，是对于劳动的需要；第二，是生活必需品、方便品的价格[⑥]。随着国民财富的增加，对劳动者的需求会增加。然而，使劳动工资增高的，不是庞大的现有国民财富，而是不断增加的国民财富。因此，最高的劳动工资不是在最富的国家出现，而是在最快变得富裕的国家出现，劳动工资最高时，是对劳动的需求不断增加、所雇劳动量显著增加的时候。当社会的真实财富处于不增不减时，劳动者的工资马上就会低落，但足够他们赡养家庭。当社会衰退时，劳

---

① 亚当·斯密．国富论［M］．郭大力，王亚南译．江苏：译林出版社，2018．

② 彼罗·斯拉法．李嘉图著作和通信集［M］．郭大力，王亚南译．北京：商务印书馆，1997．

③ 萨伊．政治经济学概率［M］．陈福生，陈振骅译．北京：商务印书馆，2017．

④ 亨利·乔治．进步与贫困［M］．吴良健，王翼龙译．北京：商务印书馆，2017．

⑤ 亚当·斯密．国民财富的性质和原因的研究［M］．郭大力，王亚南译．北京：商务印书馆，2017：63．

⑥ 亚当·斯密．国富论［M］．郭大力，王亚南译．江苏：译林出版社，2018：75．

动者的工资马上就会降低到这一限度以下。劳动者在繁荣社会中不能享得地主阶级那样大的利益，在衰退的社会中却要蒙受任何阶级所经受不到的痛苦[①]。

食品价格高，劳动价格提高，但物价昂贵年度的歉收，将减少劳动需要，也可降低劳动价格；反之，食品价格低，将降低劳动价格，但物价低廉年度的丰收，将增加劳动需要，亦可抬高劳动价格[②]。

（二）资本报酬——利润

斯密认为可以提供收入的资财，称作资本[③]，分为固定资本和流动资本。固定资本特性为不流通，不更换主人，可提供收入或利润，主要包含职业上一切便利劳动缩减劳动的、有用的机械和工具，一切有利润可取的建筑物，由开垦、排水、围墙、施肥等有利方法投下的使土地最适于耕作的土地改良费，社会上一切人民习得的有用才能。流动资本特性为流通，更换主人，提供收入，主要包含货币，屠户、畜牧家、农业家、谷商、酿酒家等人所有的食料，衣物、家具、房屋三者的材料，已经造成的但仍在制造家商人手中、未曾分配给真正消费者的物[④]。资本的增加，提高工资，因而倾向于减低利润[⑤]。

推动工资增加和社会大部分有用劳动活动的，正是为追求利润而使用的资本。资本增加，有增进劳动生产力的趋势，使少量劳动可以完成多量的作业。资本利润的增减与劳动工资的增减，也取决于社会财富的增减，但社会财富状态对两者的影响截然不同。资本使用者的规划和设计，支配指导着劳动者的一切最重要动作。但他们这一切规划和设计，都是以利润为目标。利润率不像地租和工资那样，随社会繁荣而上升，随社会衰退而下降，而表现为在富裕国家自然低，在贫穷国家自然高，在迅速趋于没落的国家最高。不论在哪一种商业或制造业上，商人的利益在若干方面往往和社会利益不同，

---

① 亚当·斯密．国民财富的性质和原因的研究［M］．郭大力，王亚南译．北京：商务印书馆，2017：68－71.

② 亚当·斯密．国富论［M］．郭大力，王亚南译．江苏：译林出版社，2018：76.

③ 亚当·斯密．国富论［M］．郭大力，王亚南译．江苏：译林出版社，2018：241.

④ 亚当·斯密．国富论［M］．郭大力，王亚南译．江苏：译林出版社，2018：242－245.

⑤ 亚当·斯密．国民财富的性质和原因的研究［M］．郭大力，王亚南译．北京：商务印书馆，2017：86.

甚或相反[1]。

（三）工资差距和利润差距存在的必然性

斯密认为不同劳动和资本用途的利益在同一区域内必然完全相等，或不断趋于相等，但是各地的货币工资和货币利润都随劳动和资本用途的不同而大不相同，一部分是基于各种职业本身的性质；另一部分是因各地政策不同[2]。

斯密认为：第一，劳动工资因业务有难易、有污洁、有尊卑而不同；第二，劳动工资因业务学习有难易、学费有多寡而不同，熟练劳动工资和一般劳动工资之间的差异也源于此；第三，各种职业的劳动工资因业务安定不安定而不相同，不安定工资相对更高；第四，劳动工资因劳动者所须负担的责任大小而不相同，责任大，工资高；第五，各种职业的劳动工资，随取得资格可能性的大小而不相同。使劳动工资各不相同的五种情况，只有两种影响资本利润，那就是工作愉快还是不愉快，是安全还是危险。就前者来说，资本用途相差不多，但就后者来说，资本的利润随着危险程度增高而增高，但增高程度未必和危险程度成比例，换句话说，增高的利润不一定能完全抵偿风险[3]。

斯密提出，要想使要素回报达到均等，在最自由的地方亦须具备三个条件：第一，要素用途必须在地方及其附近众所周知，而且确立很久；第二，要素用途必须处在普通状态，即所谓自然状态；第三，要素用途必须是使用者唯一用途或主要用途。由此可见，即在完全自由的地方，由于缺少上述三个条件中的任何一个，劳动和资本不同用途的回报就必然会存在差距。此外，政策规定也会增加要素回报的不均。例如，政策限制某些职业中的竞争人数，使其少于原来愿意加入这些职业的人数；或者增加另一些职业上的竞争，超越自然的限度；或者不让劳动和资本自由流动，使它们不能从一个职业转移到另一个职业，或者不能由一个地方转移到另一个地方。因此，要素回报存

---

① 亚当·斯密．国民财富的性质和原因的研究［M］．郭大力，王亚南译．北京：商务印书馆，2017：86－95.

② 亚当·斯密．国民财富的性质和原因的研究［M］．郭大力，王亚南译．北京：商务印书馆，2017：97.

③ 亚当·斯密．国民财富的性质和原因的研究［M］．郭大力，王亚南译．北京：商务印书馆，2010：92－112.

在差距是必然的①。

可见，斯密认为，分工使劳动生产率提高；经济快速增长过程中，劳动要素需求增加，劳动报酬提高；劳动要素相对于资本要素处于从属地位；劳动要素和资本要素回报率高低和相应用途、政策环境等相关，强调政策带来的要素分配不均等性。

二、李嘉图的劳动价格与利润

对分配重要性最早的和最著名的影响来自李嘉图于1819年所著的《政治经济学原理》，其认为确定调节分配的法则是政治经济学的基本问题②。斯密奠定了劳动价值学说的初步基础，而李嘉图使劳动价值得以量化，即认为劳动时间是价值的唯一基础，商品价值大小是由其中所包含的劳动量来决定的。

李嘉图首先提出了要素分配份额的概念，认为收入在资本和劳动之间的分配是决定经济增长的关键。他认为劳动者在生产中创造的价值，是各种所得的唯一来源，基于该前提的三要素分配论中，李嘉图认为工资等于工人及其家属生活资料的价值；利润等于商品价值超过工资的余额；地租是商品价值超过工资和利润的余额。并且认为工资与利润的变化是反比例的；地租的提高，会影响货币工资的提高，进而使利润下降③。

（一）劳动的自然价格与市场价格

李嘉图把劳动的价格区分为自然价格和市场价格，认为劳动的自然价格取决于劳动者维持其自身与其家庭所需的食物、必需品和享用品的价格；劳动的市场价格是根据供求比例的自然作用实际支付的价格，劳动稀少时昂贵，丰裕时便宜，并且有符合自然价格的倾向。但在状况日趋改良的社会里，市场工资却可以无限期地持续高于自然工资。因为当一笔新增加的资本对劳动新需求的推动力刚刚发生推动以后，另一批新增加的资本又会

---

① 亚当·斯密．国富论［M］．郭大力，王亚南译．江苏：译林出版社，2018：102－106．

② 马丁·布朗芬布伦纳．收入分配理论［M］．方敏，李翱，刘振楠译．北京：华夏出版社，2009：1－2．

③ 彼罗·斯拉法．李嘉图著作和通信集［M］．郭大力，王亚南译．北京：商务印书馆，1997：14－15．

产生同样的效果①。

李嘉图认为货币价值的变动必然影响货币工资，但李嘉图假定它不发生任何作用，货币是中性的，因而认为劳动报酬是由以下两种原因而涨落：一个是劳动者的供给与需求；另一个是用劳动工资购买的各种商品的价格②。李嘉图认为在社会的自然发展中，劳动工资就其受供求关系调节的范围而言，将有下降的倾向。因为劳动者的供给继续按照相同的比率增加，而其需求的增加率相对较慢③。

（二）利润与工资

李嘉图认为，资本是国家财富运用于生产的那一部分，包括食物、衣服、工具、原料、机器等使劳动得以进行所必要的东西。一个资本家在为他的资金寻找有利用途的时候，自然会考虑到一种行业优于另一种行业的一切有利条件，这样使得不同行业的资本利润相互保持一种比例。

利润的高低与工资的高低成反比，工资上升，利润就会成比例地降低。如果谷物的价格上涨，则为了获得产品增加量，必须使用更多的资本和劳动，这种上涨的价值总会被追加的地租或追加的劳动所抵消，地租总会被落在消费者身上。如果农产品价格上涨伴随着工资上涨，则农业利润和制造业利润就会降落。但有的时候农产品价格上涨，劳动者可以选择满足于较少的享受品。在劳动者原有工资水平较高的时候，他们可能经得起某种程度的降低，所以利润下降的趋势可能被遏制。不过，当必需品价格渐次上涨时，工资的货币价格低落或者不增不减是不可能想象的。所以在一般情况下，必需品价格持久上涨，工资必然上涨④。

如果劳动者用工资购买的除了食物以外的其他必需品的价格上涨，利润受到的影响与以上雷同。劳动者购买这类必需品时必然增付价款，因而就不得不要求更多的工资，任何工资增加的原因都必然会使利润降低。但利润的

---

① 彼罗·斯拉法．李嘉图著作和通信集［M］．郭大力，王亚南译．北京：商务印书馆，1997：77－78.

② 彼罗·斯拉法．李嘉图著作和通信集［M］．郭大力，王亚南译．北京：商务印书馆，1997：81.

③ 彼罗·斯拉法．李嘉图著作和通信集［M］．郭大力，王亚南译．北京：商务印书馆，1997：84.

④ 彼罗·斯拉法．李嘉图著作和通信集［M］．郭大力，王亚南译．北京：商务印书馆，1997：92－100.

自然趋势是下降的，因为在社会和财富的发展中，必要的食品增加量是通过牺牲越来越多的劳动获得的①。

（三）机器与要素分配

李嘉图认为，对地主而言，地主的货币地租如果不变，用地租购买商品的价格跌落将有利于地主，而价格跌落必然是采用机器的结果；资本家也会以完全相同的方式获得利益：发明机器先要成为使用机器的人，虽然可以暂时获得厚利而享有额外好处，但随着机器的普遍应用，产品的价格就会由于竞争而降到等于其生产成本的程度，这样资本家所获得的货币利润就会和从前一样②。

李嘉图认为对劳动者而言，机器的使用将减少对劳动者的需求，维持劳动所必需的商品的产量不会和以前一样丰富，他深信用机器代替人类劳动，对于劳动阶级是极为有害的：第一，机器的发明与有效运动总会增加一个国家的纯产品，虽然它不能而且在一个很短的时间之后也不会增加这种纯产品的价值。第二，一个国家纯产品的增加和总产品的减少是可以相容的；运用机器虽然可能而且往往必然减少总产品的数量与价值，但只要能增加纯产品，使用机器的动机就永远足以保证机器被使用。第三，劳工阶级认为机器的采用往往有损于他们利益的看法并非基于成见与错误，而是符合经济学正确原理的。第四，如果生产手段由于采用机器而得到改良，使一个国家的纯产品增加得很多，以至于总产品不减少，那么所有阶级的生活状况便都会得到改善。地主和资本家会得到好处，但不是由于地租和利润的增加，而是由于用等量的地租和利润可以购买价值大大下降的商品；同时劳动阶级的生活状况也得到了相当大的改善，具体原因有：第一，家庭仆役的需求会增加；第二，纯产品如此丰富可以刺激人们将收入储存起来；第三，用工资所购买的一切消费品价格低廉。但劳动阶级的需求却可能减少，这对劳动者将是不利的③。

但李嘉图也同样认为一个国家不鼓励采用机器是不妥当的，如果资本不

① 彼罗·斯拉法．李嘉图著作和通信集［M］．郭大力，王亚南译．北京：商务印书馆，1997：100－101.

② 彼罗·斯拉法．李嘉图著作和通信集［M］．郭大力，王亚南译．北京：商务印书馆，1997：331.

③ 彼罗·斯拉法．李嘉图著作和通信集［M］．郭大力，王亚南译．北京：商务印书馆，1997：332－336.

能获得在本国使用机器所能提供的最大纯收入，就会输往国外，这种对于劳动者需求的不利影响，要比普遍采用机器所产生的影响严重得多。一部分资本投入改良机器，固然会降低劳动需求增加的速度，但如果资本输出，本国的劳动需求就完全消失了。而且不使用机器生产产品的价格高，将不能输往国外交换外国的商品①。

从以上李嘉图的论述中可知，其认为劳动报酬的高低一方面和生活必需品及其他商品的价格波动密切相关，另一方面又取决于劳动市场中劳动要素供给与需求；而劳动报酬与利润主体呈反向变化关系；较为突出的观点是李嘉图认为机器的使用利于劳动生产率提升，但不利于劳动报酬增加。

三、萨伊的劳动要素细分及其报酬

萨伊反对斯密和李嘉图的劳动价值论，提出“效用论”。根据他的理论，生产有三个要素，即劳动、资本和自然力。在他看来，无论在什么时候和什么地方，进行生产必须具备这三个要素，所生产出来的价值，都是三者在生产过程中共同协力、各自发挥其作用而表现生产的性能，生产出物品的效用，这种效用就称为该物品的价值基础②。三个要素所有者由于它们的服务而取得相应的报酬，分别是工资、利息和地租。即劳动的服务产生工资，资本的服务产生利息，土地的服务产生地租③。

（一）劳动要素的细分

萨伊根据人类劳动的三步动作将人的劳动分为三类。第一步动作是研究关于这个产品的规律和自然趋势；第二步动作是应用第一步知识来实现一个有用的目的；第三步动作是进行上述两步所提示的用手工作。三步动作完全由一个人执行的情况很少，据此引出三类劳动：第一类是哲学家或科学家的劳动，其任务在于阐明理论；第二类是农场主、工厂主或商人的劳动，其任务在于应用；第三类是工人的劳动，他们在前两种人的指挥监督之下提供执行的力量。萨伊认为他们之间没有什么本质的不同，都是劳动者，只不过后

---

① 彼罗·斯拉法．李嘉图著作和通信集［M］．郭大力，王亚南译．北京：商务印书馆，1997：337－340.

② 萨伊．政治经济学概率［M］．陈福生，陈振骅译．北京：商务印书馆，2017：8－9.

③ 萨伊．政治经济学概率［M］．陈福生，陈振骅译．北京：商务印书馆，2017：12.

者的任务在于执行，而前者的任务在于应用。由于应用比执行更复杂、更困难，因而企业家所得到的劳动报酬更高一些。一切情形下都可把劳动区分为三种，分别是理论、应用和执行①。

（二）劳动要素的协作要素——生产性资本与自然力

萨伊认为劳动必须得到协助，否则不能授予价值。使用在产业上的人类劳动，必须装备事先已经存在的产物，否则无论怎么机巧和聪明，都无法活动起来。上述事先存在的产物，例如各种技艺所使用的工具、生活必需品、原材料等，这些东西的价值构成所谓的生产资本，称为资本的生产力。如果没有资本，劳动就不能生产②。

劳动除了借助于资本创造产品外，同时还利用各种各样的其他因素。这些因素不是劳动自己创造的，是自然赐予的，例如土地要素。人类对这些自然力的工作没有参加力量，但这些自然力协同生产收获新的产物。自然力的这种作用，称为自然的生产力。资本的生产力常常和自然力的生产力混在一起，以致要准确地区分各自对生产的贡献非常困难。

（三）劳动生产率的影响因素

萨伊认为机器大大提高人的生产力③。新机器可以代替一部分人力，而不减少产品数量；新机器的产品，将比使用旧法制造的产品更加便宜；便宜的价格，将会大大促进产品的消费和需求；机器尽管加速生产过程，但会给工人提供比从前更多的工作机会④。

他还强调了生产制度安排对劳动生产率的作用。他认为有的生产要素可以专有、有的不能专有这个事实，对财富的增长非常有利。如果专有的自然力如土地的所有者不能确信只他有权享受它的产物，不愿意毫无顾忌地投入资本以扩大它的生产力，它便不能生产这么丰富的产物。另外，劳动是无限的自由、不能专有的自然力，这给扩大劳动的作用和生产开辟了无限的前途⑤。此外，同斯密一样，萨伊也强调分工的作用，认为一生干一种工作的

① 萨伊．政治经济学概率［M］．陈福生，陈振骅译．北京：商务印书馆，2017：82－84.
② 萨伊．政治经济学概率［M］．陈福生，陈振骅译．北京：商务印书馆，2017：71－74.
③ 萨伊．政治经济学概率［M］．陈福生，陈振骅译．北京：商务印书馆，2017：76.
④ 萨伊．政治经济学概率［M］．陈福生，陈振骅译．北京：商务印书馆，2017：92－94.
⑤ 萨伊．政治经济学概率［M］．陈福生，陈振骅译．北京：商务印书馆，2017：78－79.

人，一定比别人干得更快更好；分工可以扩大社会的产品，但一定程度上也会使人的个人能力趋于退化①。

可见，萨伊提出效用论，并认为劳动要素和其他要素相结合才会具备生产力量；强调机器使用、生产的制度性安排和分工对劳动生产率的重要影响。

四、乔治的三要素理论及工资来源

乔治对要素的概念进行了界定，明确土地、劳动和资本是生产要素。土地包括所有的自然机会或力量；劳动包括所有的人力；资本包括用以生产更多财富的财富②。并且提出自然的次序是土地、劳动、资本，继而在此基础上进行分配关系的探究。

（一）地租的决定

乔治认为“土地”一词包括自然界的全部物质、能力和机会③。地租概念自古典经济学以来观点较为一致，统一认为地租是一块土地超过对在使用的最贫瘠土地投入相同劳力与资本能够收获数量的部分。演绎出地租规律：自然生成资源的所有权使其所有人占有使用劳动和资本在自然资源上生成财富的数量，等于超过相同的劳力和资本用于它们可免费投入的最次等事业上能够获得报酬的部分④。

（二）工资的决定

乔治认为劳力包括财富生产中的全部人力，凡是劳力的结果或报答都是“工资”⑤。工资不是来自资本，它实际上来自以工资购买的劳动力的产品⑥。其进一步指出，为自己工作的人得到的工资就是他生产的东西。以规定的货币工资为他人工作的人，依照交换合同工作；在交换中，履行劳动时他是预

① 萨伊．政治经济学概率［M］．陈福生，陈振骅译．北京：商务印书馆，2017：106－107.
② 亨利·乔治．进步与贫困［M］．吴良健，王翼龙译．北京：商务印书馆，2017：150.
③ 亨利·乔治．进步与贫困［M］．吴良健，王翼龙译．北京：商务印书馆，2017：84.
④ 亨利·乔治．进步与贫困［M］．吴良健，王翼龙译．北京：商务印书馆，2017：156.
⑤ 亨利·乔治．进步与贫困［M］．吴良健，王翼龙译．北京：商务印书馆，2017：36－37.
⑥ 亨利·乔治．进步与贫困［M］．吴良健，王翼龙译．北京：商务印书馆，2017：29.

付的一方，取到工资时这笔交换完成了。得到以工资交换生产产品的雇主，不管是立刻把产品卖掉还是把它留一段时间，都不会改变这笔交易的性质，正如产品的最终接收者最后不论如何处理这批产品都不会改变它的性质一样①。

由于产品 = 地租 + 工资 + 利息，因而有：产品 - 地租 = 工资 + 利息。这样工资和利息不是取决于劳动和资本的产品，而是取决于产品中地租拿走后还留下多少；或者取决于劳动和资本能够在使用最下等土地上获得的产品。因而不管生产能力增加多少，如果地租以同样速度增加的话，工资和利息都不会增加②。

进一步提出的工资规律如下：工资决定于生产边际，或决定于劳动不需支付地租有机会从事的自然生产能力最高点而得到的产品。它表明：在土地不付费用，劳动没有资本帮助的地方，全部产品作为工资归劳动；在土地不付费用，劳动有资本帮助的地方，工资就是全部产品减去诱导基础劳动成为资本的必需部分；在土地私有、出现地租的地方，工资由劳动不需支付地租能从事的最高自然机会中获得的产品决定；在自然机会全部被垄断的地方，在劳动者的竞争中，工资可以被迫降到劳动者同意再生产的最低点。但工资的最低点不能低于作为工资给予劳动并足够保证维持劳动这一点③。该观点与斯密和李嘉图一致。

（三）利息的决定

乔治认同斯密关于资本的定义，即一个人的储存中他期望为他提供收入的那一部分称作资本，并且进一步把资本定义为交换过程中的财富，交换不仅包括物品从甲方交给乙方，还包括在利用自然界的再生产或改造力量来增加财富时所发生的变质和变形④。资本的职能是以工具、种子等以及进行交换所需要的财富支持生产中的劳动⑤。

乔治把生产分为三种方式：更动或改变自然产品的形式或地点，使它们满足人的欲望；种植或利用自然的生命力；交换或利用地点改变而提高的那

---

① 亨利·乔治．进步与贫困［M］．吴良健，王翼龙译．北京：商务印书馆，2017：69.

②③ 亨利·乔治．进步与贫困［M］．吴良健，王翼龙译．北京：商务印书馆，2017：158－159.

④ 亨利·乔治．进步与贫困［M］．吴良健，王翼龙译．北京：商务印书馆，2017：50.

⑤ 亨利·乔治．进步与贫困［M］．吴良健，王翼龙译．北京：商务印书馆，2017：193－194.

些自然力的较高能力，以及因环境、职业和性格而改变的那些人力的较高能力，以求增加财富的总量。在这三种生产方式中，资本都可以帮助劳动。利息产生于增值能力，这种能力是自然的生殖力以及事实上进行交换的类似能力给予资本的[①]。利息的规律为：工资和利息的关系决定于资本作用在再生产方式中所具有的平均增值能力。随着地租上升，利息将与工资同时下降，或者利息将由耕种的边际决定[②]。

可见，乔治认为土地要素是根本，而劳动报酬取决于其劳动力的劳动产品，而且分配份额的多少又取决于在总产出中，扣除地租之后剩余增值份额的高低，要素之间的分配是此消彼长的关系。

第二节 新古典经济学中的劳动报酬与劳动生产率理论

新古典经济学由三要素理论发展到四要素理论，其认为要素分配由要素市场供求关系中的交换价值来决定，而后者又等于利润最大化时的边际产出。具体来说，新古典经济学认为劳动要素的工资是由劳动需求价格和供给价格的均衡点决定；劳动的需求价格由劳动的边际生产力决定；劳动的供给价格由培养、训练和维持有效率的劳动者的生产成本决定。资本的利息由资本的需求价格和供给价格决定；资本的需求价格由资本的边际生产力决定；资本的供给价格由资本对延期消费或对未来享受的“等待”所期望的报酬决定。组织这个要素报酬为正常利润，或者称为管理工资，由企业组织管理能力的需求价格和供给价格的均衡点决定；企业组织管理能力的需求价格由它的边际生产力决定；企业组织管理能力的供给价格由它的生产成本即教育训练费用决定。乔治·卡特莱特·马歇尔（George Catlett Marshall）、约翰·贝茨·克拉克（John Bates Clark）和约翰·阿特金森·霍布森（John Atkinson Hobson）为新古典经济学家的代表，本书参考其论著，以要素分配理论为指导，梳理其中劳动报酬与劳动生产率的相关理论。马歇尔的观点参考其1890年的著作《经济学原理》[③]，克拉克的观点参考其

---

① 亨利·乔治．进步与贫困［M］．吴良健，王翼龙译．北京：商务印书馆，2017：171－172.

② 亨利·乔治．进步与贫困［M］．吴良健，王翼龙译．北京：商务印书馆，2017：185.

③ 马歇尔．经济学原理［M］．陈良璧译．北京：商务印书馆，2017.

1899 年的著作《财富的分配》[1]，霍布森的观点参考其 1911 年的著作《财富的科学》[2]。

一、马歇尔的劳动要素特点及要素价格决定

"均衡价格论"是马歇尔经济理论的核心和基础。马歇尔在"均衡价格"论的基础上建立了他的分配论，把生产要素分为劳动、资本、土地和组织，认为国民收入是这四种生产要素共同创造的[3]。土地是指大自然为了帮助人类，在陆地、海上、空气、光和热各方面所赠与的物质和力量；劳动是指人类的经济工作，无论是用手还是用脑；资本是指为了生产物质货物和为了获取通常被算作收入一部分的利益而储备的一切设备。资本是财富的主要资料，与其将它看作是满足欲望的直接来源，不如将它看作是生产的一个要素。而资本大部分是由知识和组织构成的，组织有助于知识，具有日益增长的重要性，在某些方面甚至更为重要，所以把组织分开来算作一个独立的生产要素。与此相适应，国民收入也分为工资、利息、地租和利润，即各个生产要素的价格[4]。

（一）工资的决定和劳动要素的特点

关于工资，马歇尔认为它是劳动这个生产要素的均衡价格，即劳动的需求价格和供给价格市场均衡确定的价格。马歇尔指出了劳动要素的五个特点：第一个特点，工人出卖的是他的劳动，而他本身并没有价格，他本身仍归他自己所有。因此，对他投资局限于父母的资产、见识和无私、出身的重要性和道德力量的影响。第二个特点，工人和他的工作是分不开的。当一个人出卖服务时，他必须亲自到服务场所。劳动的这个特点在许多场合都是极其重要的。一个行业的机遇越是不能令人满意，则吸引人参加该行业所需要的工资自然也就越高。工人和劳动的不可分离性，大大阻碍了劳动供给随着需求的转移，即阻碍了劳动的流动性。第三个特点，劳动力是可以毁坏的，它的卖主在议价中往往处于不利地位。第四个特点，劳动具有损耗性，指工人在

① 克拉克．财富的分配［M］．陈福生，陈振骅译．北京：商务印书馆，2017.

② J. A. 霍布森．财富的科学［M］．于树生译．北京：商务印书馆，2017.

③ 马歇尔．经济学原理［M］．陈良璧译．北京：商务印书馆，2017：9.

④ 马歇尔．经济学原理［M］．陈良璧译．北京：商务印书馆，2017：169.

失业期损失的时间无法挽回。当然，物质生产要素的工作力也同样具有损耗性。缺乏准备金和支持长期不售之力的薄弱，差不多是各种体力劳动者所共有的特点。这特别适用于那些非熟练工人，一是因为他们的工作很难使他们有积存的余地；二是因为他们中间有些工人停工时，能代替他们的人很多。而对于在工人与雇主讲价时的平等地位，非熟练工人与熟练工人相比要难得多。第五个特点，提供专业能力所需要的训练时间很长。这一特点在于培养和训练有工作能力的劳动所需要的时间是很长的，这种训练所产生的报酬也是很慢的。从父母为子女选择职业到获得该职业的充分报酬，其间至少需要一代的时间。而且在这个过程中，该行业的性质很可能发生根本变革，其中有些变化也许早有预兆，但另外一些变化即使是机敏的熟悉该行业的人也是无法预见的①。

（二）利息的决定

利息是资本要素的均衡价格，即是由资本的需求价格和供给价格共同决定的。资本需求价格是资本家使用资本所愿意付出的代价，由资本的边际生产力所决定；资本供给价格，取决于资本家的“等待”和“牺牲”。借款人支付的总利息，既包括纯利息又包括风险保险费和管理报酬。马歇尔认为不论在劳动还是资本的场合，供求关系都不能从它本身来研究，因为决定分配和交换之中心问题的一切因素都是相互制约的。借款人因使用资本而付出的价格，在他看来是利息，而在放款人看来却是利润。通过货币市场，资本将从过剩的地方移向不足的地方，或从正在收缩的某一个企业部门移向正在扩大的另一部门。而如果名义利率不同，将会引起资本的流动②。

（三）利润的来源

组织或企业家的报酬称为利润。马歇尔将企业家分成两类：一类运用先进的企业方法；另一类则墨守成规。后一类主要是对社会提供直接的服务，对他们的报酬也往往是可靠的，但前一类情况则不然。许多企业家的发明在长期内对于世界有重大价值，他们可以从自己的发明中获得报酬。

另外，一个小企业主所做的大部分工作在大企业中是由领受薪金的各部

---

① 马歇尔．经济学原理［M］．陈良璧译．北京：商务印书馆，2017：257－267.
② 马歇尔．经济学原理［M］．陈良璧译．北京：商务印书馆，2017：278－281.

门主任、经理、监工等人进行的，各种劳动之间的“代替功能”对管理报酬产生影响①。例如，监工的劳务与普通工人的劳务之间的代替对管理报酬产生影响。监工是通过驱使工人做过度的工作来赚得自己的工资。一方面，如果监工用正当的方式，并通过工作细节上的妥当安排来完成他所负担的任务，那么做错和需要返工的现象很少，则担任此项工作监工的工资可看作是管理上的报酬；另一方面，假设监工和经理的工作与企业主的工作不断较量，使监工成本大幅上升，进而影响雇主的利润。相同企业经理的劳务与监工的劳务之间的代替会对管理报酬产生影响，大企业经理与小企业经理的劳务代替也会对管理报酬产生影响②。

可见，马歇尔认为劳动报酬由劳动供给和劳动需求的均衡决定；劳动要素和资本要素的特征不同，使其流动性不同，要素回报不同；管理要素的报酬来自生产效率的提升。

二、克拉克劳动报酬与劳动生产率的稳态与动态

克拉克认为社会收入的分配受一个自然规律的支配，而这个规律如果能够顺利地发生作用，就会把社会总收入分为性质不同的三大部分，分别是工资总额、利息总额和利润总额，这三部分收入分别是劳动报酬、资本收入以及雇佣劳动和利用资本的人由于执行某种调和工作而得到的收入。这种纯粹的调和工作被称为企业家的职能，把他们所得到的报酬，称为利润。这种职能本身，既不包含劳动，也不包含资本，它的职能完全在于建立和维持各个生产因素间的有效联系，并使它们发挥作用③。

如果自然规律能够发挥作用，那么，从事任何生产职能所应当分配得到的收入量，都将以它实际所生产的成果来衡量，也就是每一个生产因素创造多少财富就得到多少财富④。每个生产要素在参加生产的过程中，都有其独特的贡献，也都有相应的报酬，这就是分配的自然规律。按照传统意义，只有在静态的社会中，价值、工资和利息才是“自然”的。但是，在实际社会

---

① 马歇尔．经济学原理［M］．陈良璧译．北京：商务印书馆，2017：295－296.
② 马歇尔．经济学原理［M］．陈良璧译．北京：商务印书馆，2017：297－298.
③ 克拉克．财富的分配［M］．陈福生，陈振骅译．北京：商务印书馆，2017：2.
④ 克拉克．财富的分配［M］．陈福生，陈振骅译．北京：商务印书馆，2017：3.

中，除了静态势力以外，还有动态势力起着作用①。

（一）工资是最后一单位劳动的边际产品

克拉克认为，工资通常是由一个人付给另一个人的。支付的数额需要通过双方谈判来调整，表面上好像取决于双方力量的大小和手段的高低，但工资本身还有一个市场标准，而其主要受外来的、积极的力量所支配，例如生产能力。所谓“市场上的讨价还价”实际上只能局部的、在一个狭隘的幅度以内，对劳动报酬的标准产生影响。如果自然规律能够发挥作用，自由竞争倾向于将劳动所生产的部分给予劳动者，将资本所生产的部分给予资本家，而将调和职能所生产的部分给予企业家。

劳动的特殊生产力决定工资的高低。如果能够确定一个单位的劳动对于一个产品有多大的贡献，那么，便可以找到一切工资所要依据的标准。克拉克还提出，在资本数量固定的情况下使用劳动，它的生产力是递减的。即假定资本不变，投入的劳动量多了，则平均每一单位劳动所摊到的设备少了，因此，每一单位劳动生产出来的产品少于从前每一单位劳动的产品。最后增加一单位的劳动是“边际劳动”，“边际劳动”所生产的产品量是“劳动边际的生产率”。上述规律称为“劳动生产递减规律”或者“边际生产率递减规律”②。

“劳动边际的生产率”不但决定“边际劳动”工人的工资，并且决定其他同一熟练程度工人的工资。这样得到的工资标准是一个静态标准。在这种场合，工资决定于“边际生产率”，任何一个单位所得的工资便等于最后一个单位所能创造的产量。工资理论总结为：以一定数量的社会资本来使用社会劳动所得到的边际产品，就是各个产业的劳动工资所趋向的标准，即最后生产力支配工资③。克拉克将这一过程形象的刻画如下。

1. 劳动力和商品一样，也受边际估价规律的支配。市场对每一种商品的最后供应单位估定什么价格，也就对整个那种商品估定了什么价格。正如消费品最后单位是决定价格的单位那样，劳动的最后单位是决定工资的单位。

2. 最后单位不是指那些可以鉴别出来、可以跟其他单位分开来的特殊单位。同样，劳动最后的、边际的单位，并不是由特定的人群组成的。构成这

---

① 克拉克．财富的分配［M］．陈福生，陈振骅译．北京：商务印书馆，2017：25－28.

② 克拉克．财富的分配［M］．陈福生，陈振骅译．北京：商务印书馆，2017：85－95.

③ 克拉克．财富的分配［M］．陈福生，陈振骅译．北京：商务印书馆，2017：103.

种单位的一群工人，一定是普通的、中等的工人。

3. 在说明最后效用规律时，通常是把一种商品的单位按想象的先后次序来安排，在一个时间内只出售一个单位，并且确定每一个单位对顾客的重要性究竟是怎样。可是商品从来没有按这样先后的次序一个单位一个单位地送到市场去。商品是整批的在市场上出售。但是商品的价格却是由商品按上述次序一个单位一个单位出售时最后一个单位的重要性来决定的。

同样，在说明决定工资的规律时，设想把工人分成单位，在一个时间内只有一个人或一群人进行工作，从而找出最后一个单位对市场的重要性，这样，就会把生产力递减规律的作用揭露出来。不论是把一个人或一群人当作一个单位的劳动，还是像以上所说的那样一个单位一个单位的进行工作，任何一个单位所得的工资，便等于最后一个单位所能创造的产量。这样得来的工资标注是一个静态的标注。只要在劳动和资本的数量不变、组织形式没有改变的情况下，用同样的方法，生产同样的东西，工资将按这个测验所建立的标准保持下来。使工人按先后次序进行工作，这有点像理想的动态，但是这样做法却可以把一个静态规律显示出来①。

（二）利息论

克拉克将资本区分为货物资本和资金。货物资本是用于生产上的财富，具体表现是由生产工具组成的，而生产工具总是具体的、实在的东西。资金最显著的特点就是“永久性”，是“绝对流动”的，这一点和货物资本不同。资本货物的收入称之为“租金”，资本货物的价值加在一起称为永久资本。租金是货物资本所赚得的各个收入额的总和，而利息则是永久资金所赚得相当于这资金本身的百分数。从某种意义来说，利息由租金决定，是租金总数占资本总数比例。从另一种深刻的意义来说，租金受到利息的支配：任何一个工具能赚得多少，要由所使用的这种工具的多少来决定。增加一种工具的件数，其每件的收入就要减少；减少其件数，每件的收入就可以增加，而要使用多少工具，决定于利息规律。从表面来说是租金决定利息，而从根本来说是利息支配租金②。

同样，资本的特殊生产力决定利息的高低，即资本创造产品的能力就是

① 克拉克．财富的分配［M］．陈福生，陈振骅译．北京：商务印书馆，2017：158－159.
② 克拉克．财富的分配［M］．陈福生，陈振骅译．北京：商务印书馆，2017：103－111.

利息的根据。如果确定了每一个产业中一个单位的资本对于一个产品的作用。那么，便可以找到一切利息调整所要依据的标准。而且如果对一定数目的工人，一个单位一个单位连续不断地供应资本，结果产值的增加越来越小，可以称为“资本生产递减规律”。克拉克还把资本区别为固定资本和流动资本①。

（三）过渡性“利润论”

克拉克的“利润论”是从工资论和利息论引申出来的。他把资本家和企业家分开，认为资本家是生产资料的占有者，企业家是生产的组织者。资本家的所得是利息，企业家的所得是工资加利润。在静态经济中，企业家仅仅得到工资，利润并不存在，只有在动态经济中才产生利润②。

但动态本身是过渡性的，是旧均衡到新均衡的过渡，因而利润也是过渡性的。利润还是暂时性的，一种先进生产技术和生产方法的采用使企业家获得了利润；先进生产技术和生产方法普及后，利润将迅速归于消灭，转化为利息和工资的增额。

克拉克的思想在于其反复强调要素的边际报酬递减规律，工资为最后一个单位劳动的边际产品，并把资本划分为流动资本和固定资本，将资本家和企业家分开；区分稳态的静态和从一个稳态向另一个稳态转化过程中的动态，并指出动态向新的均衡发展过程中是劳动生产率提升、利润逐渐向利息和工资转化的过程，因此，可以理解为该过程的前半程是劳动生产率快于劳动报酬增长，后半程是劳动报酬增长率快于劳动生产率增长的过程。

三、霍布森的非生产性剩余与劳动份额

霍布森的《财富的科学》主要讲述产业生产的财富，以及以“所得”的形式分配给那些创造财富或者拥有所有权利占有它的人。书中一方面论述了生产要素的贡献；另一方面也论述了要素的报酬怎样规定和执行，其中涉及劳动报酬与劳动生产率的相关理论。

---

① 克拉克．财富的分配［M］．陈福生，陈振骅译．北京：商务印书馆，2017：124.

② 克拉克．财富的分配［M］．陈福生，陈振骅译．北京：商务印书馆，2017：178－179.

（一）产业系统与要素分配

霍布森认为产业系统是将一群企业分作各种行业，同时这些行业有条理地形成生产连锁，把原料和“自然”力量变成商品和服务，供人类使用。在生产过程的每一阶段，都有土地、劳动、固定资本、才能等从事于这种推进生产的经常工作，所有这些要素在生产工作中被用完或消耗掉时，就由新的要素来补充替代①。

产业系统的顺利运行，全靠不断地在生产的各个阶段把货币付给工人、雇主、资本家和土地所有者。这种付给各项生产要素的报酬，构成工资、利润、利息和地租②。一个固定的产业系统，丝毫不差地生产成品并且把它们分配出去，要素所有者分到的报酬，恰好提供必要的刺激，可以维持他的生产要素并且激发新的生产行为。而产业系统的维持费用包括两个部分，一是付给各种劳动和才能的生活工资和薪俸；二是维持各种资本和土地所用的“损耗”基金③。

（二）非生产性剩余

非生产性剩余主要分为两类：一是土地要素的非生产性剩余；二是资本要素的非生产性剩余。两种剩余的多少取决于要素的稀缺程度。工资是工人拿自己身体的生产能力换得；利润是雇主拿他的心力和时间换取；利息是资本家延迟当前的享受投资获得的收益；地租是为了使用土地的天然特性、肥沃和地势的优越而付出的代价，不是一种对地主的工作报酬。显然，地租与上述三者不同，是地主完全不劳而获的非生产性剩余，该剩余多少取决于各种土地的稀缺性④。换句话说，地租是土地的“稀少性价格”，因为这种稀少性，所以“非生产性剩余”的很大一部分作为地租归地主所有⑤。

如果土地的稀少性产生地租，那么任何其他生产要素若具备稀少性，例如资本、劳动或才能，也可能发生非生产性剩余。现实中，依靠行政力量，会限制资本流入某一行业，因而该行业就能替供应有限的资本获得一种稀少

---

① J. A. 霍布森．财富的科学［M］．于树生译．北京：商务印书馆，2017：23.
② J. A. 霍布森．财富的科学［M］．于树生译．北京：商务印书馆，2017：25.
③ J. A. 霍布森．财富的科学［M］．于树生译．北京：商务印书馆，2017：32.
④ J. A. 霍布森．财富的科学［M］．于树生译．北京：商务印书馆，2017：52.
⑤ J. A. 霍布森．财富的科学［M］．于树生译．北京：商务印书馆，2017：59.

性的概率。显然，安排一种优越地位的资本，不受自由竞争的影响，完全和土地一样吸收剩余，这种人造的稀少性使得稀少要素的所有者能够在付过其他比较多要素的最低报酬后，占有全部剩余，即资本的非生产性剩余①。

某种才能或劳动力如果具备一定的稀缺性，就能够取得一种超过当时效率要求所应该付给的工资；有力量的工会组织通过谈判有时也会暂时获得“稀少性工资”②。上述三个角度说明，所有未曾在费用里分配掉的剩余产品，按照各项生产要素的“势力”大小，分配给各要素的所有者，哪类要素最稀缺，则会获得最多的剩余。一大部分不劳而获或者“稀少性”的报酬，不需要占有人在哪方面做相应的努力。发达工业国家里最有钱的人，当前的财源不是土地，而是对其他制造、运输和金融工具的占有及对市场的控制③。

（三）劳动报酬和劳动生产率

劳动的价格，决定于成本以及影响供求关系的稀缺性。劳动要素与资本要素特点截然不同：第一，工资劳动者等待工作的时候通常没有办法维持生活。第二，即使能够等待，不仅浪费自己这一时期的劳动力，而且挨饿和空闲会损害其以后的劳动效率；而资本所有者在等待的时候也有损失，但这一损失可以从日后他们实行的苛刻条件中得到补偿。第三，劳动力包含在许多分散的小个体内，不同于资本通常是大量的集中。显然，出卖劳动力的人多，买的人少。只要有任何过剩的供给，由于自由竞争的作用，就必然会把工资拉下去，降到那种仅够维持生活最低水平或法律所要求的略高一些的水平④。

霍布森提到了“高工资经济”：如果你支付一个人较高的报酬，就会得到他较多或较好地工作。因为高工资使他可能享受较高水平的物质和精神生活，他就能发出较多的劳动能力，而且他愿意这样出力，认为企业的成败对他有切身关系。额外的工资有助于提高“家庭工资”，从而刺激劳动效率的增长。但在许多实际情况中，“血汗工资”对于雇主目前来说还是比高工资有利，只有两种原因可能提高工资水平：一种是由于必须一种较高的生活水

---

① J. A. 霍布森. 财富的科学［M］. 于树生译. 北京：商务印书馆，2017：62－64.
② J. A. 霍布森. 财富的科学［M］. 于树生译. 北京：商务印书馆，2017：65.
③ J. A. 霍布森. 财富的科学［M］. 于树生译. 北京：商务印书馆，2017：66－67.
④ J. A. 霍布森. 财富的科学［M］. 于树生译. 北京：商务印书馆，2017：71.

平来产生所需要的体力或脑力；另一种是由于限制劳动市场上这种人才的数量①。

霍布森从产业生产系统出发，将生产过程中的总增加值分为两个部分：一部分参与分配；另一部分为非生产性剩余。大部分要素获得其边际产品的价格，但由于要素具有稀缺性或者辅助制度性安排，部分要素将会获得非生产性剩余，且稀缺性越高，获得的剩余越多。土地或资本相对于劳动要素更易具备稀缺属性，因此，在分配方面尽管劳动报酬较高、劳动生产率较高，但劳动报酬份额由于劳动要素的天然特征仍处于劣势。

第三节　新古典综合经济学中的劳动报酬与劳动生产率理论

在古典经济学和新古典经济学之后的经济学被称为新古典综合经济学，凯恩斯理论对新古典经济学向新古典综合经济学的迈进起到了承上启下的作用。本书以约翰·梅纳德·凯恩斯（John Maynard Keynes）、琼·罗宾逊（Joan Robinson）和保罗·萨缪尔森（Paul Samuelson）的理论为代表介绍新古典综合经济学的初期思想。凯恩斯的观点参考其1936年的著作《就业、利息和货币通论》②；罗宾逊的观点参考其1956年的著作《资本积累论》③；萨缪尔森的观点参考其著作《经济学》（第十九版）（2009年）。

一、凯恩斯的有效需求与工资

（一）就业与实际工资

凯恩斯关于工资与劳动生产率关系的论述可见于其六大命题中④。

---

① J. A. 霍布森．财富的科学［M］．于树生译．北京：商务印书馆，2017：77－78.

② 约翰·梅纳德·凯恩斯．就业、利息和货币通论［M］．高鸿业译．北京：商务印书馆，2017.

③ 琼·罗宾逊．资本积累论［M］．于树生译．北京：商务印书馆，2017.

④ 约翰·梅纳德·凯恩斯．就业、利息和货币通论［M］．高鸿业译．北京：商务印书馆，2017：34－35.

命题一：在技术、资源和成本均为既定的情况下，收入取决于就业量 N。

命题二：社会的收入和社会所愿意消费的数量（D_1）之间的关系取决于社会的心理特征，即消费倾向；除了消费倾向发生变化外，还取决于总收入水平，从而取决于就业量水平 N。

命题三：企业家所决定雇用的劳动者数量 N 取决于两种数量的总和（D）[①]，即社会愿意消费的数量（D_1）和社会愿意投资的数量（D_2），即：$D = D_1 + D_2 = \varphi(N)$，因此，均衡的就业量取决于总供给函数、消费倾向和投资量。

命题四：对于每一个数值的 N，工资品行业中都存在着相应的劳动的边际生产率；而决定实际工资的便是这一生产率。与古典经济学一致，即认为工资等于劳动的边际产品，而劳动边际产品的大小代表劳动生产率的高低。

命题五：按照古典理论，对所有 N 的数值而言，$D = \varphi(N)$；而在 N 小于其最大值时，就业量均处于中性的均衡状态。因此，企业家之间的竞争力会把 N 推进到它的最大值。在古典理论中，只有达到这一点，才是稳定的均衡状态。

命题六：当就业量增加时，D_1 会增加，但 D_1 增加程度不会像 D 的增加那样大；因为当收入增加时，消费也会增加，但不像收入增加的那样大[②]。

综上所述，根据该心理规律，就业量越大，与之相对应产量的总供给价格与企业家能够从消费者支出那里收回之间的差距也越大。因此，如果消费倾向不变，那么就业量便不能增加，除非投资量增加。根据该理论，就业量并不取决于实际工资，而是由消费倾向和新投资数量两者一起决定；就业量决定实际工资。

（二）货币工资与实际工资

凯恩斯认为劳动者所要求的是一个最低限度的货币工资而不是一个最低限度的实际工资，并且货币工资的变动和实际工资的变动通常不具有相同的方向，而几乎总是相反方向。如劳动者在就业量减少时较易于接受工资的削减，而在就业量减少的情况下，实际工资不可避免地要上升，其原因在于当产量减少时，劳动者在同一数量的资本设备下的边际生产率会增加[③]。

---

① D 即为有效需求。

② 此为凯恩斯的收入消费理论。

③ 约翰·梅纳德·凯恩斯．就业、利息和货币通论［M］．高鸿业译．北京：商务印书馆，2017（8）：301．

另外，凯恩斯也反对古典经济学家认为的劳资双方工资协议决定了实际工资这一观点。凯恩斯认为对于全体劳动者而言，可能不存在任何办法使相当于货币工资一般水平的工资等于现行就业量的边际负效用，也可能不存在任何途径使全体劳动者能够通过与雇主们对货币工资的讨价还价来把实际工资改变到某一既定的水平。对货币工资的讨价还价主要影响实际工资总量在不同劳动者集体之间的分配，而不是影响每一个就业者的平均实际工资。

（三）资本收益——利息

当一个人购买一件投资品或资本资产时，他是购买能得到一系列未来收益的权利；在投资品的寿命限度内，未来的收益等于他所预期的投资所带来产品的卖价减去由于取得产品而支付的费用，称为预期收益。从资本资产的预期收益和它的供给价格与重置成本之间的关系，可以得到资本资产增加一个单位的预期收益与该单位的重置成本之间的关系，即为资本边际效率，本质上是一种贴现率。在任何时期中，随着投资量的增加，该种资产的资本边际效率就会递减。其部分原因在于当该种资产的供给量增加时，预期收益率会下降，另外的原因在于该种资产增加会使制造该种资产设备受到压力，从而使供给价格提高。必然的结果是实际的投资会增加到没有任何种类资产的资本边际效率会大于现行的利息率。

凯恩斯纠正了已有的仅从消费倾向考虑的利息理论，加进了流动性偏好分析。因为利息率是一笔报酬除本金而得到的比例，其中，报酬来自在规定时间内放弃对这笔钱的控制而换来的相应债权。由此可见，由于利息率是放弃流动性的报酬，所以在任何时期的利息率都能衡量持有货币的人不愿意放弃流动性的程度。各种流动性偏好取决于交易动机、谨慎动机和投机动机①。

从凯恩斯的上述论述中可知，凯恩斯认为实际人均劳动报酬与劳动生产率增长一致，由边际消费倾向、投资量和供给函数来决定；当有效需求不足时，人们愿意接受现行实际工资参加劳动，此时存在失业，因此，随着有效需求增加，就业增加，一直到工资和实际工资相等；资本收益会影响劳动报酬所占份额。

---

① 约翰·梅纳德·凯恩斯．就业、利息和货币通论［M］．高鸿业译．北京：商务印书馆，2017(8)：201－230.

二、罗宾逊的技术进步和生产力及相对份额

罗宾逊夫人在《资本积累论》一书中研究人口变化、资本积累和技术变动等，将技术进步的偏向性与生产力及要素分配份额结合起来研究。

（一）技术进步没有偏向的黄金时代

罗宾逊将资本主义经济中所得的来源分为四类，分别是工资、地租、利息和利润。工资代表契约性的对各种工作的报酬；地租是一种契约性的对租用土地和建筑物的报酬；利息是一种契约性地对资金借贷的报酬；利润是准租金超过维持企业资本所需要的租金和折旧基金的超过部分，其中，准租金为企业收入超过费用的超过部分。其中，工资为靠出卖工作生活的人所得；地租归特殊的土地所有者阶级；利息和利润归食利者或企业家①。一个人可能从几种不同的来源得到所得。当技术进步没有偏向而稳步的前进，生产的时间范型没有任何改变，人口以稳定的速度增长，并且积累的速度快得足以为所有的劳动提供生产能力时，利润率倾向不变，实际工资水平倾向于随每人产量的上升而上升，即劳动报酬与劳动生产率同步增长；总年产量和资本存量按一种不变的适当速度一同增长，此种状态称为"黄金时代"②。

（二）利润率相等的没有偏向的优越性

假设两个经济中实际资本比例和利润率两者相等。一个经济在使用 B 技术；另一个在使用 B + 技术，技术没有偏向，则两种情况下的技术需要统一实际工资比率。此时，B + 经济里的实际工资比 B 经济里的实际工资高，其相差的比率和两个经济里每人产量相差的比率相同。在每一工人占用的资本方面，前者也以同样的比例多于后者，而工资和利润在产值中所分得的份额在两个经济中是相等的③。

（三）利润率相等的技术进步有偏向

一个经济使用 B 技术；另一个经济使用 B + 技术，两个经济里利润率可

① 琼·罗宾逊．资本积累论［M］．于树生译．北京：商务印书馆，2017（8）：22－23.

② 琼·罗宾逊．资本积累论［M］．于树生译．北京：商务印书馆，2017（8）：117.

③ 琼·罗宾逊．资本积累论［M］．于树生译．北京：商务印书馆，2017：157.

能相同，也可能因为技术进步的偏向性使实际资本比率不同。如果是偏向资本的技术进步，即偏向于多耗费劳动而节约资本的技术进步，则B+技术需要较低的实际资本比率。这时，在优越的经济里工资水平高，其比率大于每人产量，并且工资在产值中分得的份额也大。相反，如果是偏向劳动的技术进步，即偏向于多耗费资本而节约劳动的技术进步，则B+技术需要较高的实际资本比率时，劳动在产值中分得的份额就较少[①]。

从罗宾逊夫人的上述论述中可知，低水平的工资总是和低水平的生产力联系在一起。当技术进步发生时，劳动生产率会提高；但由于劳动的边际产品增加，工资上升，但工资所占份额如何变化，取决于技术偏向性。如果是发生了节约劳动的技术变迁，劳动报酬份额将下降；反之，如果发生了节约资本的技术变迁，劳动报酬份额将上升。

三、萨缪尔森的要素收入分配理论

萨缪尔森认为收入分配理论是一般价格理论的一种特例[②]。萨缪尔森把生产要素划分为三大类，分别是自然资源、劳动和资本。大自然以固定的供给提供自然资源，包括不可增加的土地和诸如石油或铜矿等可耗尽的资产。完全缺乏弹性的要素——土地的收益被称为地租。人类劳动资源方面，一般来说，其生产并不受到经济条件的影响，主要取决于社会和生物因素。这种人力因素的收益被称为工资，包括经理的薪金和非熟练工人的工资。资本或资本品，被经济制度本身生产出来，被用作生产要素，以便进一步生产物品和劳务。在竞争市场上，资本或资本品可以被租借出去，为了暂时使用资本或资本品而支付的金钱被称为利息或租金。完全竞争情况下，边际产品原则决定要素的收入分配。

（一）工资的决定及其差别

萨缪尔森认为工资不过是劳动的价格。在经济的一切价格中，劳动的价格是最重要的。处于完全竞争的均衡，如果一切人和职业完全相同，那么工资的差别不会存在，均衡的工资率为供给和需求所决定，且为劳动的边际产

① 琼·罗宾逊．资本积累论［M］．于树生译．北京：商务印书馆，2017：158.

② 保罗·萨缪尔森，威廉·诺德豪斯．经济学［M］．萧琛，等译．北京：商务印书馆，2016：384.

品。劳动的供给取决于人口数量、就业人口的比例、平均的劳动时间和生产劳动的质量。当工资上升时，对劳动供给存在两种相反的影响，“替代效应”诱使每个劳动者工作较长的时间，因为每一小时的工作给予较高的工资；“收入效应”则施加相反方向的影响，因为较高的工资意味着劳动者现在能够享用更多的闲暇时间。

但是，一旦取消一切人和职业完全相同的假设，则会发现工资之间存在很大的差别。这种差别第一是来自工作性质上的差别，有必要提高工资，以便诱使人们从事吸引力较小的工作，此类工资差别可以被称为“补偿性的差别”。第二是来自劳动质量的差异，可以追溯到劳动者天赋能力上的差别，再加上在学校和工作中积累起来的技术和训练成果的差别，可以称为“人力资本的差别”。第三是来自工资中特殊人物的租金成分，天赋很高的人们拥有一种在目前经济中被高度偿付和定价的特殊技能，把他们的工作超过他们在最好的其他职业上所能得到的收入部分称为“纯经济地租”。第四是来自劳动市场中非竞争的类别，劳动被认为是不同的。一个专业的成员进入其他市场是代价昂贵的，这样会使不同类别之间缺少竞争，进而产生不同的工资率。社会上存在许多造成歧视的途径，萨缪尔森认为最重要的可能是造成了“非竞争性的类别”。工资差异的关键原因，在于人们的劳动质量存在着巨大的差别①。

工资行为研究表明，工资的差别是非常持久的，不是一成不变的。市场往往造成这样一种工资差别的均衡形式。在这种形式下，每一类别的劳动总需求正好等于其总供给。只有这样，才会出现工资差别既不缩小也不扩大的一般均衡。

（二）利息的决定

萨缪尔森认为，供给和需求决定资本的数量，而且资本收益取决于两个因素的相互作用：一个是人们现在不消费而宁愿为了将来的消费积累更多资本品的忍耐心；另一个是被积累起来的资本能产生较高或较低收益的投资机会。在一个完全没有风险、通货膨胀和垄断的世界里，资本竞争的收益率会等于市场利息率。任何较高的利息率都会使厂商不愿意持有现有的资本，任

---

① 保罗·萨缪尔森，威廉·诺德豪斯．经济学［M］．萧琛，等译．北京：商务印书馆，2016：405－425．

何较低的利息率会使厂商感到资本过于稀缺。技术和忍耐心这两种力量通过利息率而被结合在一起，利息率保证厂商所得到资本的数量正好等于人们所愿意积累的数量。

但是，技术上的干扰，如新发明等，通常会提高资本的收益，从而影响均衡的利息率。但有时，由于收益递减而造成的利息率下降的趋势大致正好被新发明和技术进步所抵消。在没有风险和通货膨胀的竞争经济中，资本的市场收益率等于市场利率。市场利率起到两个作用：它将稀缺的资本品配置到具有最高收益的用途中去；它还引导人们牺牲当前消费以提高资本存量①。

不确定性和预期也会对利息率造成影响。人们通常不愿意持有有风险的资产。因此，为了要使人们持有风险资产，必须得到一笔额外的收益或者一种风险费，风险资产或冒险事业通常具有较高的收益率。上述的均衡利率是在不考虑通货膨胀的条件下。如果考虑通货膨胀，则资本的实际利率应该等于名义利率减去通货膨胀率。

（三）地租的决定

萨缪尔森把固定要素的价格称为租金或纯经济租金，是对使用供给固定的生产要素所支付的报酬。土地是一种固定要素，地租是使用土地的价格，租金以单位时间和单位固定要素的价格数计价。所有生产要素的价格是由不同要素的需求和供给之间的相互作用所决定的。在完全竞争市场中，租金等于土地的边际产品②。

因为土地的供给没有弹性，且土地总是为了它能生产的产品而发挥作用，所以土地的价值完全是由其能够生产的产品的价值派生而来，反之则不成立。而且对租金征税不会引起扭曲或经济的无效率。原因在于，对纯经济租金征税不会改变任何人的经济行为。需求者没有受到影响，因为他们的意愿价格没有改变；供给者的行为也没有受到影响，因为土地的供给是固定的，不可能做出反应。于是，税后的经济会同税前完全一样地运行，土地税没有带来扭曲或无效率③。

---

① 保罗·萨缪尔森，威廉·诺德豪斯．经济学［M］．萧琛，等译．北京：商务印书馆，2016：472－494.

② 保罗·萨缪尔森，威廉·诺德豪斯．经济学［M］．萧琛，等译．北京：商务印书馆，2016：384－404.

③ 保罗·萨缪尔森，威廉·诺德豪斯．经济学［M］．萧琛，等译．北京：商务印书馆，2016：447－450.

（四）利润的决定

除了工资、利息和地租以外，经济学家经常提到第四种收入类型为利润。利润被定义为一个厂商（或一种经济）的总收入和它的总成本之间的差，包括隐含收益、承担风险的回报和创新利润。萨缪尔森把决定利润的因素划分如下。

利润是内在收益。利润的一部分实际上只不过是不同名称的地租、租金和工资。内在地租、内在租金和内在工资是厂商本身所拥有生产要素的收入名称。利润是承担风险的酬金。一切真正的利润都与不肯定性或不完全信息有关，除了上述的内在收益以外，剩余的均为承担不肯定性的报酬。把不肯定性划分为不能履行契约的风险、纯粹风险。产生利润的第一种风险是不能履行契约的风险，因为存在破产的可能性，所以不能履行契约的风险酬金必须以足够的程度高于资本的收益，以便补偿企业的风险。产生利润的第二种风险是在于企业历年收益的波动性，而投资者厌恶风险。当投资者不能对他们的风险加以保险或分散时，要求在收益之上有一个风险酬金，以便抵消他们对风险的厌恶。利润所包含的第三种风险是对创新和事业心的报酬，称为“创新的利润”，可以把其看作是创新者或企业家暂时的超额利润。利润是垄断收益。只要存在对于完全竞争的背离，通过限制供给，就可以达到增加利润的目的，因此，利润的一个部分是市场收益（依靠专利、特殊的优惠等）或垄断权力的收益①。

从萨缪尔森的上述论述中可以看出，劳动质量、市场竞争环境、制度等会决定劳动报酬的多少，而利息、地租、利润的变化都会直接或间接影响劳动报酬及其所占份额。

---

① 保罗·萨缪尔森，威廉·诺德豪斯．经济学［M］．萧琛，等译．北京：商务印书馆，2016：498-501．

第四章　劳动报酬与劳动生产率同步增长的机理研究

劳动报酬与劳动生产率关系的理论梳理揭示出两者之间的相关关系，但对其相互影响路径和影响机理的研究仍然相对不足，本章将结合新增长理论模型，对此展开进一步研究。按照参与生产要素的丰富程度和复杂程度，依次引入“干中学”模型、研发模型、人力资本模型和分利模型，继而对劳动报酬和劳动生产率相关变量进行数理演绎，以探寻两者同步增长的作用机理以及其影响因素。具体相关变量为人均劳动报酬与劳动生产率、两者增长率及其比值、要素收入份额及其比值。

第一节　“干中学”模型中两者的相互影响路径和影响机理

新增长理论认为经济增长的根本原因不是外部力量，而是经济本身内部力量作用的结果。该理论将知识、人力资本等内生技术变化因素逐步引入经济增长模型中，开始重视知识外溢、知识生产、人力资本投资和社会基础条件等变量的影响，重新阐释经济增长因素和变量之间的关系。本节将在介绍知识性质的基础上，引入知识外溢的“干中学”模型，并在此基础上探寻劳动报酬和劳动生产率同步增长需满足的条件。

一、知识的性质

新增长理论的发展以知识（A）的不断丰富为演变路径，因而有必要先陈述一下知识的性质。此处主要参考罗默（Romer，1990）的观点①。

罗默认为知识的存在有多种形式，并且认为知识具有非竞争性和排他性。非竞争性是指某人对一种知识的应用，不会使其他人对知识的应用变得更为困难，这不同于传统商品的竞争性。这个特点说明了知识的生产和分配不能完全由竞争性市场来决定。一旦知识被发现，向一个新用户提供一个知识的边际成本为零。而排他性取决于两个因素，即知识性质本身和决定产权的经济制度。排他性的程度可能会对知识的发展和分配具有很大的影响。若一种知识是完全排他性的，则该知识的发展无私人收益，因而该领域的研究与开发必须来自别处。但是若知识是排他的，则新知识的生产者可以按一定价格出售这种知识的使用权，继而期望从他们的研究与开发中获得报酬。具体影响知识发展的因素中，最受关注的有四种，即对基础科学研究的支持、研发和创新的私人激励、人才选择的机会，以及“干中学”。

（一）对基础科学研究的支持

传统上，基础科学知识的获得比较自由。大学和科研院所等公共机构提供了发展的平台，这些研究在一定程度上不是由市场上私人报酬决定的，而是得到国家政府等机构的支持，或者是源于对名誉的渴望，甚至是由对知识自身的热爱推动的。这类知识由于获取是免费的，且对生产有正向的积极作用，因而具有正的外部性。如果该类知识的获得需要付出一定的成本，那么它将影响正外部性的作用程度，成本越高，正外部性越少。因此，一个国家对教育的公共支持力度将会对该国的生产力直接造成影响。

（二）研发和创新的私人激励

许多创新，从引入全新产品到对现有产品的细微改进，很少得到外部支持，并且几乎完全是由私人收益的追求来驱动。因此，该种研发和创新的知识必须具备排他性，从而使新思想的开发者拥有一定程度的市场控制力。但是研发由于经济的不完全竞争性质，通常会产生三种外部性，分别是消费者剩余、抢生意效应和研发效用。消费者剩余效应，是指从创新者得到使用思想许可的厂商或个人获得了一些剩余，原因是创新者不能采用完全的价格歧

---

① 戴维·罗默．高级宏观经济学［M］．吴化斌，龚关译．上海：上海财经大学出版社，2003(2)：102－106.

视，这来源于研发的正外部性。抢生意效应，是指优良技术的使用一般降低了现有技术的吸引力，从而对现有技术的拥有者造成了损失，这种外部性是负的。研发效应，是指一般假定创新者对其知识在新知识的生产中不予控制，从而能够为其他发明者所用，因此，新知识的开发对其他研发人员具有正的外部性。

（三）人才可选择的机会

一般来说，市场规模越大，人才可选择的机会也会越多，例如，较低的运输成本和较低的贸易壁垒会增加机会。运行良好的资本市场会促进厂商快速发展、鼓励其创业，增加研发人员从其活动中获得和保留收益的能力，进而增加人才可选择的机会。清晰的产权鼓励创新，增加了人才可选择的机会，而产权界定不清则会减少人才可选择的机会。

（四）“干中学”

个人在制造产品时，无疑会考虑生产过程的改进方法，这种知识积累不是源于刻意的努力，而是传统经济活动的副产品，称为“干中学”。所以知识的积累并不仅仅取决于经济资源用于研发的比例，也取决于传统经济活动中产生了多少新技术。以下将结合“干中学”模型，探讨劳动报酬与劳动生产率的关系。

二、“干中学”模型中劳动报酬与劳动生产率的稳态关系演绎

为了找到劳动报酬与劳动生产率两者同步增长的作用机理及其需满足的条件，在“干中学”模型中需要观测的变量有：（1）实际人均劳动报酬与实际劳动生产率及两者比值；（2）两者增长率及其比值；（3）要素收入份额及其比值。完全竞争情况下，实际人均劳动报酬定义为劳动要素的边际产量（MPL），等于实际工资 ω；实际劳动生产率为 Y/L；增长率各为 dw/w 和 d(Y/L)/(Y/L)；劳动要素、资本要素收入份额各为 MPL × L/Y 和 MPK × K/Y。本书中的“干中学”(learning by doing) 模型来自阿罗（Arrow，1962）① 和罗默（Romer，1990）②。

① Arrow K J. The Economic Implication of Learning by Doing [J]. The Review of Economic studies, 1962, 29: 155 - 173.

② Romer P M. Endogenous technological change [J]. Journal of Political Economy [J]. 1990, 5: 71 - 102.

结合知识的性质，“干中学”模型假设所有生产要素都用来从事产品生产活动，知识 A 的生产为其产品生产活动的副产品。假设生产函数为规模报酬不变的哈罗德中性生产函数，即：

$$Y_i(t)=K_i(t)^{\alpha}[A(t)L_i(t)]^{1-\alpha} \tag{4.1}$$

进一步假设知识要素 A 的生产只是生产要素资本的副产品。由于知识的增加量是资本增加量的函数，因而知识的存量是资本存量的函数，即只有一个存量变量的行为是内生的，设知识生产函数为：

$$A(t)=BK(t)^{\phi},B>0,\phi>0 \tag{4.2}$$

其中，B 为技术转移参数。将式（4.2）代入式（4.1），求得厂商 i 的资本边际产品是：

$$\begin{aligned}\frac{\partial Y_i(t)}{\partial K_i(t)}&=\alpha B^{1-\alpha}K(t)^{\phi(1-\alpha)}K_i(t)^{\alpha-1}L_i(t)^{1-\alpha}\\&=\alpha B(t)^{1-\alpha}K(t)^{\phi(1-\alpha)}\left[\frac{K_i(t)}{L_i(t)}\right]^{-(1-\alpha)}\end{aligned}$$

由于在均衡中，所有厂商的资本边际产品相同，因而各厂商的资本劳动比率必然相同。因此，$\frac{K_i}{L_i}$必定等于总的资本劳动比率$\frac{K}{L}$。在假设没有折旧的情况下，资本的边际产品 MPK 一定等于真实利率，则：

$$\begin{aligned}r(t)=\frac{\partial Y_i(t)}{\partial K_i(t)}&=\alpha B^{1-\alpha}K(t)^{\phi(1-\alpha)}\left[\frac{K_i(t)}{L_i(t)}\right]^{-(1-\alpha)}\\&=\alpha B^{1-\alpha}K(t)^{(\phi-1)(1-\alpha)}L(t)^{1-\alpha}\end{aligned} \tag{4.3}$$

类似地，支付给劳动要素的价格即实际工资等于该要素的边际产量值，而实际人均劳动报酬与边际产量值相等，所以实际人均劳动报酬为：

$$w(t)=\frac{\partial Y_i(t)}{\partial L_i(t)}=(1-\alpha)B^{1-\alpha}K(t)^{[\phi(1-\alpha)+\alpha]}L(t)^{-\alpha} \tag{4.4}$$

实际劳动生产率为：

$$\frac{Y(t)}{L(t)}=B^{1-\alpha}K(t)^{[\phi(1-\alpha)+\alpha]}L(t)^{-\alpha} \tag{4.5}$$

两者的比值为：

$$w/(Y/L) = (1-\alpha) \tag{4.6}$$

则实际人均劳动报酬增长率为：

$$\frac{dw(t)}{w(t)} = [\phi(1-\alpha)+\alpha]\frac{dK(t)}{K(t)} - \alpha\frac{dL(t)}{L(t)} \tag{4.7}$$

实际劳动生产率增长率为：

$$d(Y/L)/(Y/L) = [\phi(1-\alpha)+\alpha]\frac{dK(t)}{K(t)} - \alpha\frac{dL(t)}{L(t)} \tag{4.8}$$

从式（4.7）和式（4.8）可以看出，两者的增长率相等，因此，比值为1。进一步计算劳动报酬份额为：

$$MPL \times \frac{L}{Y} = (1-\alpha)B^{1-\alpha}K(t)^{[\phi(1-\alpha)+\alpha]}L(t)^{-\alpha} \times \frac{L}{Y} = (1-\alpha)$$

资本报酬份额为：

$$MPK \times \frac{K}{Y} = \alpha B^{1-\alpha}K(t)^{(\phi-1)(1-\alpha)}L(t)^{1-\alpha} \times \frac{K}{Y} = \alpha$$

则劳动报酬份额与资本报酬份额比为 $\alpha/(1-\alpha)$。

稳态情况下，通过上述“干中学”模型中劳动报酬与劳动生产率相关指标的数理演绎发现：（1）实际人均劳动报酬与劳动生产率之比为 $(1-\alpha)$，其值大小和 α 参数值大小有关；（2）实际人均劳动报酬增长率与劳动生产率增长率一致，满足两者同步增长条件；（3）要素报酬份额比为 $\alpha/(1-\alpha)$，同样其值大小和 α 参数值大小有关。

三、“干中学”模型中劳动报酬与劳动生产率的动态关系演绎

劳动报酬与劳动生产率的动态关系可以通过实际人均劳动报酬和实际利率的变化关系来判断。稳态状态下，实际人均劳动报酬增长率与实际劳动生产率增长率一致；但在实现稳态之前，如果实际人均劳动报酬的增长率高于实际利率的增长率，说明单位劳动回报相对单位资本回报增加，人均劳动报酬与劳动生产率的比值将上升；参照的基础若为劳动报酬增速小于劳动生产率增速，显然前者的变大，有助于两者趋于一致增长。反之则反。

（一）φ=1 的特殊情形

均衡条件下单位劳动报酬和单位资本报酬之比等于各自的边际产出之比，即：$\frac{r}{w}=\frac{\alpha}{(1-\alpha)}\frac{L}{K}$。显然，劳动报酬和资本报酬是不同的，但在“干中学”模型中都与资本存量、劳动投入以及技术转移参数 B 有关。在 $\phi=1$ 的特殊情形下，实际利率和实际人均劳动报酬简化为：

$$r(t)=\alpha B^{1-\alpha}K(t)^{\phi(1-\alpha)}\left[\frac{K_i(t)}{L_i(t)}\right]^{-(1-\alpha)}=\alpha B^{1-\alpha}L(t)^{1-\alpha} \tag{4.9}$$

$$w_t=\frac{\partial Y_i(t)}{\partial L_i(t)}=(1-\alpha)B^{1-\alpha}K(t)L(t)^{-\alpha} \tag{4.10}$$

式（4.9）显示，实际利率只和转移参数和劳动投入有关，但式（4.10）显示的实际人均劳动报酬仍然受资本投入的影响。为判断要素回报的动态演进方向，需进一步计算实际利率和实际人均劳动报酬的变化率。

参照 Solow 模型①，将人口增长率视为外生，且增速为 n，即：$\dot{L}(t)=nL(t)$，$n\geqslant 0$；假定$\dot{K}(t)=sY(t)$，$s\geqslant 0$，即：$\dot{K}(t)=sB^{1-\alpha}K(t)^{\alpha+\phi(1-\alpha)}L(t)^{1-\alpha}$，则资本积累增速为：$g_K=\frac{\dot{K}(t)}{K(t)}=s(BL)^{1-\alpha}K(t)^{(1-\alpha)(\phi-1)}$，要素回报率的增长率为：

$$\frac{\dot{r}(t)}{r(t)}=(1-\alpha)\frac{\dot{L}(t)}{L(t)}=(1-\alpha)n \tag{4.11}$$

$$\frac{\dot{w}_t}{w_t}=\frac{\dot{K}(t)}{K(t)}-\alpha\frac{\dot{L}(t)}{L(t)}=g_K-\alpha n \tag{4.12}$$

人均实际劳动报酬增长率与实际利率增长率之差为：

$$\Delta=\frac{\dot{w}_t}{w_t}-\frac{\dot{r}(t)}{r(t)}=(g_k-\alpha n)-(1-\alpha)n=g_K-n \tag{4.13}$$

显而易见，人均实际劳动报酬增长率和实际利率增长率之差只取决于资本存量积累率和人口增长率。如果资本积累增速快于人口增速，那么 $\Delta>0$，

---

① Solow R M. A Contribution to the Theory of Economic Growth [J]. Quarterly Journal of Economics, 1956, 70: 65-94.

单位劳动报酬增加快于单位资本报酬增加；反之人口增长率大于资本积累增速，那么 $\Delta<0$，则单位劳动报酬增加小于单位资本报酬增加。

（二）$\phi\neq1$ 的情形

如果 $\phi\neq1$，则：

$$\frac{\dot{r(t)}}{r(t)}=(1-\alpha)\frac{\dot{L(t)}}{L(t)}=(\phi-1)(1-\alpha)\frac{g_K}{\phi}+(1-\alpha)n \tag{4.14}$$

$$\frac{\dot{w_t}}{w_t}=[\phi(1-\alpha)+\alpha]\frac{\dot{K(t)}}{K(t)}-\alpha\frac{\dot{L(t)}}{L(t)}=[\phi(1-\alpha)+\alpha]\frac{g_K}{\phi}-\alpha n \tag{4.15}$$

两者作差得：

$$\Delta=\frac{\dot{w_t}}{w_t}-\frac{\dot{r(t)}}{r(t)}=g_K/\phi-n \tag{4.16}$$

与 $\phi=1$ 情形相同，人均实际劳动报酬增长率和实际利率增长率之差与资本存量积累率和人口增长率有关；与 $\phi=1$ 不同的是，其还和参数值 ϕ 的大小有关。

结合式（4.13）和式（4.16）可以看出，任何情况下，单位要素报酬增长率的差别都与 g_K、ϕ、n 有关，且 g_K 的大小与生产要素投入量及 B、s 和 α 参数有关，而且 ϕ 越大，两者的差距越小。说明劳动报酬与劳动生产率增长的同步性，不仅和 B、s 和 α 参数有关，更和生产要素供给存量及其变化率有关。

第二节 研发模型中两者的相互影响路径和影响机理

本书参考罗默（Romer，1990）、格罗斯曼（Grossman）和赫尔普曼（Helpman，1991）、阿吉翁（Aghion）和豪伊特（Howitt，1992）提出的研究与开发模型（简称“研发模型”）①，该模型认为向现有技术研究中投入更多

① Romer D. Advanced Macroeconomics [M]. 4th ed. New York: McGraw-Hill Irwin, 2012: 103－104.

资源将会得到更多技术增量。本书将在该模型基础上，探讨劳动报酬和劳动生产率的关系。

一、研发模型框架及基本假定

研发模型的基本框架和假定如下。

（1）该模型中存在两个部门：一个是生产部门；另一个是研发部门。

（2）生产部门中，$(1-\alpha_L)$ L 的劳动、$(1-\alpha_K)$ K 的资本和全部的技术存量 A 相结合，用于生产产品，生产函数形式为：

$$Y(t)=[(1-\alpha_K)K(t)]^{\alpha}[A(t)(1-\alpha_L)L(t)]^{1-\alpha} \tag{4.17}$$

生产部门中资本和劳动的规模报酬不变，若技术给定，那么投入品增加几倍，相应产出也增加几倍。

（3）研发部门中，剩余的 $(\alpha_L L)$ 劳动、$(\alpha_K K)$ 资本和全部的技术存量 A 相结合，用于生产知识，技术增量生产函数为：

$$\dot{A}(t)=B[\alpha_K K(t)]^{\beta}[\alpha_L L(t)]^{\gamma}A(t)^{\theta} \tag{4.18}$$

其中，α_L和α_K都是外生的和给定的。一种思想或知识在一个场合的使用不会影响其在别的场合的使用，所以两个部门都使用全部的技术存量 A。技术增长生产函数中，$B>0$，$\beta\geqslant0$，$\gamma\geqslant0$，B 为转移参数。θ 反映了现存技术存量对技术增长的贡献，有可能现存技术存量有利于新技术的生产，也有可能阻碍其增加，因此，该函数并未假定知识的生产函数关于资本和劳动的规模报酬不变，在知识的生产函数中，完全复制现有的投入品会导致同样的发现被进行两次，说明在研究与开发部门中可能存在规模报酬递减；也可能由于研究人员之间的良性互动，产出增长得更多，因而也存在报酬递增的可能性。

（4）储蓄率 s 和折旧率 δ 都是外生和给定的，设资本存量增量方程为 $\dot{K}(t)=sY(t)-\delta K(t)$。

（5）依然将人口增长视为外生的，且$\dot{L}(t)=nL(t)$，$n\geqslant0$。

（6）初始的 A、K、L 是给定的，且严格大于 0。

二、研发模型中劳动报酬与劳动生产率的稳态关系演绎

利用生产部门的生产函数（4.17），求得资本的边际产品即实际利率为：

$$r(t)=\frac{\partial Y_i(t)}{\partial K_i(t)}=\alpha(1-\alpha_K)[(1-\alpha_K)K(t)]^{\alpha-1}[A(t)(1-\alpha_L)L(t)]^{1-\alpha} \tag{4.19}$$

求得劳动的边际产品即实际人均劳动报酬为：

$$w_t=\frac{\partial Y_i(t)}{\partial L_i(t)}=(1-\alpha)A(t)(1-\alpha_L)[(1-\alpha_K)K(t)]^{\alpha}[A(t)(1-\alpha_L)L(t)]^{-\alpha} \tag{4.20}$$

实际劳动生产率为：

$$Y/L=[(1-\alpha_K)K(t)]^{\alpha}[A(t)(1-\alpha_L)]^{1-\alpha}L(t)^{-\alpha} \tag{4.21}$$

两者的比值为：

$$w/(Y/L)=(1-\alpha) \tag{4.22}$$

则实际人均劳动报酬增长率为：

$$\frac{dw}{w}=(1-\alpha)\frac{dA(t)}{A(t)}+\alpha\times\frac{dK(t)}{K(t)}-\alpha\times\frac{dL(t)}{L(t)}$$

实际劳动生产率增长率为：

$$d(Y/L)/(Y/L)=(1-\alpha)\frac{dA(t)}{A(t)}+\alpha\times\frac{dK(t)}{K(t)}-\alpha\times\frac{dL(t)}{L(t)}$$

与“干中学”模型一样，稳态情况下研发模型中两者的增长率也完全相等，因此，两者之比为1，说明稳态时两者增长率满足同步增长。进一步计算劳动报酬份额为：

$$MPL\times\frac{L}{Y}=w\times\frac{L}{Y}=(1-\alpha)$$

资本报酬份额为：

$$MPK\times\frac{K}{Y}=r\times\frac{K}{Y}=\alpha$$

则劳动报酬份额与资本报酬份额比为：$\alpha/(1-\alpha)$。

稳态情况下，通过上述研发模型中劳动报酬与劳动生产率相关指标的数理演绎发现：（1）实际人均劳动报酬与劳动生产率之比为（$1-\alpha$），其值大

小和 α 参数值大小有关；（2）实际人均劳动报酬增长率与劳动生产率增长率一致，满足两者同步增长条件；（3）要素报酬份额比为 $\alpha/(1-\alpha)$，同样其值大小和 α 参数值大小有关。该结论与“干中学”模型完全一致。

三、研发模型中劳动报酬与劳动生产率的动态关系演绎

本部分通过研究实际人均劳动报酬的增长率和实际利率的增长率来判断两者的动态关系。进一步求得实际人均劳动报酬和实际利率动态演变路径为：

$$\begin{aligned}\frac{\dot{w}_t}{w_t}&=\frac{\dot{A}(t)}{A(t)}+\alpha\frac{\dot{K}(t)}{K(t)}-\alpha\left[\frac{\dot{L}(t)}{L(t)}+\frac{\dot{A}(t)}{A(t)}\right]\\&=\alpha\left[\frac{\dot{K}(t)}{K(t)}-\frac{\dot{L}(t)}{L(t)}\right]+(1-\alpha)\frac{\dot{A}(t)}{A(t)}\end{aligned}\tag{4.23}$$

$$\begin{aligned}\frac{\dot{r}(t)}{r(t)}&=(\alpha-1)\frac{\dot{K}(t)}{K(t)}+(1-\alpha)\left[\frac{\dot{A}(t)}{A(t)}+\frac{\dot{L}(t)}{L(t)}\right]\\&=(1-\alpha)\left(\frac{\dot{A}(t)}{A(t)}+\frac{\dot{L}(t)}{L(t)}-\frac{\dot{K}(t)}{K(t)}\right)\end{aligned}\tag{4.24}$$

将式（4.23）和式（4.24）作差得：

$$\Delta=\frac{\dot{w}(t)}{w(t)}-\frac{\dot{r}(t)}{r(t)}=\frac{\dot{K}(t)}{K(t)}-\frac{\dot{L}(t)}{L(t)}=g_K-n\tag{4.25}$$

与干中学模型的基本含义相同，单位劳动回报和单位资本回报之差均为资本存量增长率与人口增长率之差，但研发模型的资本存量增长率与“干中学”模型不同。依然将人口增长设定为外生，且 $\dot{L}(t)=nL(t)$，$n\geqslant0$；储蓄率 s 也是外生和给定的，折旧率设为 δ，则 $\dot{K}(t)=sY(t)-\delta K(t)$。将生产式（4.17）代入资本存量积累表达式，则有 $\dot{K}(t)=s(1-\alpha_K)^{\alpha}(1-\alpha_L)^{1-\alpha}K(t)^{\alpha}A(t)^{1-\alpha}L(t)^{1-\alpha}-\delta K(t)$，两边同除以 $K(t)$，得：

$$g_K=\frac{\dot{K}(t)}{K(t)}=s(1-\alpha_K)^{\alpha}(1-\alpha_L)^{1-\alpha}\left[\frac{A(t)L(t)}{K(t)}\right]^{1-\alpha}-\delta\tag{4.26}$$

在折旧为零的情况下，对式（4.26）求关于时间的微分得：

$$\frac{\dot{g}_K}{g_K}=(1-\alpha)\left[g_A+n-g_K\right]\tag{4.27}$$

通过该结果可知，若技术进步率与人口增长率之和大于资本增长率，则资本存量增长率的变化率大于零。将式（4.18）两边同时除以 A（t），得技术存量增长率为：

$$g_A = \frac{\dot{A}(t)}{A(t)} = B[\alpha_K K(t)]^{\beta}[\alpha_L L(t)]^{\gamma} A(t)^{\theta-1} \tag{4.28}$$

进而得：

$$\frac{\dot{g}_A}{g_A} = \beta g_K + \gamma n + (\theta-1) g_A \tag{4.29}$$

显然，g_A增量与 θ 值大小有关。由前可知，人均实际劳动工资和实际利率的变化率与人口增长率、资本存量增长率和技术存量增长率密切相关；就两者的差值而言，将式（4.26）代入式（4.25），得：

$$\Delta = s(1-\alpha_K)^{\alpha}(1-\alpha_L)^{1-\alpha}\left[\frac{A(t)L(t)}{K(t)}\right]^{1-\alpha} - \delta - n$$

令 k = K/AL，即为单位有效劳动的资本存量，则实际人均劳动报酬和实际利率变化率之差简化为：

$$\Delta = s(1-\alpha_K)^{\alpha}(1-\alpha_L)^{1-\alpha}[k]^{\alpha-1} - \delta - n \tag{4.30}$$

可见，两者变化率之差的动态演变路径与从事生产部门中的要素份额、单位有效劳动资本存量、资本折旧率、人口增长率和 α 值有关。在各个外生参数给定的情况下，两者之差的变化量只与单位有效劳动资本存量的变化方向有关：如果 k 增加，意味着资本存量增长率大于技术进步率与人口增长率之和，两者的差距将会进入下降通道，反之则会扩大。如果 k 不变，意味着资本存量增长率等于技术进步率和人口增长率之和，则两者的差距将不增不减，维持一个差异的常态。以上演绎说明了劳动报酬与劳动生产率增长的同步性不仅和 s、α、δ、n 参数有关；也和生产部门中的要素投入份额有关；更和三类生产要素供给过程中存量值的相对变化率密切相关。

第三节　人力资本模型中两者的相互影响路径和影响机理

新经济增长模型中，内生化的处理方式除了前两节中的技术变量内生化角度外，还有另外一个视角就是引入人力资本，并考虑其溢出效应。本节参考罗默（2003）的有关人力资本的模型①，在其框架下对劳动报酬与劳动生产率同步增长条件展开研究。

一、人力资本模型的基本框架和假设条件

纳入人力资本模型的基本框架和假设条件如下。

（1）生产函数形式为：

$$Y(t)=K(t)^{\alpha}[A(t)H(t)]^{1-\alpha} \tag{4.31}$$

与上节模型的含义相同，Y 为产出；K 为资本；A 为劳动的有效性；H 为自然劳动和人力资本的复合，衡量的是工人提供的总生产性服务，其值代表不同技能水平的工人对生产的总贡献；自然劳动指的是个人与生俱来的本能，而人力资本是后天通过某种方式获得的技能。

（2）假设技术进步率 g、工人数增长率 n、储蓄率 s 和固定资产折旧率 δ 均为外生给定参数，即假定$\dot{A}(t)=g_A A(t)$，$\dot{L}(t)=nL(t)$，资本存量增量方程为$\dot{K}(t)=sY(t)-\delta K(t)$。

（3）假设每个工人的人力资本存量取决于他所接受的受教育年数，即：

$$H(t)=L(t)G(E)$$

其中，L 是工人数；G(E) 是每个工人平均人力资本关于每个工人平均受教育年限的函数，则 L(t) G(0) 是自然劳动存量，剩余的 L(t)［G(E) - G(0)］是累积的人力资本存量；若 G(0) 远小于 G(E)，则几乎所有的劳动服务都是人力资本存量提供的。

二、人力资本模型中劳动报酬与劳动生产率的稳态关系演绎

利用生产函数式（4.31），分别对要素 K 和要素 H 求导，得到资本存量的边际产品和人力资本存量的边际产品，即实际利率和实际平均劳动报酬为：

① 戴维·罗默．高级宏观经济学［M］．吴化斌，龚关译．上海：上海财经大学出版社，2003：102－106．

$$r = \frac{\partial Y}{\partial K} = \alpha K(t)^{\alpha-1}[A(t)H(t)]^{1-\alpha} \tag{4.32}$$

$$w = \frac{\partial Y}{\partial H} = (1-\alpha)A(t)K(t)^{\alpha}[A(t)H(t)]^{-\alpha} \tag{4.33}$$

实际劳动生产率为：

$$Y/H = K(t)^{\alpha}A(t)^{1-\alpha}H(t)^{-\alpha} \tag{4.34}$$

实际人均劳动报酬与实际劳动生产率的比值为：

$$w/(Y/H) = (1-\alpha) \tag{4.35}$$

则实际人均劳动报酬增长率为：

$$\frac{dw}{w} = (1-\alpha)\frac{dA(t)}{A(t)} + \alpha \times \frac{dK(t)}{K(t)} - \alpha \times \frac{dH(t)}{H(t)}$$

实际劳动生产率增长率为：

$$d(Y/H)/(Y/H) = (1-\alpha)\frac{dA(t)}{A(t)} + \alpha \times \frac{dK(t)}{K(t)} - \alpha \times \frac{dH(t)}{H(t)}$$

与“干中学”模型和研发模型一致，稳态情况下，人力资本模型中两者的增长率也完全相等，因此，两者之比差为1，说明稳态时两者满足同步增长。

进一步计算劳动报酬份额为：

$$MPH \times \frac{H}{Y} = w \times \frac{H}{Y} = (1-\alpha)$$

资本报酬份额为：

$$MPK \times \frac{K}{Y} = r \times \frac{K}{Y} = \alpha$$

则包含人力资本的劳动报酬份额与资本报酬份额比为 $\alpha/(1-\alpha)$。

稳态情况下，通过上述人力资本模型中劳动报酬与劳动生产率相关指标的数理演绎发现：（1）实际人均劳动报酬与劳动生产率之比为（$1-\alpha$），其值大小和 α 参数值大小有关；（2）实际人均劳动报酬增长率与劳动生产率增长率一致，满足两者同步增长条件；（3）要素报酬份额比为 $\alpha/(1-\alpha)$，同样其值大小和 α 参数值大小有关。该结论与“干中学”模型和研发模型完全一致。

三、人力资本模型中劳动报酬与劳动生产率的动态关系演绎

与前述模型相同，通过研究实际人均劳动报酬的增长率和实际利率的增长率来判断两者的动态关系。结合式（4.32）和式（4.33），分为在 E 不变情况下和在 E 变化情况下，进一步求得实际人均劳动报酬和实际利率动态演变路径。

（一）在 E 不变的情况下

结合式（4.32），实际利率的增长率为：

$$\begin{aligned}\frac{\dot{r}(t)}{r(t)} &= (\alpha-1)\frac{\dot{K}(t)}{K(t)} + (1-\alpha)\left[\frac{\dot{A}(t)}{A(t)} + \frac{\dot{H}(t)}{H(t)}\right] \\ &= (\alpha-1)g_K + (1-\alpha)(g_A+n) \end{aligned} \tag{4.36}$$

结合式（4.32），实际人均劳动报酬的增长率为：

$$\frac{\dot{w}(t)}{w(t)} = \alpha\frac{\dot{K}(t)}{K(t)} + (1-\alpha)\frac{\dot{A}(t)}{A(t)} - \alpha\frac{\dot{H}(t)}{H(t)} = \alpha g_K + (1-\alpha)g_A - \alpha n \tag{4.37}$$

将式（4.35）和式（4.34）作差得：

$$\Delta = \frac{\dot{w}(t)}{w(t)} - \frac{\dot{r}(t)}{r(t)} = g_K - n \tag{4.38}$$

其中，$g_K = s\frac{Y\ (t)}{K\ (t)} - \delta$。

与“干中学”模型和研发模型的基本含义相同，单位劳动回报于单位资本回报之差均为资本存量增长率与人口增长率之差。可见，人均实际劳动报酬增长率和实际利率增长率之差只取决于资本存量积累率和人口增长率，而资本存量积累率与储蓄率、总产出、总资本存量和资本折旧率有关。如果资本积累增速快于人口增速，那么 $\Delta>0$，单位劳动报酬增加快于单位资本报酬增加；反之人口增速大于资本积累增速，那么 $\Delta<0$，则单位劳动报酬增加小于单位资本报酬增加。

（二）在 E 变化的情况下

微观经济证据表明，随着受教育程度的上升，工资是上升的，因而一个合理的近似是：个人每多接受一年教育，工资都假定以同一比例上升，即设 $G(E)=e^{\phi E}$，ϕ 为人力资本存量增速，则实际利率增长率变为：

$$\frac{\dot{r}(t)}{r(t)}=(\alpha-1)g_K+(1-\alpha)[g_A+n+\phi] \tag{4.39}$$

同理，在 E 变化的情况下，实际人均劳动报酬增长率变为：

$$\frac{\dot{w}(t)}{w(t)}=\alpha g_K+(1-\alpha)g_A-\alpha(n+\phi) \tag{4.40}$$

则：

$$\Delta=\frac{\dot{w}(t)}{w(t)}-\frac{\dot{r}(t)}{r(t)}=g_K-n-\phi \tag{4.41}$$

从式（4.39）可以看出，单位劳动回报和单位资本回报之差不仅与资本存量增长率和人口增长率有关，还与人力资本存量增速有关，后者增加有利于单位劳动报酬增加。

结合式（4.36）和式（4.39）看出，在受教育年限不变的情况下，单位要素报酬增长率的差别和g_K、n 有关；在受教育年限变化的情况下，还和参数 ϕ 有关；且g_K与储蓄率、总产出、总资本存量和资本折旧率的大小有关，而且 ϕ 越大，两者的差距越小。这说明劳动报酬与劳动生产率增长的同步性不仅和 n、s 和 δ 参数有关，也和产出水平值 Y 和资本存量水平值 K 有关，更和受教育年限 E 有关。

（三）有关受教育年限的进一步讨论

按照罗默模型的分析，如果人们改变用于接受学校教育的时间，那么参与工作的人口将会改变。继续做出人口假定，最简单且最自然的假定是所有人都有某一确定的寿命期限 T，他们花费生命中的 E 年用于接受学校教育，而剩余的（T－E）年用于工作。此外，由于总人口以速度 n 增长且年龄分布适当，因而每单位时间出生的人数必定以速度 n 增长。

根据这些假定，t 时的总人口等于（t－T）时到 t 时出生的人数，用

N(t) 表示 t 时人口，B（t）表示 t 时出生的人数，则：

$$N(t) = \int_{\tau=0}^{T} B(t-T)d\tau = \int_{\tau=0}^{T} B(t)e^{-n\tau}d\tau = \frac{1-e^{-nT}}{b}B(t) \quad (4.42)$$

其中，等式演化过程中利用了每单位时间出生的人数以速度 n 增长。与此类似，t 时的工人数等于在世且不再入校的人数，因而它等于（t－T）时到(t－E)时出生的人数：

$$L(t) = \int_{\tau=E}^{T} B(t-\tau)d\tau = \int_{\tau=E}^{T} B(t)e^{-n\tau}d\tau = \frac{e^{-nT}-e^{-nT}}{b}B(t) \quad (4.43)$$

则工人数与总人口的比例为：

$$\frac{L(t)}{N(t)} = \frac{e^{-nE}-e^{-nT}}{1-e^{-nT}} \quad (4.44)$$

从生产函数的角度而言，E 越大，则产出越大，但从式（4.44）也发现，E 越大，则从事生产的劳动力人数变少，又会在一定程度上降低产出。从个体获得的劳动报酬来说，适度的受教育年限会增加其毕生总收入，但如果教育年限过长到一定程度，也有可能会使其毕生总收入下降。因此，就国民经济整体而言，适度的增长需要国民适度的受教育年限，并不是越长越好。

第四节　分利模型中两者的相互影响路径和影响机理

从前三节的模型演绎过程中可以看出，生产函数中包含的生产要素不同，直接导致各生产要素的回报率和劳动生产率不同。物质资本不同、人力资本不同、劳动力人数不同或时间分配不同，都会对劳动报酬和劳动生产率造成影响。第三节中的学习年限对两者关系有影响，那么人群中生产者和分利者的人数分配同样也会对两者关系造成影响。此外，生产活动过程中的软环境也会发生作用，而软环境如何，可以用社会基础结构变量来衡量。本节将结合分利模型，即在引入社会基础结构变量的基础上，探讨生产者和分利者人数分配对劳动报酬和劳动生产率的影响。

一、社会基础结构和分利的含义

社会基础结构的概念最初来源于豪尔和琼斯（Hall and Jones，1999）①。豪尔和琼斯认为，社会基础结构指的是影响技术进步、企业资本形成和产量的制度与政府政策。一个有效的社会基础结构有利于单位工人提供较高的产出，能够创造出有利于劳动生产率和鼓励资本积累的发展环境。

为了将社会基础结构引入分利模型，先要做两个区分：第一个是消费和投资的区分，若社会资源用于生产实物资本和人力资本，则会增加未来产出；但是若用于生产现期消费的商品和服务，则不会增加未来产出。第二个是生产和分利的区分，生产是指提高某一时点经济总产出的活动；而分利是对产出再分配的活动，分利有时也被称为寻租。

（一）社会基础结构的特点与分类

社会制度或政策能够保护私人产出被分利，这一特点是单位工人高水平产出社会基础结构的重要组成部分。良好的社会基础结构有两大优势：一是如果一个社会不存在分利，则全部产出都归生产者所有，反之则相当于对产出征税；二是如果一个社会基础结构控制分利是有效的，那么个体单位将不用投入资源和精力免于被分利，在很多领域社会控制成本远远低于个人控制的成本。正如诺斯和托马斯（North and Thomas，1973）所说，良好的社会基础结构促使个体把社会回报转化为私人回报②。

社会基础结构通常被划分为三个方面：第一，政府财政政策，例如，投资的税收优惠政策及政府支出在投资项目和其他支出之间的分配直接影响投资和消费间的资源配置；高税率也会导致某些形式的寻租，将会诱使企业使用资源用于逃税，或从事地下经济等。第二，各种制度和政策，包括私人决策环境的决定因素，例如，若社会不能制止犯罪、国家内战、外国入侵等，投资的私人收益会很低；更普通地，若签约后的合同得不到执行，或法院对合同的解释难以预料，则长期投资项目的吸引力会较低；若政府允许自由贸

---

① Hall R E, Jones C I. Why Do Some Countries Produce so Much More Output per worker than Others [J]? The Quarterly Journal of Economics, 1999, 114: 83 – 116.

② North D C, Thomas R P. The Rise of the Western World [M]. Cambridge: Cambridge University Press, 1965.

易并限制垄断势力，竞争能从增加总产出活动中获得收益，竞争就更有可能发生。第三，政府的自身寻租或分利行为，一方面政府是潜在的、最有效的社会基础结构的提供者，能够使私人免于被分利；另一方面政府职能的罚没、征税、腐败等又是公共分利的体现。一方面一个社会的制度和法律一边保护分利；另一方面又是经济体中分利形式的主要体现。一方面在较高水平立法机构或代理人尽力给他们的委托人提供利益；另一方面在较低水平他们花费时间和资源去政府任职、利用符合法律规定的制度从私人收益中获得利益。

（二）分利的表现形式

分利或寻租行为分为容易观察形式和不易观察形式。容易观察形式如掠夺、偷窃犯罪、税收优惠游说和诉讼等。豪尔和琼斯认为对于这些无偿占有的分利或寻租行为，生产活动是极其脆弱的。现实中，如果一个农场不能被保护远离偷盗，就会有更多的人将选择偷盗行为；这样，一部分劳动力就会选择去做小偷而不去做产业工人；而农民将会以大量的时间去保护农场而没有充分的时间去劳作，两种作用都会导致人均产出大大下降。不易观察形式的分利或寻租形式如厂商进行价格歧视、消费者骗取优惠券、个人提供评估证明等，都含有大量寻租或分利的成分。

社会基础结构完善的国家或地区，分利或寻租活动只占用很小的一部分社会资源，对生产资源的投入影响较小；而社会基础结构不完善的国家或地区，将会占用大量的社会资源，对生产资源的投入影响较大。显然，不同的社会基础结构将会产生不同的分利或者寻租模式，对资源配置将产生直接的影响。成功的经济模式应该能够限制分利或寻租的范围，这一特性对劳动报酬和劳动生产率的影响将是非常重要的。

二、社会基础结构变量的决定因素

对社会基础结构的来源进行研究，将会对个体收入合理化提供一个非常重要的思路。罗默（Romer，2003）将社会基础结构变量的决定因素总结为以下三个方面①。

① 戴·罗默．高级宏观经济学［M］．吴化斌，龚关译．上海：上海财经大学出版社，2003（2）：102－106．

（1）着眼于激励，特别是现有制度对权力的激励。关于激励对社会基础结构的重要性，最典型的例子是绝对独裁者。一个绝对独裁者可以选择剥夺个人积累的所有财富制度，也可以选择保护私人合法收益的制度。前者，人们如果认识到独裁者选择剥夺财富，那么人们一开始就不愿意积累财富，国家会相对贫穷，但独裁者很可能会毫不费力地积累大量财富；后者，独裁者需要放弃一些权利，制定好的制度或政策鼓励人们储蓄或创业，这样的制度安排可能会实现双赢，但独裁者要以丧失其手中部分权力为前提，并冒着政权有可能被推翻的风险。两者比较而言，独裁者不太可能为了大量增加期望财富而甘愿承担哪怕是很小的风险，因此，绝对独裁者可能会选择一个导致低人均收入的社会基础结构。此类论断参见德朗格和施莱弗（1993）①、诺斯（1981）②、琼斯（1998）③ 等。

类似的考虑可能与现有制度中其他既得利益者有关，例如受贿的政府官员以及在使用低效劳动力的密集型技术行业中赚取高于市场工资水平的人。如果现有的制度非常低效，且这些既得利益者同意转向有效制度，则应该对他们进行补偿。但是实际上很少会看到这种转变，结果是这些既得利益者维护现有制度。此类论断参见 Shleife 和 Vishny（1993）④、Parente 和 Prescott（1999）⑤、Acemoglu 和 Robinson（2000）⑥ 等。

（2）着眼于文化因素。社会具有相当持续稳固的特征，这源于对社会基础结构有重要影响的宗教、家庭结构等。例如不同宗教对传统、权威以及个人积极性的相对重要性有着不同的观点。社会主要宗教对这些因素的明确表示或暗示的看法可能会影响个人的观点，继而影响社会对基础结构的选择。

（3）着眼于推测个人对于经济发展最优制度和政策的信仰。例如，Sachs

---

① De Long J B, Shleifer A. Princes and Merchants [J]. Journal of Law and Economics, 1993, 36: 671-702.

② North D C. Structure and Change in Economic History [M]. New York: W. W. Norton, 1981.

③ Jones C I. Time Series Tests of Endogenous Growth in a World of Ideas [M]. New York: W. W. Norton, 1995.

④ Shleifer A, Vishny R W. Corruption [J]. The Quarterly Journal of Economics. 1993, 108: 599-617.

⑤ Parente S L, Prescott E C. Monopoly Rights: A Barrier to Riches [J]. American Economic Review, 1999, 85: 1216-1233.

⑥ Acemoglu D, Robinson J A. Political Losers as a Barrier to Economic Development [J]. American Economic Review, 2000, 90: 126-130.

和 Warner（1995）[①] 认为在第二次世界大战后期，人民对国家计划和市场竞争各自的相对优点并不是完全清楚。主要的市场经济刚刚经历了大萧条，而苏联在短短的几十年内从一个落后经济国家转变为世界上最主要的工业国家之一，随后又发生解体。理性的人对于不同社会基础结构的优点持有不同的看法。因此，社会基础结构差异的一个重要来源是国家领导者所作出的判断。

在社会基础结构的决定过程中，信仰和激励的结合有可能造成社会基础结构中的“恶性循环”。一个国家有可能最初采用相对中央集权、干预主义的制度，原因是其领导者真诚地相信这种制度最有利于人民大众。但是，这种制度的采用和持续会产生既得利益集团。因此，即便有大量证据表明其他社会基础结构相对更好，但对现有制度的改变仍然是非常困难的。

三、引入社会基础结构分利模型的基本结构和假设条件

个人可能是生产者或分利者。分利者试图获得他人的产品，而生产者使用资源来生产产品和保护产品不被分利。因此，资源有三个用途，分别是生产、保护和分利。个人最大化其获得的产品数量，生产者在生产和保护之间进行资源配置以使两种活动的边际收益相等。同理，个人在生产者和分利者之间进行选择，直到两者的私人收益相等。有些学者（Acemoglu，1995[②]；Grossman and Kim，1995）[③] 提出了和分利有关的模型，本书在此基础上进行适当改进。

（1）每个人都被赋予一个单位的时间。假设 f 表示一个代表性生产者用于进行保护的时间比例；产品的生产函数是一对一的，因而该代表性生产者的产出是（1－f）。

（2）假设生产中的比例 L 损失给分利者。L 取决于 f 和分利者在人口中的比例 R，即 L＝L（f，R）。若 f＝0，则损失为零，但损失比例随着 f 的递增而边际递减，但随着 R 的增加而边际收益递增，即$L_f \leqslant 0$，而$L_R \geqslant 0$。

① Sachs J D, Warner A. Economic Reform and the Process of Global Integration [J]. Brookings Papers on Economic Activity, 1995, 1995: 1-118.

② Acemoglu D. Reward Structures and the Allocation of Talent [J]. European Economic Review, 1995, 39: 17-33.

③ Grossman H I, Kim M. Swords or Plowshares? Atheory of the Security of Claims to Property [J]. Journal of Political Economy, 1995, 103: 1275-1288.

（3）生产者总的产出损失是以下三项的乘积：生产者比例（1－R），平均产出（1－f）和产出损失的比例 L/R。因此，每个寻租者获得（1－R）（1－f）L/R。

（4）社会劳动者的收益为工资，但劳动所得会被政府计税；假设税赋为τ_h，则进入到劳动所有者手中的实际劳动收入为（$1-\tau_h$）w；同样资本所得亦会被政府计税，设税赋为τ_g，则进入到资本所有者手中的实际资本收入为（$1-\tau_g$）r。

（5）借用卢卡斯（Lucas，1988）引入人力资本的生产方程，本书此处假设生产函数为：

$$Y = AK(t)^{\beta}[u(t)h(t)N(t)]^{\alpha}h_a(t)^{\gamma} \tag{4.45}$$

其中，假定一个人力资本为 h 的工人，u(h) 为其从事生产时间，而［1－u(h)］为其人力资本积累的时间，因此，进入生产方程中的有效劳动力总和为$N^e = \int_0^{\infty} u(h)N(h)hdh$，则投入资本存量 K 和有效劳动力$N^e$产出为$F(K,N^e)$。为了考虑人力资本的外部效应，卢卡斯定义了人力资本的平均水平或者技术的平均水平h_a，$h_a(t)^{\gamma}$为人力资本的溢出效应。此方程中假定 A 是不变的；N(t) 为 t 时的人口数，假定外生人口增长率为 λ。

四、分利模型中劳动报酬与劳动生产率的关系演绎

（一）未分利前劳动报酬与劳动生产率的关系

利用生产函数式（4.43），得到资本存量的边际产品、有效劳动人力资本和人力资本溢出的边际产品，前两项即为实际利率，实际平均劳动报酬：

$$r = \frac{\partial Y}{\partial K} = \beta AK(t)^{\beta-1}[u(t)h(t)N(t)]^{\alpha}h_a(t)^{\gamma} = \beta\frac{Y}{K} \tag{4.46}$$

$$w = \frac{\partial Y}{\partial uNh} = \alpha AK(t)^{\beta}[u(t)h(t)N(t)]^{\alpha-1}h_a(t)^{\gamma} = \alpha\frac{Y}{uNh} \tag{4.47}$$

$$w_a = \frac{\partial Y}{\partial h_a} = \gamma AK(t)^{\beta}[u(t)h(t)N(t)]^{\alpha}h_a(t)^{\gamma-1} = \gamma\frac{Y}{h_a} \tag{4.48}$$

实际劳动生产率为：

$$Y/uNh = AK(t)^{\beta}[u(t)h(t)N(t)]^{\alpha-1}h_a(t)^{\gamma} \quad (4.49)$$

实际人均劳动报酬与实际劳动生产率的比值为：

$$w/(Y/uNh) = \alpha \quad (4.50)$$

则实际人均劳动报酬增长率为：

$$\frac{dw}{w} = \frac{dA(t)}{A(t)} + \beta\frac{dK(t)}{K(t)} + (\alpha-1)\frac{du(t)h(t)N(t)}{u(t)h(t)N(t)} + \gamma\frac{dh_a(t)}{h_a(t)}$$

实际劳动生产率增长率为：

$$d(Y/uNh)/(Y/uNh) = \frac{dA(t)}{A(t)} + \beta\frac{dK(t)}{K(t)} + (\alpha-1)\frac{du(t)h(t)N(t)}{u(t)h(t)N(t)} + \gamma\frac{dh_a(t)}{h_a(t)}$$

与“干中学”模型、研发模型和人力资本模型一致，稳态情况下，分利模型中两者的增长率也完全相等，因此，两者之比为1，说明稳态时两者满足同步增长。

进一步计算劳动报酬份额为：$w \times \frac{uNh}{Y} = \alpha$；假设人力资本溢出效应付给资本所有者，则纯资本报酬加人力资本溢出效应得到总资本报酬份额为：$(r \times \frac{K}{Y} + w_a \times \frac{h_a}{Y}) = \beta + \gamma$；则包含人力资本溢出效应，且溢出价值付给资本所有者的情况下，劳动报酬份额与总资本报酬份额比为$\alpha/(\beta+\gamma)$。

稳态情况下，通过上述人力资本模型中劳动报酬与劳动生产率相关指标的数理演绎发现：（1）实际人均劳动报酬与劳动生产率之比只和α参数值大小有关；（2）实际人均劳动报酬增长率与劳动生产率增长率一致，满足两者同步增长条件；（3）要素报酬份额比为$\alpha/(\beta+\gamma)$，其值大小和α、β、γ参数值大小有关，显然和人力资本溢出效应的大小密切相关。

（二）分利后劳动报酬与劳动生产率的关系

上述结论是分利之前两者之间的关系。但是，假设存在生产寻租者和政府税收，则均衡条件下，实际资本收益变为$r^* = (1-L)(1-\tau_g)(r+w_a)$，有效劳动力的实际工资变为$w^* = (1-\tau_h)w$。显然，分利比例的增加，会减少资本收益率，同样也会降低劳动者的工资收入和人力资本的溢出效应。当寻租或分利更为普遍时，对物质资本积累和人力资本积累及劳动的激励作用就会变小。因此，寻租或分利会降低经济的生产能力。在此情况下，工资和资本收益的差别比为：

$$w^*/r^* = (1-\tau_h)w/(1-L)(1-\tau_g)(r+w_a) = \frac{(1-\tau_h)}{(1-L)(1-\tau_g)} \frac{\alpha/uNh}{(\frac{\beta}{K}+\frac{\gamma}{h_a})} \quad (4.51)$$

从式（4.51）可以看出，单位劳动和资本的回报的高低，除了与分利前的要素边际产出有关外，还受生产分利比例、资本税赋和劳动税赋高低的影响。假若生产、分配、交换或消费过程还存在其他被分利的可能性，上述效应会更强。以资本收益为例，假设其他分利的可能性是 p，则资本收益变为 $r=(1-L)(1-\tau_g)(r+w_a)-p$，资本收益会有更多的下降。所以单位生产要素收入的差别还取决于潜在分利的可能性。

可见，劳动报酬与劳动生产率同步增长，除了前三个模型所揭示的与要素供给变化、受教育时间长短等变量有关外，还同社会基础结构的分利模型揭示的整个社会参与分利的比例以及制度和政策安排有关，尤其是税收政策。

中国当前正处于供给侧结构改革和结构性减税的政策转换关键期，结合理论梳理、机理研究和中国当下国情，后文将在厘清中国当前劳动报酬与劳动生产率演化及其同步性判断的基础上，利用 CGE 模型和 NK-DSGE 模型，着重模拟要素供给变化和税收政策变化对劳动报酬和劳动生产率同步增长的影响。

第五章　中国劳动报酬与劳动生产率的演化及同步性检验

在进行中国劳动报酬与劳动生产率的同步增长路径探索之前，对当前中国劳动报酬和劳动生产率相关指标进行统计分析，有助于认清两者关系的演化过程及演化特征；多角度的统计测算有助于判断两者增长的同步性，也能为后文的政策模拟提供必要参考。

第一节　劳动报酬与劳动生产率演化的指标和同步性检验说明

一、劳动报酬演化的指标说明

估算劳动报酬，目前国内的统计数据有三类渠道可利用，即收入法的省际人均生产总值（GDP）核算、资金流量表的实物部分和投入产出数据[①]，用其中的劳动者报酬估算。李扬和殷剑锋（2007）[②] 利用资金流量表数据计算了我国劳动报酬份额的变化趋势，发现其自 20 世纪 90 年代以来不断下降的事实。钱震杰（2008）[③] 曾用三种方法对中国要素的分配份额进行估算，得到了一致可比的结果。

---

① 白重恩，钱震杰．国民收入的要素分配：统计数据背后的故事［J］．经济研究，2009（3）：27－41.

② 李扬，殷剑峰．中国高储蓄率问题探究——1992－2003 年中国资金流量表的分析［J］．经济研究，2007（6）：14－26.

③ 钱震杰．中国国民收入的要素分配研究［D］．北京：清华大学经济管理学院，2008.

三类数据资料的完整性不同，截至目前，可收集的收入法省际 GDP 核算数据年份为 1993～2017 年，为最长数据；资金流量表的实物部分数据年份为 1992～2016 年；投入产出表数据为 1990～2015 年，为不连续数据。数据的详细情况参见各部分分项数据说明。2007 年之后，受美国次贷危机的影响，加之党的十八大、党的十九大以来，中国当前的宏观经济环境已经发生了很大的变化，因此，一方面有必要对要素分配份额重新进行测算；另一方面也有必要全面计算劳动生产率等相关指标，从而判断劳动报酬与劳动生产率演化的同步性。

（一）劳动报酬增长率估算

本书利用该三类数据估算劳动报酬的名义值，进而利用 GDP 缩减指数转化为实际值，分别估算名义劳动报酬和实际劳动报酬，再计算其定基增长率和环比增长率。实际劳动报酬的不变价格基准确定为 2013 年①。

（二）劳动报酬份额估算

与劳动报酬估算有关的要素收入分配份额的测算，通常有两种做法。

一种是要素成本增加值（value-added at factor cost），剔除生产税净额的影响，即把政府部门排除在外，要素收入份额计算公式为：

$$\text{劳动报酬份额} = \frac{\text{劳动者报酬}}{\text{增加值} - \text{生产税净额}}$$

$$\text{资本收入份额} = \frac{\text{增加值} - \text{劳动者报酬} - \text{生产税净额}}{\text{增加值} - \text{生产税净额}}$$

另一种是毛增加值法（gross value added），将生产税净额视作资本税，要素收入份额计算公式为：

$$\text{劳动报酬份额} = \frac{\text{劳动者报酬}}{\text{增加值}}$$

$$\text{资本收入份额} = \frac{\text{增加值} - \text{劳动者报酬}}{\text{增加值}}$$

本书统一用劳动者报酬代表劳动要素收入，用固定资产折旧和营业盈余

---

① 为防止数据描述失真，理论上不建议采用过早时期的价格基准，美国国家经济分析局采用 5 年内价格为基期不变价格的做法。本书鉴于各口径数据时期不同，为保证各类数据一致可比，价格基准确定为党的十八大之后的开局之年——2013 年。

代表资本要素收入，分别计算两种收入在增加值中所占比重和在增加值扣除生产税净额之后的收入中所占比重。前者计算结果表示居民和企业主体拥有的劳动要素和资本要素收入占国内总收入的比重；后者表示其在非政府收入中所占比重。综合上述两种算法，同时参考吕冰洋和郭庆旺（2012）的算法①，本书中占国内总收入份额的计算公式为：

$$\text{劳动报酬份额} = \frac{\text{劳动者报酬}}{\text{增加值}} \tag{5.1}$$

$$\text{资本收入份额} = \frac{\text{固定资产折旧} + \text{营业盈余}}{\text{增加值}} \tag{5.2}$$

占非政府收入份额的计算公式为：

$$\text{劳动报酬份额} = \frac{\text{劳动者报酬}}{\text{增加值} - \text{生产税净额}} \tag{5.3}$$

$$\text{资本收入份额} = \frac{\text{固定资产折旧} + \text{营业盈余}}{\text{增加值} - \text{生产税净额}} \tag{5.4}$$

二、劳动生产率演化的指标说明

估算劳动生产率，常规计算用人均增加值或人均产出来衡量，例如，王家庭等（2019）② 认为劳动生产率是单位时间内劳动创造的产出与劳动消耗量的比值，类似的研究有涂正革和肖耿（2006）③、范建勇（2006）④、盖庆恩和朱熹等（2013）⑤、程虹（2018）⑥、邓洪亮和陈乐一（2019）⑦ 等。国家统计局在历年国民经济和社会发展统计公报中会发布全国整体的全员劳动生产率，例如2018 年的全员劳动生产率为国内生产总值（按2015 年价格计算）

---

① 吕冰洋，郭庆旺．中国要素收入分配的测算［J］．经济研究，2012（10）：27－40.

② 王家庭，李艳旭，马洪福，曹清峰．中国制造业劳动生产率增长动能转换：资本驱动还是技术驱动［J］．中国工业经济，2019（5）：99－117.

③ 涂正革，肖耿．中国工业增长模式的转变——大中型企业劳动生产率的非参数生产前沿动态分析［J］．管理世界，2006（10）：57－68.

④ 范建勇．产业集聚与地区间劳动生产率差异［J］．经济研究，2006（11）：72－81.

⑤ 盖庆恩，朱熹，史清华．劳动力市场扭曲、结构转变和中国劳动生产率［J］．经济研究，2013（5）：87－98.

⑥ 程虹．管理提升了企业劳动生产率吗？——来自中国企业—劳动力匹配调查的经验证据［J］．管理世界，2018（2）：80－92.

⑦ 邓洪亮，陈乐一．劳动生产率冲击、工资粘性与中国实际经济周期［J］．中国工业经济，2019（1）：23－42.

与全部就业人员的比率。综合此前研究，本书用人均增加值来衡量人均产出，即相应增加值/相应从业人员来衡量。

结合此前研究，本书计算名义全员劳动生产率和实际全员劳动生产率。名义全员劳动生产率为现行增加值与相应从业人员的比率。实际全员劳动生产率估算中基期价格的确定，与前文保持一致，采用按2013年价格计算实际增加值，并计算其与相应从业人员的比率来衡量实际劳动生产率。资料来源于历年《中国统计年鉴》，以下将分别从全国总体和三次产业两个视角计算。

三、变量间相关关系检验

本书的相关关系检验有两类：一类是检验同一数据核算口径下，人均劳动报酬与劳动生产率之间、人均劳动报酬增长率与劳动生产率增长率之间和要素份额之间的相关关系；另一类是检验不同数据核算口径下的同一指标的相关关系，例如，GDP收入法下的人均劳动报酬和资金流量表下人均劳动报酬的相关关系、两类数据口径下的劳动生产率及相应要素份额的相关关系等。

利用第一章度量工具中相关系数公式和界定标准，本书将计算上述两类相关系数，前者数值较高将说明变量间具有高度相关性；后者数值较高这说明同一指标不同核算口径具有较高的可替代性。

四、劳动报酬与劳动生产率同步增长的检验标准

同步性，意味着变化速度基本一致，即两者的变化速度相差不多，相对过高或者过低均视为未实现同步性。同步性的界定将参考第一章度量工具中的“三σ”准则，计算两个指标的相对值，如果所有值都集中在正负一倍标准差之间则认为该值相对稳定，据此可以认定两个指标具备同步性特征；如果有的值分布在正负一倍标准差之外，则认为两者不具备同步性特征。

本书拟从三个视角来检验中国劳动报酬增长率与劳动生产率增长率的演化是否同步，即实际人均劳动报酬与实际劳动生产率的绝对量指标、实际人均劳动报酬增长率与实际劳动生产率增长率的相对指标、劳动报酬份

额与资本报酬份额三个方面。具体体现为：一是比较劳动报酬与劳动生产率的绝对水平值，如果两者比值稳定在一个值附近，则认为两者一致增长；如果该值持续走高，则说明劳动报酬与劳动生产率的差距变小，反之则说明变大。二是比较劳动报酬增长率与劳动生产率增长率，如果两者比值稳定在一个值附近，则认为两者一致增长；如果该值持续走高，则说明劳动报酬增长率较高，两者差距变小，反之则相反。三是比较劳动报酬份额与资本报酬份额，如果两者比值稳定在一个值附近，则认为两者同步增长；如果该比值变大，说明劳动报酬占比增加，与劳动生产率差距缩小，反之则相反。

第二节　GDP 收入法核算视角：1993～2017 年

一、GDP 收入法数据说明

收入法也称分配法，是从生产过程创造收入的角度，根据生产要素在生产过程中应得的收入份额以及因从事生产活动向政府支付份额的角度来反映最终成果的一种计算方法。按照这种计算方法，GDP 由全国各行业汇总的劳动报酬、生产税净额、固定资产折旧和营业盈余四部分组成，即：GDP = 劳动报酬 + 生产税净额 + 固定资产折旧 + 营业盈余。

本书的收入数据来自 wind 数据库中收入法计算的省际国内生产总值，采用其名义增加值、劳动者报酬、固定资产折旧、营业盈余和生产税净额数据；从业人员数据 2008 年以前来源于《新中国 60 年资料汇编》，2009 年以后的数据来自 31 个地区的统计年鉴；GDP 缩减指数的基础数据来自《2018 中国统计年鉴》中的环比国内生产总值指数，转化为以 2013 年为价格基准的价格指数。为各地区一致可比，数据时期统一为 1993～2017 年。

应用式（5.1）～式（5.4），并计算劳动生产率及其增长率指标，划分为全国 31 个地区、全国八大地区和全国整体三个视角，进行劳动报酬与劳动生产率演化及其同步性检验、劳动报酬增长率与劳动生产率增长率演化及其同步性检验、劳动报酬份额与资本收入演化及其同步性检验。

二、全国31个省份的劳动报酬与劳动生产率演化及同步性检验

(一) 人均劳动报酬与劳动生产率演化及同步性检验

如前所述，各指标名义值经 GDP 缩减指数（2013 年价格）消胀后转化为相应实际值，人均劳动报酬用人均实际劳动者报酬衡量，劳动生产率用人均实际增加值衡量。计算全国 31 个省份的实际人均劳动报酬和实际劳动生产率绝对值。

可以看出，历年各省份人均劳动报酬演化的差异性特征明显，最大值为 2017 年北京的 11.1839 万元/人，最小值为 1994 年甘肃的 0.3380 万元/人；所有省份所有年份的平均值为 2.3253 万元/人；从各省份的平均值来看，高于总体平均值的省份有北京、天津、内蒙古、辽宁、吉林、上海、江苏、浙江、福建、广东和新疆共计 11 个省份；从标准差来看，各地区历年人均劳动报酬绝对变化最大的省份是北京，绝对变化差异最小的省份是云南；从变异系数来看，相对差异最大的省份是贵州，相对差异最小的省份是黑龙江。劳动生产率的演化特征与劳动报酬相似，差异也较大：最高值为上海的 13.2350 万元/人，最低值为贵州的 2.2729 万元/人，所有省份所有年份的平均值为 4.9904 万元/人；各省份历年劳动生产率绝对变化差异最大的省份是天津，绝对变化差异最小的省份是西藏；相对差异最大的省份是贵州，相对差异最小的省份是上海。

从劳动报酬与劳动生产率绝对值的比值来看：所有省份均有值在正负一倍标准差之外，最高的为占比 52% 的黑龙江；其次为占比 48% 的吉林、江西、湖北和四川；大于等于 40% 的省份还有山西、内蒙古、辽宁、安徽、云南、西藏、陕西和青海；占比最低为 20% 的福建地区；进一步计算劳动报酬与劳动生产率之比的变化，即后一年的比值减去前一年的比值，每个省份都有正有负，说明比值并不稳定；正数个数大于等于 50% 的省份有北京、天津、河北、山西、黑龙江、上海、江苏、山东、湖北、海南、云南、宁夏和新疆，共计 13 个省份，说明该类地区以劳动报酬高于劳动生产率的增长为主；但所有数据中的正数总计为 354 个、负数总计为 390 个，可见就 31 个省份总体而言，还是劳动生产率相对劳动报酬增长的较多。

从上述统计结果来看，各省份的劳动报酬和劳动生产率差异较大，高低各不相同；从波动性来看，有的省份两个指标值比较稳定，而有的省份波动较大；从同步性检验来看，不满足“三 σ”准则中观测值均在正负一倍标准差范围内的界定标准，因而未满足劳动报酬与劳动生产率同步增长条件，同时发现劳动报酬相对劳动生产率上涨的个数相对较少。

（二）人均劳动报酬增长率与劳动生产率增长率演化及其同步性检验

计算中国 31 个省份 1994～2017 年实际人均劳动报酬环比增长率和实际劳动生产率环比增长率（2013 年为价格基准），同时计算两个指标相应的描述性统计量（见表 5－1 和表 5－2）；进一步计算实际人均劳动报酬增长率与实际劳动生产率的比值及其变化。

表 5－1　中国 31 个省份 1994～2017 年劳动报酬增长率的描述性统计

省份	均值	中位数	最大值	最小值	极差	标准差	变异系数
北京	0.0871	0.0866	0.2181	－0.0574	0.2755	0.0573	0.6584
天津	0.0877	0.0717	0.3284	－0.0224	0.3508	0.0733	0.8359
河北	0.0786	0.0606	0.1968	－0.0419	0.2388	0.0645	0.8209
山西	0.0868	0.0875	0.3251	－0.0247	0.3497	0.0720	0.8287
内蒙古	0.0843	0.0728	0.4035	－0.1416	0.5451	0.1079	1.2803
辽宁	0.0605	0.0567	0.4173	－0.1998	0.6170	0.1041	1.7211
吉林	0.0742	0.0861	0.2102	－0.2506	0.4607	0.0872	1.1750
黑龙江	0.0660	0.0700	0.2415	－0.1865	0.4280	0.0716	1.0852
上海	0.0728	0.0781	0.1810	－0.0868	0.2677	0.0618	0.8497
江苏	0.1014	0.0963	0.2000	0.0028	0.1972	0.0503	0.4957
浙江	0.0899	0.0823	0.1960	0.0005	0.1956	0.0496	0.5518
安徽	0.0747	0.0718	0.3103	－0.0246	0.3349	0.0695	0.9310
福建	0.0754	0.0723	0.2888	－0.0469	0.3357	0.0615	0.8156
江西	0.0704	0.0700	0.2501	－0.1063	0.3564	0.0657	0.9334
山东	0.0840	0.0872	0.2290	－0.1372	0.3662	0.0768	0.9147
河南	0.0803	0.0589	0.2599	－0.0238	0.2837	0.0745	0.9276
湖北	0.0954	0.0885	0.3920	－0.1234	0.5154	0.0970	1.0173
湖南	0.0905	0.0883	0.1901	－0.0069	0.1969	0.0479	0.5297
广东	0.0686	0.0626	0.1829	－0.0033	0.1863	0.0376	0.5485

续表

省份	均值	中位数	最大值	最小值	极差	标准差	变异系数
广西	0.0803	0.0799	0.3368	-0.0615	0.3983	0.0827	1.0299
海南	0.0670	0.0541	0.4217	-0.0381	0.4597	0.0859	1.2810
重庆	0.1073	0.0978	0.3853	-0.1382	0.5234	0.0889	0.8288
四川	0.0872	0.0803	0.2930	-0.0286	0.3216	0.0579	0.6639
贵州	0.1031	0.1053	0.2872	-0.1038	0.3910	0.0891	0.8642
云南	0.0800	0.0806	0.1831	-0.0629	0.2460	0.0578	0.7220
西藏	0.0648	0.0525	0.3261	-0.0543	0.3804	0.0834	1.2873
陕西	0.0888	0.0671	0.3984	-0.0158	0.4142	0.0905	1.0199
甘肃	0.0888	0.0476	0.2943	-0.0763	0.3707	0.0962	1.0834
青海	0.0801	0.0807	0.2169	-0.0089	0.2259	0.0553	0.6906
宁夏	0.0950	0.0793	0.3269	0.0053	0.3217	0.0699	0.7362
新疆	0.0649	0.0582	0.2106	-0.0384	0.2490	0.0575	0.8855

表 5-2　中国 31 个省份 1994~2017 年劳动生产率增长率的描述性统计

省份	均值	中位数	最大值	最小值	极差	标准差	变异系数
北京	0.0789	0.0716	0.2167	-0.0724	0.2892	0.0606	0.7687
天津	0.0868	0.0967	0.1755	0.0013	0.1742	0.0436	0.5016
河北	0.0756	0.0751	0.1318	0.0100	0.1218	0.0350	0.4628
山西	0.0804	0.1051	0.1653	-0.0100	0.1753	0.0591	0.7348
内蒙古	0.0936	0.0934	0.2954	-0.1155	0.4109	0.0879	0.9385
辽宁	0.0599	0.0678	0.1528	-0.1963	0.3491	0.0683	1.1397
吉林	0.0819	0.0880	0.1890	-0.0174	0.2064	0.0460	0.5615
黑龙江	0.0566	0.0592	0.1133	0.0017	0.1116	0.0324	0.5737
上海	0.0644	0.0645	0.1496	-0.1074	0.2571	0.0558	0.8659
江苏	0.0999	0.0951	0.1858	0.0682	0.1176	0.0247	0.2477
浙江	0.0846	0.0774	0.1728	0.0314	0.1414	0.0376	0.4443
安徽	0.0850	0.0765	0.1740	0.0326	0.1414	0.0296	0.3483
福建	0.0774	0.0705	0.2057	0.0051	0.2006	0.0375	0.4843
江西	0.0876	0.0893	0.1309	0.0305	0.1004	0.0284	0.3244
山东	0.0822	0.0764	0.1541	-0.0457	0.1998	0.0405	0.4923
河南	0.0821	0.0751	0.1754	0.0206	0.1548	0.0420	0.5115

续表

省份	均值	中位数	最大值	最小值	极差	标准差	变异系数
湖北	0.0950	0.0971	0.1450	0.0413	0.1037	0.0275	0.2898
湖南	0.0958	0.0930	0.1349	0.0481	0.0868	0.0239	0.2495
广东	0.0716	0.0740	0.1120	0.0439	0.0682	0.0191	0.2663
广西	0.0809	0.0820	0.1531	-0.0265	0.1797	0.0413	0.5100
海南	0.0562	0.0538	0.1390	-0.0339	0.1729	0.0371	0.6603
重庆	0.1124	0.1105	0.2076	0.0562	0.1514	0.0392	0.3486
四川	0.0946	0.0987	0.1321	0.0494	0.0827	0.0246	0.2596
贵州	0.1052	0.1036	0.2934	-0.0272	0.3207	0.0602	0.5717
云南	0.0733	0.0689	0.1459	0.0141	0.1318	0.0301	0.4102
西藏	0.0750	0.0716	0.1974	0.0007	0.1967	0.0476	0.6349
陕西	0.1012	0.0980	0.1711	0.0161	0.1550	0.0399	0.3946
甘肃	0.0848	0.0876	0.2047	-0.0177	0.2224	0.0541	0.6388
青海	0.0789	0.0716	0.2167	-0.0724	0.2892	0.0606	0.7687
宁夏	0.0868	0.0967	0.1755	0.0013	0.1742	0.0436	0.5016
新疆	0.0756	0.0751	0.1318	0.0100	0.1218	0.0350	0.4628

从表5-1可以看出，各省份实际人均劳动报酬增长率差异较为明显，各省份各年份有升有降：所有省份所有年份的实际人均劳动报酬平均增速为8.18%，总体标准差为0.0754，总体变异系数为0.9217，其中，增速最快的省份为2008年增速达到42.17%的海南，降速最快的省份为2004年降速为25.06%的吉林，只有江苏、浙江和宁夏一直在保持增长；从各省份增速均值来看，平均增速最快为10.73%的重庆，增速最慢的为6.05%的辽宁；从绝对差异指标来看，极差值最大的地区为辽宁，最小的为广东，标准差最大的省份为内蒙古，最小的为广东；从相对指标变异系数值来看，最大值省份为辽宁，最小值省份为江苏；超过总体变异系数0.9217的省份有内蒙古、辽宁、吉林、黑龙江、安徽、江西、湖北、广西、海南、西藏、陕西和甘肃，说明该类省份的劳动报酬增长率变化相对较为剧烈。

从表5-2可以看出，各省份劳动生产率增长率存在一定差异，但相对劳动报酬增长率而言波动较小：平均增速最快的省份为宁夏；同样，有的省份也是不增反降，例如北京、山西、内蒙古、辽宁、吉林、上海、广西、海南、贵州、甘肃、青海和新疆共计12个省份，且负值个数只有27个，其余省份连续保持正向增长；从波动指标来看，极差值最大为贵州的0.3207，其他省份均低于0.3，大部分省份在0.2左右；变异系数超过1的省份只有辽宁。

通过实际人均劳动报酬增长率与实际劳动生产率的比值可知，所有省份均有值在正负标准差之外，占比最高的为29.17%的陕西，大于等于20%的省份有河北、江苏、安徽、山东、河南、湖北、湖南、广东、广西、海南、云南、甘肃和宁夏，占比最低的为4.17%的新疆；通过实际人均劳动报酬增长率与实际劳动生产率比值的变化来看，每个省份都有正有负，正数个数大于等于50%的省份有天津、河北、山西、内蒙古、吉林、黑龙江、浙江、安徽、山东、广东、重庆、四川、甘肃、青海和新疆，共计15个省份；所有数据中的正数总计为351个，负数总计为362个，相差不多，但劳动报酬相对劳动生产率上涨的个数少一点。

从上述统计结果来看，各省份的劳动报酬增长率和劳动生产率增长率差异较大，高低不同；从波动性来看，有的省份两个指标值比较稳定，而有的省份波动较大；从同步性检验来看，不满足“三σ”准则中观测值均在正负一倍标准差范围内的界定标准，因而未满足劳动报酬与劳动生产率同步增长条件，同时劳动报酬增长率与劳动生产率增长率上涨的个数较为接近。

（三）劳动报酬份额演化与要素份额比的同步性检验

利用式（5.1）~式（5.4）计算31个省份的劳动和资本收入份额数；同时，为了对1993~2017年各地区的劳动报酬占国内总收入份额有一个清晰的比较，整理其国内总收入占比数据；进一步计算每个地区的国内总收入要素份额比。

从劳动报酬份额的演化来看，以占国内总收入份额为例，就集中度指标而言，劳动报酬份额的集中度指标均值为0.4937、中位数为0.4887，离散程度指标最大值为0.8276、最小值为0.3144，极差为0.5132、标准差为0.0736、变异系数为0.1491。总体均值接近0.5，说明历年31个省份劳动报酬基本分享了增加值的1/2；但各省份分享的差异较大，如劳动报酬份额最高值为1993年西藏的0.8276，最低值为2005年天津的0.3144。计算31个省份劳动报酬份额的偏度系数为1.6014，峰度系数为0.6272，呈现右偏尖峰分布，说明历年全国31个省份的劳动报酬份额大部分值较小，个别省份或个别年份存在极大值。从各个省份的集中度指标和离散指标来看，就集中指标而言，各省份平均值中最大值为西藏的0.6520，最小值为天津的0.4025；各省份平均值低于 0.45 的省份中除天津外，还有山西、黑龙江、上海、江苏和浙江，高于 0.55 的省份除西藏外还有广西和贵州，其余 22 个省份的均值介于 0.45 ~0.55。就离散指标而言，极差值小于 0.1 的省份有浙江、云南和宁夏；极差值在 0.2 ~0.3 的省份有内蒙古、吉林、江西、湖北、贵州和陕西；极差值超过 0.3 的省份只有西藏；其余 21 个省份极差值均在 0.1 ~0.2。

从要素份额比来看，所有省份均有值在正负一倍标准差之外，占比最高的为 48% 的吉林和黑龙江，此外超过 40% 的省份还有北京、山西、辽宁、福建、山东、湖北和陕西；占比最低的为 16% 的西藏地区。进一步计算要素份额比的变化，每个省份都有正有负，正数个数占比超过 50% 的省份有北京、天津、河北、山西、黑龙江、上海、江苏、山东、湖北、海南、四川、贵州、云南、甘肃、青海、宁夏和新疆，共计 17 个省份，可见劳动报酬上涨的区域个数相对较多。

从上述统计结果来看，各省份的劳动报酬份额差异较大，有的省份劳动报酬份额较高，有的省份劳动报酬份额较低；有的省份劳动报酬份额比较稳定，有的省份劳动报酬份额波动较大；总体而言，劳动报酬份额低于均值的省份较多，且数值较为集中。从同步性检验来看，不满足“三 σ”准则中观测值均在正负一倍标准差范围内的界定标准，因而未满足劳动报酬与劳动生产率同步增长条件，但劳动报酬上涨区域个数相对较多。

三、全国八大地区的劳动报酬与劳动生产率演化及同步性检验

按照国务院发展研究中心的区域划分方法，将中国划为八大经济区域，即东北地区、北部沿海、东部沿海、南部沿海、黄河中游、长江中游、西南地区和西北地区。东北地区包含辽宁、吉林、黑龙江；北部沿海包括北京、天津、河北、山东；东部沿海包括上海、江苏、浙江；南部沿海包括福建、广东、海南；黄河中游包括陕西、山西、河南、内蒙古；长江中游包括湖北、湖南、江西、安徽；西南地区包括云南、贵州、四川、重庆、广西；西北地区包括甘肃、青海、宁夏、西藏、新疆。将 31 个省份的相应数据进行分类汇总，计算上述实际值指标，按其顺序分析如下。

（一）劳动报酬与劳动生产率演化及其同步性检验

将全国 31 个省份中对应八大地区的实际值数据加总，计算八大地区的人

均劳动报酬和劳动生产率指标如表 5 – 3 和表 5 – 4 所示，计算两者的比值如表 5 – 5 所示。

表 5 – 3　　中国八大地区 1993 ~ 2017 年的人均劳动报酬　　单位：万元/人

年份	北部地区	东北地区	东部沿海	南部沿海	黄河中游	长江中游	西南地区	西北地区
1993	0. 7909	0. 9458	0. 8684	1. 2213	0. 6772	0. 5421	0. 4601	0. 5696
1994	0. 8999	1. 0319	0. 9897	1. 3379	0. 7595	0. 5887	0. 5008	0. 5900
1995	0. 9530	1. 1229	1. 1461	1. 4719	0. 8622	0. 6751	0. 5616	0. 6362
1996	1. 0343	1. 2617	1. 2384	1. 5727	0. 9218	0. 7564	0. 6299	0. 7149
1997	1. 1518	1. 3949	1. 3731	1. 7297	0. 9536	0. 8361	0. 6846	0. 7656
1998	1. 2593	1. 5331	1. 4913	2. 0123	0. 9711	0. 8745	0. 7231	0. 8483
1999	1. 3899	1. 6034	1. 6180	2. 1487	0. 9778	0. 8989	0. 7737	0. 9123
2000	1. 4932	1. 6423	1. 7706	2. 1879	1. 0103	0. 9451	0. 7812	1. 0068
2001	1. 6039	1. 7910	1. 9026	2. 2923	1. 0831	0. 9848	0. 8161	1. 0654
2002	1. 7201	1. 9572	2. 0872	2. 5701	1. 1368	1. 0459	0. 8902	1. 1196
2003	1. 8807	2. 1042	2. 3446	2. 6550	1. 2187	1. 0657	0. 9547	1. 2122
2004	1. 7659	1. 8197	2. 4156	2. 6313	1. 3574	1. 0820	0. 9652	1. 3354
2005	2. 0945	2. 2454	2. 7512	2. 7900	1. 5810	1. 1578	1. 1195	1. 4190
2006	2. 3816	2. 4281	3. 0451	2. 9314	1. 6886	1. 2467	1. 2473	1. 5365
2007	2. 7015	2. 5930	3. 0987	3. 1106	1. 8409	1. 3775	1. 4122	1. 6324
2008	3. 1815	2. 8653	3. 5109	3. 4764	2. 4306	1. 7009	1. 6799	2. 0252
2009	3. 4586	3. 0781	3. 8615	3. 6822	2. 7892	1. 8042	1. 7561	2. 1048
2010	3. 4921	3. 2862	4. 1273	3. 8158	2. 9436	2. 0019	1. 9255	2. 4175
2011	3. 5995	3. 4958	4. 5375	4. 0412	3. 2166	2. 3194	2. 1239	2. 4958
2012	3. 8275	3. 7927	4. 8940	4. 3851	3. 4576	2. 5253	2. 3695	2. 7461
2013	4. 1081	3. 7993	5. 5175	4. 6641	3. 6870	2. 6927	2. 4000	3. 0127
2014	4. 3315	4. 1545	5. 7964	4. 9636	3. 8943	2. 9212	2. 6643	3. 2254
2015	4. 8179	4. 3697	6. 3213	5. 3687	4. 0296	3. 1566	2. 9649	3. 3580
2016	5. 0181	3. 9890	6. 7598	5. 7724	4. 2171	3. 4236	3. 2089	3. 4064
2017	5. 3364	3. 9294	7. 1591	6. 1027	4. 2878	3. 5806	3. 3838	3. 4852
均值	2. 5717	2. 4894	3. 2250	3. 1574	2. 0797	1. 6082	1. 4799	1. 7457
标准差	1. 4013	1. 0792	1. 8967	1. 3937	1. 2438	0. 9283	0. 8914	0. 9775
变异系数	0. 5449	0. 4335	0. 5881	0. 4414	0. 5981	0. 5773	0. 6023	0. 5600

表 5－4　　中国八大地区 1993～2017 年的劳动生产率　　单位：万元/人

年份	北部地区	东北地区	东部沿海	南部沿海	黄河中游	长江中游	西南地区	西北地区
1993	1.7120	2.0905	2.1012	2.3083	1.0205	0.9457	0.8413	1.0588
1994	1.8876	2.1934	2.3475	2.5644	1.0900	1.0030	0.9082	1.1131
1995	1.9570	2.2529	2.6474	2.8344	1.2342	1.1078	0.9906	1.1752
1996	2.1831	2.4525	2.8915	3.0143	1.3626	1.2152	1.1034	1.2660
1997	2.4133	2.7041	3.2056	3.3236	1.4558	1.3341	1.1998	1.3745
1998	2.6351	2.9491	3.5137	3.6312	1.5385	1.4387	1.2825	1.5255
1999	2.8819	3.1752	3.8483	3.9699	1.6133	1.5375	1.3590	1.6595
2000	3.1283	3.4554	4.1586	4.2783	1.6931	1.6388	1.4151	1.8598
2001	3.3930	3.6428	4.4848	4.5845	1.8456	1.7476	1.4887	1.9762
2002	3.7238	3.9407	4.9563	4.9810	1.9997	1.8687	1.6308	2.1277
2003	4.1674	4.2501	5.6529	5.3431	2.2633	2.0247	1.7868	2.3615
2004	4.6391	4.3927	6.2041	5.5992	2.6077	2.2516	1.9871	2.5859
2005	5.2684	4.8890	6.9904	6.0034	3.0858	2.4720	2.2246	2.9611
2006	5.8133	5.3607	7.6829	6.4931	3.5216	2.7243	2.4701	3.2971
2007	6.2540	5.7937	8.2121	7.0188	3.9788	3.0342	2.7774	3.5695
2008	6.7586	6.4158	8.7166	7.3555	4.5374	3.3683	3.0840	3.9193
2009	7.2642	6.8793	9.3231	7.7779	4.9303	3.7725	3.4067	4.0307
2010	7.7795	7.6094	10.2745	8.2932	5.4474	4.2845	3.8168	4.6206
2011	8.2892	8.3460	11.0237	8.6275	5.9132	4.8340	4.2934	5.0870
2012	8.7367	8.8770	11.6269	9.0260	6.3409	5.2633	4.8087	5.4999
2013	9.2463	9.1271	12.4223	9.5255	6.6286	5.6776	5.2310	5.8428
2014	9.7265	9.3640	12.9889	10.0928	6.9344	6.1632	5.6295	6.1845
2015	10.1512	9.7089	13.8984	10.6483	7.1023	6.6013	6.0263	6.1053
2016	10.8390	8.8138	15.1655	11.5747	7.4455	7.2185	6.5069	6.1927
2017	11.2082	8.8578	16.0082	12.2623	7.5949	7.6069	6.8545	6.3425
均值	5.6823	5.5017	7.6138	6.4453	3.7274	3.2454	2.9249	3.3495
标准差	3.0590	2.6092	4.2372	2.9092	2.2859	2.0729	1.8921	1.8515
变异系数	0.5383	0.4743	0.5565	0.4514	0.6133	0.6387	0.6469	0.5528

表 5-5　　中国八大地区 1993~2017 年劳动报酬与劳动生产率比值

年份	北部地区	东北地区	东部沿海	南部沿海	黄河中游	长江中游	西南地区	西北地区
1993	0.4619	0.4524	0.4133	0.5291	0.6636	0.5733	0.5470	0.5380
1994	0.4767	0.4705	0.4216	0.5217	0.6968	0.5869	0.5514	0.5301
1995	0.4869	0.4984	0.4329	0.5193	0.6986	0.6094	0.5670	0.5413
1996	0.4738	0.5145	0.4283	0.5217	0.6765	0.6225	0.5709	0.5647
1997	0.4773	0.5158	0.4283	0.5204	0.6550	0.6267	0.5706	0.5570
1998	0.4779	0.5199	0.4244	0.5542	0.6312	0.6078	0.5639	0.5561
1999	0.4823	0.5050	0.4204	0.5412	0.6061	0.5847	0.5693	0.5497
2000	0.4773	0.4753	0.4258	0.5114	0.5967	0.5767	0.5521	0.5414
2001	0.4727	0.4917	0.4242	0.5000	0.5868	0.5635	0.5482	0.5391
2002	0.4619	0.4967	0.4211	0.5160	0.5685	0.5597	0.5459	0.5262
2003	0.4513	0.4951	0.4148	0.4969	0.5385	0.5264	0.5343	0.5133
2004	0.3806	0.4142	0.3894	0.4699	0.5205	0.4806	0.4857	0.5164
2005	0.3976	0.4593	0.3936	0.4647	0.5123	0.4684	0.5032	0.4792
2006	0.4097	0.4529	0.3964	0.4515	0.4795	0.4576	0.5050	0.4660
2007	0.4320	0.4476	0.3773	0.4432	0.4627	0.4540	0.5085	0.4573
2008	0.4707	0.4466	0.4028	0.4726	0.5357	0.5050	0.5447	0.5167
2009	0.4761	0.4474	0.4142	0.4734	0.5657	0.4782	0.5155	0.5222
2010	0.4489	0.4319	0.4017	0.4601	0.5404	0.4672	0.5045	0.5232
2011	0.4342	0.4189	0.4116	0.4684	0.5440	0.4798	0.4947	0.4906
2012	0.4381	0.4273	0.4209	0.4858	0.5453	0.4798	0.4928	0.4993
2013	0.4443	0.4163	0.4442	0.4897	0.5562	0.4743	0.4588	0.5156
2014	0.4453	0.4437	0.4463	0.4918	0.5616	0.4740	0.4733	0.5215
2015	0.4746	0.4501	0.4548	0.5042	0.5674	0.4782	0.4920	0.5500
2016	0.4630	0.4526	0.4457	0.4987	0.5664	0.4743	0.4932	0.5501
2017	0.4761	0.4436	0.4472	0.4977	0.5646	0.4707	0.4937	0.5495
均值	0.4557	0.4635	0.4200	0.4961	0.5776	0.5232	0.5234	0.5246
标准差	0.0272	0.0320	0.0191	0.0279	0.0615	0.0588	0.0335	0.0278
个数	4	10	9	7	8	8	8	7
比例	0.1600	0.4000	0.3600	0.2800	0.3200	0.3200	0.3200	0.2800

从表 5-3 可以看出：八大地区汇总平均值为 2.2946 万元/人；最高值为 2017 年东部沿海地区的 7.1597 万元/人；最低值为 1993 年西南地区的

0.4601 万元/人。从八大地区各均值来看，最高值为东部沿海地区的 3.2250 万元/人，最低值为西南地区的 1.4799 万元/人；从八大地区的各离散指标来看，标准差最大值为东部沿海地区的 1.8967 万元/人，最低值为西南地区的 0.8914 万元/人；变异系数最大值为黄河中游地区的 0.4023，最小值为东北地区的 0.4335。

从表 5-4 中可以看出历年各地区劳动生产率演化特征如下：计算所有地区所有年份的平均值为 4.8113 万元/人，个值中最高值为 2017 年东部沿海地区的 16.0082 万元/人，最低值为 1993 年西南地区的 0.8413 万元/人；从八大地区均值来看，最高值为东部沿海地区的 7.6138 万元/人，最低值为西南地区的 2.9249 万元/人；从八大地区的标准差来看，绝对离散程度最大值为东部沿海地区的 4.2372 万元/人，最低值为西北地区的 1.8515 万元/人；从相对离散程度指标变异系数来看，最大值为西南地区的 0.6469，最小值为南部沿海地区的 0.4514。

从劳动报酬与劳动生产率的比值来看（见表 5-5），所有地区均有值在正负一倍标准差范围之外，比值最高的为 40% 的东北地区、最低的为 16% 的东部沿海地区。进一步计算劳动报酬与劳动生产率之比的变化，正数个数占比大于等于 50% 的地区有北部地区、东北地区、东部沿海地区和西南地区，说明该四个地区以劳动报酬增加为主，而其他地区负数个数相对较多；统计总体正负数个数，发现正数个数总计为 91 个、负数个数总计为 101 个，尤其是长江中游地区负数占比高达 70.83%，因此，就八大地区整体而言，劳动报酬相对劳动生产率总体呈下降趋势，两者变化不同步。

从上述八大地区统计结果来看，相对 31 个省份而言，由于合并为八大地区，劳动报酬和劳动生产率的均值水平、绝对波动程度上升，但相对波动程度下降。从同步性检验来看，同样不满足“三 σ”准则中观测值均在正负一倍标准差范围内的界定标准，因而未实现劳动报酬与劳动生产率同步增长；尽管有的地区劳动报酬相对增加较多，但八大地区整体而言仍呈现出劳动报酬相对劳动生产率的下降趋势。

（二）人均劳动报酬增长率与劳动生产率增长率演化及同步性检验

计算中国 1994~2017 年八大地区实际人均劳动报酬增长率和劳动生产率增长率，具体数值如表 5-6 和表 5-7 所示；进一步计算八大地区实际劳动报酬增长率和劳动生产率增长率的比值如表 5-8 所示。

表 5-6　　中国八大地区 1994~2017 年劳动报酬增长率

年份	北部地区	东北地区	东部沿海	南部沿海	黄河中游	长江中游	西南地区	西北地区
1994	0. 1379	0. 0910	0. 1396	0. 0954	0. 1215	0. 0860	0. 0883	0. 0358
1995	0. 0590	0. 0881	0. 1581	0. 1002	0. 1353	0. 1468	0. 1216	0. 0782
1996	0. 0854	0. 1237	0. 0805	0. 0685	0. 0691	0. 1204	0. 1215	0. 1238
1997	0. 1135	0. 1055	0. 1087	0. 0998	0. 0345	0. 1053	0. 0869	0. 0709
1998	0. 0934	0. 0991	0. 0861	0. 1634	0. 0183	0. 0460	0. 0563	0. 1080
1999	0. 1037	0. 0458	0. 0850	0. 0678	0. 0069	0. 0279	0. 0700	0. 0755
2000	0. 0743	0. 0243	0. 0943	0. 0183	0. 0332	0. 0514	0. 0097	0. 1036
2001	0. 0741	0. 0905	0. 0746	0. 0477	0. 0721	0. 0420	0. 0446	0. 0582
2002	0. 0724	0. 0928	0. 0970	0. 1212	0. 0496	0. 0620	0. 0908	0. 0508
2003	0. 0934	0. 0751	0. 1233	0. 0330	0. 0721	0. 0190	0. 0724	0. 0827
2004	-0. 0611	-0. 1352	0. 0303	-0. 0089	0. 1138	0. 0153	0. 0110	0. 1016
2005	0. 1861	0. 2340	0. 1389	0. 0603	0. 1647	0. 0700	0. 1599	0. 0626
2006	0. 1371	0. 0813	0. 1068	0. 0507	0. 0681	0. 0768	0. 1142	0. 0828
2007	0. 1343	0. 0679	0. 0176	0. 0611	0. 0903	0. 1049	0. 1322	0. 0624
2008	0. 1777	0. 1050	0. 1330	0. 1176	0. 3203	0. 2348	0. 1895	0. 2406
2009	0. 0871	0. 0743	0. 0999	0. 0592	0. 1476	0. 0607	0. 0453	0. 0393
2010	0. 0097	0. 0676	0. 0688	0. 0363	0. 0553	0. 1096	0. 0965	0. 1486
2011	0. 0308	0. 0638	0. 0994	0. 0591	0. 0927	0. 1586	0. 1031	0. 0324
2012	0. 0633	0. 0849	0. 0786	0. 0851	0. 0749	0. 0888	0. 1156	0. 1003
2013	0. 0733	0. 0017	0. 1274	0. 0636	0. 0663	0. 0663	0. 0129	0. 0971
2014	0. 0544	0. 0935	0. 0505	0. 0642	0. 0562	0. 0849	0. 1101	0. 0706
2015	0. 1123	0. 0518	0. 0906	0. 0816	0. 0347	0. 0806	0. 1128	0. 0411
2016	0. 0415	-0. 0871	0. 0694	0. 0752	0. 0465	0. 0846	0. 0823	0. 0144
2017	0. 0634	-0. 0149	0. 0591	0. 0572	0. 0168	0. 0459	0. 0545	0. 0231
均值	0. 0840	0. 0635	0. 0924	0. 0699	0. 0817	0. 0828	0. 0876	0. 0794
中位数	0. 0798	0. 0782	0. 0924	0. 0639	0. 0686	0. 0787	0. 0896	0. 0732
最大值	0. 1861	0. 2340	0. 1581	0. 1634	0. 3203	0. 2348	0. 1895	0. 2406
最小值	-0. 0611	-0. 1352	0. 0176	-0. 0089	0. 0069	0. 0153	0. 0097	0. 0144
极差	0. 2471	0. 3692	0. 1405	0. 1723	0. 3134	0. 2195	0. 1798	0. 2262
标准差	0. 0515	0. 0697	0. 0337	0. 0350	0. 0642	0. 0477	0. 0441	0. 0465
变异系数	0. 6130	1. 0967	0. 3650	0. 5005	0. 7856	0. 5753	0. 5035	0. 5865

表 5 - 7　　中国八大地区 1994 ~ 2017 年劳动生产率增长率

年份	北部地区	东北地区	东部沿海	南部沿海	黄河中游	长江中游	西南地区	西北地区
1994	0.1026	0.0492	0.1172	0.1110	0.0681	0.0607	0.0795	0.0513
1995	0.0368	0.0271	0.1277	0.1053	0.1322	0.1045	0.0907	0.0558
1996	0.1155	0.0886	0.0922	0.0635	0.1041	0.0970	0.1139	0.0772
1997	0.1054	0.1026	0.1086	0.1026	0.0684	0.0978	0.0874	0.0857
1998	0.0919	0.0906	0.0961	0.0925	0.0568	0.0784	0.0689	0.1099
1999	0.0936	0.0767	0.0952	0.0933	0.0486	0.0687	0.0597	0.0878
2000	0.0855	0.0882	0.0807	0.0777	0.0494	0.0659	0.0413	0.1207
2001	0.0846	0.0542	0.0784	0.0716	0.0901	0.0664	0.0520	0.0626
2002	0.0975	0.0818	0.1051	0.0865	0.0834	0.0693	0.0954	0.0766
2003	0.1191	0.0785	0.1406	0.0727	0.1319	0.0835	0.0957	0.1099
2004	0.1132	0.0335	0.0975	0.0479	0.1521	0.1121	0.1121	0.0950
2005	0.1356	0.1130	0.1267	0.0722	0.1833	0.0979	0.1195	0.1451
2006	0.1034	0.0965	0.0991	0.0816	0.1412	0.1021	0.1103	0.1135
2007	0.0758	0.0808	0.0689	0.0810	0.1298	0.1138	0.1244	0.0826
2008	0.0807	0.1074	0.0614	0.0480	0.1404	0.1101	0.1104	0.0980
2009	0.0748	0.0723	0.0696	0.0574	0.0866	0.1200	0.1046	0.0284
2010	0.0709	0.1061	0.1020	0.0662	0.1049	0.1357	0.1204	0.1464
2011	0.0655	0.0968	0.0729	0.0403	0.0855	0.1283	0.1249	0.1009
2012	0.0540	0.0636	0.0547	0.0462	0.0723	0.0888	0.1200	0.0812
2013	0.0583	0.0282	0.0684	0.0553	0.0454	0.0787	0.0878	0.0623
2014	0.0519	0.0260	0.0456	0.0596	0.0461	0.0855	0.0762	0.0585
2015	0.0437	0.0368	0.0700	0.0550	0.0242	0.0711	0.0705	-0.0128
2016	0.0678	-0.0922	0.0912	0.0870	0.0483	0.0935	0.0797	0.0143
2017	0.0341	0.0050	0.0556	0.0594	0.0201	0.0538	0.0534	0.0242
均值	0.0818	0.0630	0.0886	0.0722	0.0881	0.0910	0.0916	0.0781
中位数	0.0826	0.0776	0.0917	0.0719	0.0845	0.0911	0.0931	0.0819
最大值	0.1356	0.1130	0.1406	0.1110	0.1833	0.1357	0.1249	0.1464
最小值	0.0341	-0.0922	0.0456	0.0403	0.0201	0.0538	0.0413	-0.0128
极差	0.1016	0.2052	0.0949	0.0706	0.1633	0.0819	0.0836	0.1591
标准差	0.0266	0.0440	0.0245	0.0195	0.0427	0.0217	0.0246	0.0384
变异系数	0.3258	0.6993	0.2767	0.2696	0.4855	0.2385	0.2684	0.4917

表 5－8　中国八大地区 1994～2017 年劳动报酬和劳动生产率增长率之比

年份	北部地区	东北地区	东部沿海	南部沿海	黄河中游	长江中游	西南地区	西北地区
1994	1.3445	1.8501	1.1909	0.8599	1.7841	1.4168	1.1101	0.6984
1995	1.6036	3.2489	1.2377	0.9514	1.0232	1.4050	1.3400	1.4020
1996	0.7389	1.3955	0.8731	1.0791	0.6636	1.2422	1.0672	1.6024
1997	1.0768	1.0286	1.0009	0.9728	0.5042	1.0760	0.9940	0.8273
1998	1.0161	1.0940	0.8958	1.7654	0.3229	0.5865	0.8165	0.9829
1999	1.1076	0.5977	0.8921	0.7268	0.1417	0.4064	1.1714	0.8592
2000	0.8690	0.2752	1.1693	0.2351	0.6726	0.7807	0.2354	0.8585
2001	0.8762	1.6697	0.9510	0.6667	0.7996	0.6319	0.8588	0.9297
2002	0.7430	1.1342	0.9229	1.4007	0.5939	0.8952	0.9516	0.6634
2003	0.7838	0.9568	0.8774	0.4547	0.5467	0.2271	0.7568	0.7525
2004	-0.5394	-4.0310	0.3105	-0.1866	0.7481	0.1366	0.0983	1.0693
2005	1.3719	2.0710	1.0961	0.8359	0.8983	0.7154	1.3378	0.4315
2006	1.3256	0.8432	1.0785	0.6213	0.4818	0.7524	1.0348	0.7299
2007	1.7718	0.8407	0.2555	0.7550	0.6951	0.9224	1.0622	0.7556
2008	2.2022	0.9779	2.1654	2.4517	2.2815	2.1326	1.7175	2.4553
2009	1.1641	1.0280	1.4352	1.0305	1.7040	0.5058	0.4332	1.3830
2010	0.1367	0.6373	0.6744	0.5479	0.5277	0.8075	0.8014	1.0154
2011	0.4695	0.6588	1.3629	1.4653	1.0844	1.2366	0.8253	0.3207
2012	1.1734	1.3350	1.4360	1.8420	1.0361	0.9997	0.9634	1.2356
2013	1.2569	0.0619	1.8623	1.1503	1.4620	0.8419	0.1466	1.5569
2014	1.0471	3.6011	1.1083	1.0780	1.2189	0.9921	1.4457	1.2073
2015	2.5713	1.4067	1.2932	1.4829	1.4349	1.1340	1.6004	-3.2144
2016	0.6131	0.9449	0.7610	0.8643	0.9630	0.9046	1.0320	1.0092
2017	1.8625	-2.9912	1.0628	0.9630	0.8361	0.8521	1.0203	0.9559
均值	1.1078	0.8598	1.0797	1.0006	0.9343	0.9001	0.9509	0.8536
标准差	0.6326	1.5444	0.4059	0.5401	0.4944	0.4116	0.4048	0.9511
个数	7	6	4	6	4	4	4	2
比例	0.2917	0.2500	0.1667	0.2500	0.1667	0.1667	0.1667	0.0833

从表 5－6 可以看出，总体来说大部分地区的大部分年份劳动报酬增长率为正增长，但 2004 年的北部地区、东北地区、南部沿海地区和 2016 年、2017 年的东北地区为负增长。从集中度指标来看，所有地区所有年份的平均

增速为8.02%，北部地区、东部沿海地区、黄河中游地区、长江中游地区和西南地区增速高于该总体均值，平均增速最高的为9.24%的东北沿海地区，最低的为6.35%的东北地区。从离散程度指标来看，增长速度最快的地区为2008年的黄河中游地区，速度高达32.03%；负增长幅度最大的地区为2004年的东北地区，降幅达13.52%；极差超过30%的地区为东北地区和黄河中游地区；变异系数较大的两个地区也为东北地区和黄河中游地区。

从劳动生产率增长率来看（见表5-7），2015年西北地区是-1.28%和2016年东北地区是-9.22%，其余均为正增长，增长率最高为2005年黄河中游地区的18.33%；所有地区所有年份的平均增长率为8.18%，各地区增长率均值大于等于平均增长率的地区为北部地区、东部沿海地区、黄河中游地区、长江中游地区、西南地区和西北地区，只有东北地区和南部沿海地区的均值低于平均增长率。离散指标中，从绝对差异指标来看，东北地区的极差为0.2052、标准差为0.044，绝对波动程度最大；南部沿海地区的极差为0.0706、标准差为0.0195，绝对波动程度最小；从相对差异指标变异系数来看，东北地区最高、长江中游地区最低。

从八大地区的劳动报酬增长率与劳动生产率增长率的比值来看（见表5-8）：所有地区均有观测值在正负一倍标准差之外，如最高达29.17%的北部地区，最低至8.33%的西北地区；进一步计算劳动报酬增长率与劳动生产率增长率之比的变化，正数个数占比超过50%的地区有北部地区、南部沿海地区、西南地区和西北地区；统计所有比值变化数值中正数个数总计为87个，负数个数总计为97个，可见，从增长速度来看，劳动报酬增速总体而言低于劳动生产率增速，两者没有同步。

从上述八大地区劳动报酬与劳动生产率增长率的统计结果来看，各地区增速不一，有的地区不增反降，尤其是东北地区的劳动报酬增长率2016年和2017年两年持续下降；但从波动情况来看，东北地区和黄河中游地区波动较为剧烈。尽管相对波动程度下降，但同样不满足“三σ”准则中观测值均在正负一倍标准差范围内的界定标准，因而未满足劳动报酬与劳动生产率同步增长条件；虽然有的地区劳动报酬增速相对较快，但八大地区整体而言仍呈现为人均劳动报酬增速低于劳动生产率增速。

（三）劳动报酬份额演化与要素份额比的同步性检验

计算整理1993~2017年中国八大地区的劳动报酬份额（见表5-9），在此基础上计算八大地区的要素份额比，如表5－10所示。

表5－9　　中国八大地区1993～2017年劳动报酬份额

年份	北部地区	东北地区	东部沿海	南部沿海	黄河中游	长江中游	西南地区	西北地区
1993	0.4619	0.4524	0.4133	0.5291	0.5366	0.5733	0.5470	0.5380
1994	0.4767	0.4705	0.4216	0.5217	0.5709	0.5869	0.5514	0.5301
1995	0.4869	0.4984	0.4329	0.5193	0.5725	0.6094	0.5670	0.5413
1996	0.4738	0.5145	0.4283	0.5217	0.5545	0.6225	0.5709	0.5647
1997	0.4773	0.5158	0.4283	0.5204	0.5347	0.6267	0.5706	0.5570
1998	0.4779	0.5199	0.4244	0.5542	0.5135	0.6078	0.5639	0.5561
1999	0.4823	0.5050	0.4204	0.5412	0.4957	0.5847	0.5693	0.5497
2000	0.4773	0.4753	0.4258	0.5114	0.4892	0.5767	0.5521	0.5414
2001	0.4727	0.4917	0.4242	0.5000	0.4813	0.5635	0.5482	0.5391
2002	0.4619	0.4967	0.4211	0.5160	0.4632	0.5597	0.5459	0.5262
2003	0.4513	0.4951	0.4148	0.4969	0.4339	0.5264	0.5343	0.5133
2004	0.3806	0.4142	0.3894	0.4699	0.4192	0.4806	0.4857	0.5164
2005	0.3976	0.4593	0.3936	0.4647	0.4167	0.4684	0.5032	0.4792
2006	0.4097	0.4529	0.3964	0.4515	0.3926	0.4576	0.5050	0.4660
2007	0.4320	0.4476	0.3773	0.4432	0.3788	0.4540	0.5085	0.4573
2008	0.4707	0.4466	0.4028	0.4726	0.4404	0.5050	0.5447	0.5167
2009	0.4761	0.4474	0.4142	0.4734	0.4727	0.4782	0.5155	0.5222
2010	0.4489	0.4319	0.4017	0.4601	0.4484	0.4672	0.5045	0.5232
2011	0.4342	0.4189	0.4116	0.4684	0.4500	0.4798	0.4947	0.4906
2012	0.4381	0.4273	0.4209	0.4858	0.4536	0.4798	0.4928	0.4993
2013	0.4443	0.4163	0.4442	0.4897	0.4659	0.4743	0.4588	0.5156
2014	0.4453	0.4437	0.4463	0.4918	0.4754	0.4740	0.4733	0.5215
2015	0.4746	0.4501	0.4548	0.5042	0.4828	0.4782	0.4920	0.5500
2016	0.4630	0.4526	0.4457	0.4987	0.4852	0.4743	0.4932	0.5501
2017	0.4761	0.4436	0.4472	0.4977	0.4752	0.4707	0.4937	0.5495
均值	0.4557	0.4635	0.4200	0.4961	0.4761	0.5232	0.5234	0.5246

续表

年份	北部地区	东北地区	东部沿海	南部沿海	黄河中游	长江中游	西南地区	西北地区
中位数	0. 4630	0. 4526	0. 4211	0. 4977	0. 4752	0. 4806	0. 5155	0. 5262
最大值	0. 4869	0. 5199	0. 4548	0. 5542	0. 5725	0. 6267	0. 5709	0. 5647
最小值	0. 3806	0. 4142	0. 3773	0. 4432	0. 3788	0. 4540	0. 4588	0. 4573
极差	0. 1063	0. 1056	0. 0775	0. 1110	0. 1937	0. 1727	0. 1121	0. 1074
标准差	0. 0272	0. 0320	0. 0191	0. 0279	0. 0499	0. 0588	0. 0335	0. 0278
变异系数	0. 0597	0. 0691	0. 0454	0. 0562	0. 1047	0. 1124	0. 0640	0. 0530

表 5 – 10　　中国八大地区 1993 ~ 2017 年要素份额比

年份	北部地区	东北地区	东部沿海	南部沿海	黄河中游	长江中游	西南地区	西北地区
1993	1. 1661	1. 1489	0. 9579	1. 5523	1. 6310	1. 8673	1. 7448	1. 5566
1994	1. 2409	1. 2433	0. 9822	1. 4918	1. 8009	2. 1004	1. 8231	1. 5085
1995	1. 2440	1. 4520	1. 0052	1. 4720	1. 8390	2. 2105	1. 9451	1. 5945
1996	1. 1601	1. 4667	0. 9941	1. 5019	1. 7015	2. 3013	1. 9425	1. 8306
1997	1. 2019	1. 4723	1. 0080	1. 4848	1. 5536	2. 4172	2. 0952	1. 7482
1998	1. 2211	1. 4979	0. 9884	1. 7795	1. 3683	2. 2263	2. 0987	1. 7279
1999	1. 2467	1. 3877	0. 9752	1. 6705	1. 3024	2. 0194	2. 1644	1. 6942
2000	1. 2233	1. 2273	1. 0299	1. 4906	1. 2681	1. 9768	1. 9815	1. 5515
2001	1. 2143	1. 2713	1. 0144	1. 4035	1. 2102	1. 8415	1. 9170	1. 6636
2002	1. 1508	1. 3027	0. 9958	1. 4747	1. 1271	1. 8007	1. 8892	1. 6396
2003	1. 1061	1. 2883	0. 9596	1. 3497	0. 9913	1. 5868	1. 7621	1. 4236
2004	0. 8034	0. 9323	0. 8555	1. 2014	0. 9289	1. 2482	1. 3348	1. 4404
2005	0. 8683	1. 1467	0. 8535	1. 1711	0. 9219	1. 1876	1. 4244	1. 2198
2006	0. 9107	1. 0961	0. 8814	1. 1251	0. 8238	1. 1357	1. 4235	1. 1532
2007	1. 0276	1. 0635	0. 8208	1. 0955	0. 7863	1. 1326	1. 4445	1. 1196
2008	1. 2252	1. 0650	0. 9274	1. 2506	1. 0556	1. 4377	1. 7610	1. 4871
2009	1. 2490	1. 1102	0. 9777	1. 2443	1. 2793	1. 3009	1. 5650	1. 5221
2010	1. 1166	1. 0636	0. 9175	1. 1590	1. 1024	1. 2304	1. 4905	1. 5685
2011	1. 0517	1. 0251	0. 9638	1. 2355	1. 1159	1. 2968	1. 4187	1. 4120
2012	1. 0793	1. 0919	1. 0034	1. 3461	1. 1670	1. 2979	1. 4280	1. 4426
2013	1. 1265	1. 0104	1. 1029	1. 3595	1. 2239	1. 2831	1. 2680	1. 5130
2014	1. 1152	1. 1365	1. 1113	1. 3927	1. 2403	1. 2783	1. 3614	1. 5680

续表

年份	北部地区	东北地区	东部沿海	南部沿海	黄河中游	长江中游	西南地区	西北地区
2015	1.2219	1.1351	1.1422	1.4269	1.2810	1.3004	1.4980	1.7319
2016	1.1450	1.1064	1.0873	1.3622	1.2616	1.2635	1.4569	1.6943
2017	1.2267	1.0525	1.0881	1.3450	1.2345	1.2654	1.3976	1.7340
均值	1.1337	1.1917	0.9857	1.3754	1.2486	1.6003	1.6654	1.5418
标准差	0.1192	0.1582	0.0804	0.1642	0.2747	0.4169	0.2732	0.1787
个数	3	8	9	8	9	8	9	8
比例	0.1200	0.3200	0.3600	0.3200	0.3600	0.3200	0.3600	0.3200

注：个数为所在地区的25个数据中，处于正负标准差一倍之外值的个数；比例为该个数除以25。

从表5－9出发，计算所有地区所有年份的劳动报酬份额均值为0.4854，中位数为0.4782，最大值为0.6267，最小值为0.3773，极差为0.2493，标准差为0.0512，变异系数为0.1055。从各地区的集中度指标来看，劳动报酬份额占1/2以上的三个地区是长江中游地区、西南地区和西北地区，且三个地区均值都集中在0.52左右的水平；东北沿海地区最低为0.42；其余四个地区都在0.45～0.50。从离中强度指标来看，极差最大的地区为黄河中游地区，标准差最大的地区为长江中游地区，变异系数最大的地区为黄河中游地区。

从要素份额比来看（见表5－10），八大地区均有值在正负一倍标准差之外，例如，占比高达36%的东部沿海地区、黄河中游地区和西南地区，占比低至12%的北部地区，其余四个地区的值也在30%以上。进一步计算八大地区要素份额比的变化，从中可以看出，正数超过一半的地区有北部地区、东部沿海地区和西北地区，其余地区的负值均在一半以上，说明整体而言劳动报酬占比在下降，劳动报酬与劳动生产率没有同步增长。

可见，与31个省份一样，八大地区的劳动报酬份额总体平均值接近1/2；八大地区间劳动份额差异较大，劳动报酬份额最高的地区为1997年的长江中游地区，最低的地区为2007年的东部沿海地区；同时发现经济发达的东部沿海劳动报酬份额比例较低、且逐渐走低，而经济欠发达地区如黄河中游地区、西南地区和西北地区劳动报酬份额比例较高且趋于走高；各地区内部劳动报酬份额的波动也较大，相对波动最大的为黄河中游地区；劳动报酬增长率整体下降，两者没有实现同步增长。

四、中国整体劳动报酬和劳动生产率演化及同步性检验

（一）劳动报酬与劳动生产率演化及同步性检验

将全国31个省份历年的增加值、劳动者报酬、生产税净额、固定资产折旧、营业盈余和从业人员数据加总，值数据经过GDP缩减指数（2013年价格）消胀处理，计算中国整体的实际人均劳动报酬、实际劳动生产率、两者比值和比值变化（见表5－11）。

从表5－11可以看出，实际人均劳动报酬和实际劳动生产率均呈递增趋势；从两者比值来看，值均小于1，为非对称"U"型特征，左高右低，"U"型平底期为2004～2007年；计算其正负一倍标准差之外的值占比达到41.7%，说明两者比值波动性较大；从两者比值的变化来看，出现14个负值、10个正值，说明整体而言劳动报酬占比下降相对较多；但早期负值较多、后期逐渐转为正值，说明早期劳动报酬占比下降、后期逐渐上升。

表5－11　　中国整体劳动报酬与劳动生产率

年份	劳动报酬	劳动生产率	两者比值	比值变化
1993	0.6960	1.4040	0.4958	—
1994	0.7700	1.5223	0.5058	0.0101
1995	0.8585	1.6584	0.5177	0.0119
1996	0.9406	1.8172	0.5176	-0.0001
1997	1.0294	1.9938	0.5163	-0.0013
1998	1.1150	2.1633	0.5154	-0.0009
1999	1.1840	2.3336	0.5074	-0.0081
2000	1.2455	2.5126	0.4957	-0.0117
2001	1.3238	2.6947	0.4913	-0.0044
2002	1.4368	2.9436	0.4881	-0.0032
2003	1.5444	3.2701	0.4723	-0.0158
2004	1.5480	3.6013	0.4299	-0.0424
2005	1.7657	4.0537	0.4356	0.0057
2006	1.9337	4.4788	0.4317	-0.0038
2007	2.1025	4.9056	0.4286	-0.0031

续表

年份	劳动报酬	劳动生产率	两者比值	比值变化
2008	2. 4825	5. 3420	0. 4647	0. 0361
2009	2. 6887	5. 7660	0. 4663	0. 0016
2010	2. 8560	6. 3455	0. 4501	-0. 0162
2011	3. 0921	6. 8793	0. 4495	-0. 0006
2012	3. 3514	7. 3503	0. 4560	0. 0065
2013	3. 5743	7. 7930	0. 4587	0. 0027
2014	3. 8289	8. 2332	0. 4651	0. 0064
2015	4. 1460	8. 6567	0. 4789	0. 0139
2016	4. 3616	9. 1900	0. 4746	-0. 0043
2017	4. 5649	9. 6091	0. 4751	0. 0005

（二）劳动报酬与劳动生产率两者增长率演化及同步性检验

计算中国整体的实际人均劳动报酬增长率和实际劳动生产率增长率、两者比值及比值变化如表5-12所示。从该表中两类增长率数据来看，有的年份劳动报酬增长率高些，有的年份劳动生产率增长高些；总体来说，24个年份中，有10个年份是劳动报酬增长率快于劳动生产率增长率，有14个年份是劳动生产率增长率快于劳动报酬增长率。

表5-12　　　　中国整体劳动报酬与劳动生产率增长率

年份	人均劳动报酬增长率	劳动生产率增长率	两者增长率之比	比值变化
1994	0. 1062	0. 0842	1. 2611	—
1995	0. 1150	0. 0894	1. 2866	0. 0255
1996	0. 0955	0. 0958	0. 9972	-0. 2894
1997	0. 0944	0. 0971	0. 9721	-0. 0252
1998	0. 0832	0. 0850	0. 9780	0. 0060
1999	0. 0619	0. 0787	0. 7859	-0. 1921
2000	0. 0519	0. 0767	0. 6770	-0. 1089
2001	0. 0629	0. 0725	0. 8682	0. 1912
2002	0. 0853	0. 0924	0. 9237	0. 0555

续表

年份	人均劳动报酬增长率	劳动生产率增长率	两者增长率之比	比值变化
2003	0. 0749	0. 1109	0. 6755	-0. 2481
2004	0. 0024	0. 1013	0. 0233	-0. 6522
2005	0. 1406	0. 1256	1. 1196	1. 0963
2006	0. 0951	0. 1049	0. 9069	-0. 2127
2007	0. 0873	0. 0953	0. 9162	0. 0092
2008	0. 1807	0. 0890	2. 0314	1. 1152
2009	0. 0831	0. 0794	1. 0469	-0. 9845
2010	0. 0622	0. 1005	0. 6188	-0. 4281
2011	0. 0827	0. 0841	0. 9829	0. 3642
2012	0. 0839	0. 0685	1. 2250	0. 2421
2013	0. 0665	0. 0602	1. 1039	-0. 1211
2014	0. 0712	0. 0565	1. 2610	0. 1571
2015	0. 0828	0. 0514	1. 6103	0. 3493
2016	0. 0520	0. 0616	0. 8441	-0. 7662
2017	0. 0466	0. 0456	1. 218	0. 1777

结合中国整体实际劳动报酬增长率的折线图（见图5-1），从趋势来看，1994~2017年，中国实际劳动报酬份额增长率呈现出明显的三个波峰和三个波谷。三个波峰的增长率分别为1995年的14.3%、2005年的15.7%和2008年的19.9%；三个波谷的增长率分别为1999年的6.6%、2004年的2.3%、2010年的8.0%。2008年劳动报酬增长率达到峰值之后，增长速度总体趋势

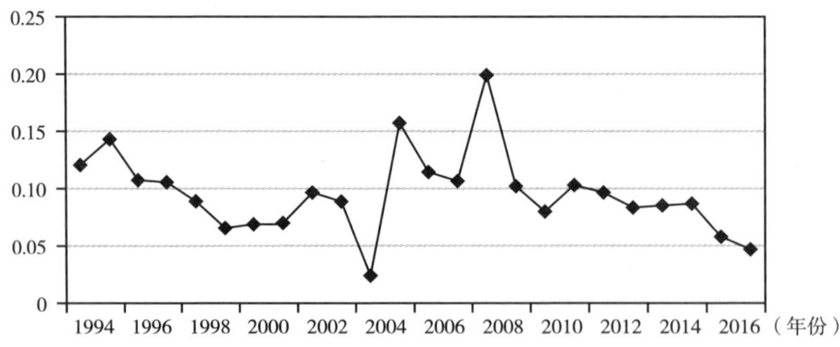

图5-1　中国1994~2017年实际劳动报酬环比增长率

向下，目前最低值为2017年的4.7%，尽管最近十年趋势走低，但目前增速仍高于该段时间内的2004年的谷底值。

从两类数据的比值来看，比值的均值为1.0057；正负一倍标准差之外的值有四个，占比达16.67%；进一步从比值的变化来看，出现12次正数、11次负数，两者旗鼓相当；综合"三σ"准则和比值稳定性来看，两类增长率变化较为剧烈，显然两者的增长没有满足同步性。

（三）劳动报酬份额与资本收入份额演化及同步性检验

计算中国整体的劳动报酬份额、资本报酬份额、两者比值及比值变化（见表5-12），两类要素报酬份额折线如图5-2所示；同时为了比较，计算不含生产税净额的要素收入份额，具体值如附表5-49所示。从表5-12和图5-2可以看出，劳动报酬份额呈现正"U"型分布特征，后期上升趋势明显；资本报酬份额呈现倒"U"型分布特征；1993～2003年，劳动报酬份额在0.5上下；2004～2007年为"U"型平底期（为资本收入份额的倒"U"型平底期），劳动报酬份额在0.42～0.44，直至2008年开始缓慢上升，恢复到2015年阶段高点值为0.4789；2017年值为0.4751。

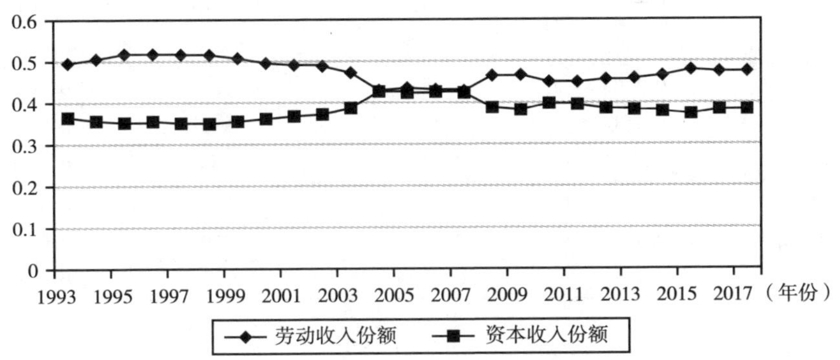

图5-2　1993～2017年GDP收入法中劳动报酬份额和资本收入份额

从表5-13发现，两者比值类似于平躺着的"S"型，先高、后低、再高、再低的特征；正负一倍标准差之外的值占比高达41.67%，说明两者关系较不稳定。进一步从两者比值的变化来看，出现13个正数、11个负数，尤其2008年次贷危机以来只出现两次负数，说明后期劳动报酬份额占比上升特征相对突出。

表 5-13　　中国整体劳动和资本收入份额

年份	劳动报酬份额	资本报酬份额	两者份额之比	比值变化
1993	0.4958	0.3649	1.3588	
1994	0.5058	0.3566	1.4186	0.0598
1995	0.5177	0.3522	1.4698	0.0512
1996	0.5176	0.3554	1.4565	-0.0133
1997	0.5163	0.3509	1.4713	0.0148
1998	0.5154	0.3495	1.4745	0.0032
1999	0.5074	0.3551	1.4289	-0.0456
2000	0.4957	0.3613	1.3718	-0.0571
2001	0.4913	0.3673	1.3376	-0.0342
2002	0.4881	0.3715	1.3138	-0.0239
2003	0.4723	0.3865	1.2220	-0.0918
2004	0.4299	0.4271	1.0066	-0.2154
2005	0.4356	0.4239	1.0275	0.0210
2006	0.4317	0.4261	1.0132	-0.0143
2007	0.4286	0.4238	1.0114	-0.0018
2008	0.4647	0.3876	1.1988	0.1874
2009	0.4663	0.3818	1.2215	0.0227
2010	0.4501	0.3977	1.1316	-0.0899
2011	0.4495	0.3948	1.1386	0.0070
2012	0.4560	0.3853	1.1832	0.0447
2013	0.4587	0.3823	1.1996	0.0164
2014	0.4651	0.3786	1.2284	0.0288
2015	0.4789	0.3724	1.2861	0.0577
2016	0.4746	0.3834	1.2379	-0.0482
2017	0.4751	0.3830	1.2402	0.0024

第三节　资金流量表核算视角：1992～2016 年

一、资金流量表数据说明

资金流量核算是以全社会资金运动为对象的核算，主要反映生产结束后的收入分配、再分配、消费、投资支出和资金融通，所以资金流量核算中的资金具体指收入分配、消费、投资和金融活动中的资金；资金流量是指一定时期上述资金的增减变化量；资金流量核算的结果是编制资金流量表。我国的资金流量表由两部分组成：一部分称为实物部分（收入分配部分）；另一部分称为金融部分（金融交易部分），其主要功能在于描述国民经济各机构部门之间一定时期资金往来或交易的流量和流向，为经济分析、经济决策和政策制定提供数据和依据。

我国资金流量核算始于 1981 年，自 1992 年开始向社会公布，目前可查的最新资金流量数据为 2016 年。为研究劳动报酬和劳动生产率的关系，本书使用其实物部分 1992 ~ 2016 年的收入分配数据。

自 1992 年以来，该表统计口径与核算方法经历了三次较大变动。第一次为 2004 年，当时我国进行了首次全国经济普查，按照国际惯例，国家统计局根据经济普查资料对 2004 年及以前年份的 GDP 进行了重新计算和历史数据修订；为保持资金流量核算与 GDP 核算的协调一致，国家统计局根据经济普查数据与核算方法的变化，对 1992 ~ 2003 年全国资金流量表实物交易部分进行了修订；修订涉及增加值、劳动报酬、生产税净额、收入税、居民消费、政府消费、资本转移、固定资本形成总额和存货增加九个指标。第二次为 2008 年，当时我国进行了第二次全国经济普查，资金流量表编制方法再次变化，之后国家统计局根据新的经济普查数据，又对 2004 ~ 2007 年资金流量表相关数据作了修订。第三次为 2012 年，当时我国国家统计局根据全口径财政收支资料、修订后的国际收支平衡表数据及部分交易项目编制方法调整，采用新标准编制 2010 年资金流量表，并系统修订了 2000 ~ 2009 年资金流量表①。

为尽可能地保证数据的一致可比性，书中 1992 ~ 2004 年的资金流量表数据来自《中国资金流量表历史资料（1992 – 2004）》，而 2005 ~ 2016 年的资金流量表数据来自历年《中国统计年鉴》。整理相应资金流量表中的增加值、劳动者报酬和生产税净额的数据如附表 5 – 50 所示。

二、劳动报酬与劳动生产率演化及同步性检验

利用资金流量表相应数据，结合 GDP 缩减指数和从业人员数，计算中国

① 潘文轩．税收如何影响中国的国民收入分配格局［J］．当代财经，2019（1）：36 – 46.

整体的实际人均劳动报酬、实际劳动生产率、两者比值和比值变化（见表5－14）。从业人员数据不同于GDP收入法下的各地区从业人员加总，此处从业人员及后文投入产出表下的从业人员数来自《2018中国统计年鉴》。

表5－14　　中国整体劳动报酬与劳动生产率

年份	劳动报酬	劳动生产率	两者比值	比值变化
1992	0.6461	1.1836	0.5459	—
1993	0.6869	1.3354	0.5143	-0.0315
1994	0.7820	1.4944	0.5233	0.0090
1995	0.8683	1.6451	0.5278	0.0045
1996	0.9300	1.7848	0.5210	-0.0068
1997	1.0200	1.9239	0.5302	0.0091
1998	1.0769	2.0500	0.5253	-0.0049
1999	1.1486	2.1833	0.5261	0.0008
2000	1.1832	2.3443	0.5047	-0.0214
2001	1.2479	2.5133	0.4965	-0.0082
2002	1.3741	2.7226	0.5047	0.0082
2003	1.4662	2.9756	0.4927	-0.0120
2004	1.5326	3.2512	0.4714	-0.0213
2005	1.8167	3.6011	0.5045	0.0331
2006	1.9873	4.0343	0.4926	-0.0119
2007	2.2067	4.5787	0.4820	-0.0106
2008	2.4015	5.0045	0.4799	-0.0021
2009	2.6591	5.4250	0.4902	0.0103
2010	2.8321	5.9544	0.4756	-0.0145
2011	3.0423	6.4680	0.4704	-0.0053
2012	3.4176	6.9167	0.4941	0.0238
2013	3.8852	7.6389	0.5086	0.0145
2014	4.2202	8.2705	0.5103	0.0017
2015	4.5756	8.8209	0.5187	0.0085
2016	4.8900	9.3963	0.5204	0.0017

从表5－13可以看出，实际人均劳动报酬和实际劳动生产率均呈递增趋势；从两者比值来看，均值为0.5052，呈两边微微凸起的“U”型分布，

2006～2012年为"U"型平底期；计算其正负一倍标准差之外的值占比达到37.5%，说明两者比值波动性较大；从两者比值的变化来看，正值、负值各为12个，早期负值较多，2012年起值转为正值至2016年，说明党的十八大以来劳动报酬占比处于日渐上升期。

三、劳动报酬与劳动生产率增长率演化及同步性检验

计算中国整体的实际人均劳动报酬增长率、实际劳动生产率增长率、两者比值和比值变化（见表5－15）。从该表中两类增长率数据来看，有的年份劳动报酬增长率高些，有的年份劳动生产率增长高些；总体来说，24个年份中，各有12个年份是两者互相赶超。从两者比值来看，正负一倍标准差之外的值占比达到20.83%。从比值的变化来看，出现12个正数和11个负数，两者变换频繁，说明劳动报酬和劳动生产率的关系并不稳定。

表5－15　中国整体劳动报酬和劳动生产率增长率

年份	劳动报酬增长率	劳动生产率增长率	两者增长率之比	比值变化
1993	0.0631	0.1283	0.4921	—
1994	0.1385	0.1190	1.1639	0.6718
1995	0.1104	0.1009	1.0941	－0.0698
1996	0.0710	0.0849	0.8362	－0.2579
1997	0.0968	0.0779	1.2428	0.4067
1998	0.0557	0.0655	0.8504	－0.3925
1999	0.0666	0.0651	1.0243	0.1739
2000	0.0301	0.0737	0.4084	－0.6159
2001	0.0547	0.0721	0.7580	0.3496
2002	0.1012	0.0833	1.2148	0.4568
2003	0.0670	0.0929	0.7210	－0.4938
2004	0.0453	0.0926	0.4892	－0.2318
2005	0.1853	0.1076	1.7222	1.2331
2006	0.0939	0.1203	0.7806	－0.9417
2007	0.1104	0.1349	0.8184	0.0378
2008	0.0883	0.0930	0.9492	0.1308

续表

年份	劳动报酬 增长率	劳动生产率 增长率	两者增长率 之比	比值 变化
2009	0.1073	0.0840	1.2767	0.3275
2010	0.0650	0.0976	0.6663	-0.6103
2011	0.0742	0.0863	0.8606	0.1943
2012	0.1234	0.0694	1.7785	0.9178
2013	0.1368	0.1044	1.3104	-0.4681
2014	0.0862	0.0827	1.0428	-0.2675
2015	0.0842	0.0665	1.2656	0.2228
2016	0.0687	0.0652	1.0532	-0.2125

同时计算资金流量表中的名义劳动报酬增长率和实际劳动报酬增长率，后者的折线如图 5-3 所示。结合实际劳动报酬增长率的数值和趋势来看，1994~2017 年，中国实际劳动报酬份额增长率呈现出明显的四个波峰和三个波谷。四个波峰的增长率分别为 1994 年的 15.0%、2002 年的 10.8%、2005 年的 19.1% 和 2013 年的 14.1%；三个波谷的增长率分别为 2000 年的 4.0%、2004 年的 5.3%、2010 年的 6.9%。2008 年劳动报酬增长率达到峰值之后，增长速度总体趋势向下，目前最低值为 2017 年的 7.1%，尽管最近 3 年趋势走低，但目前增速仍高于 2000 年的谷底值。

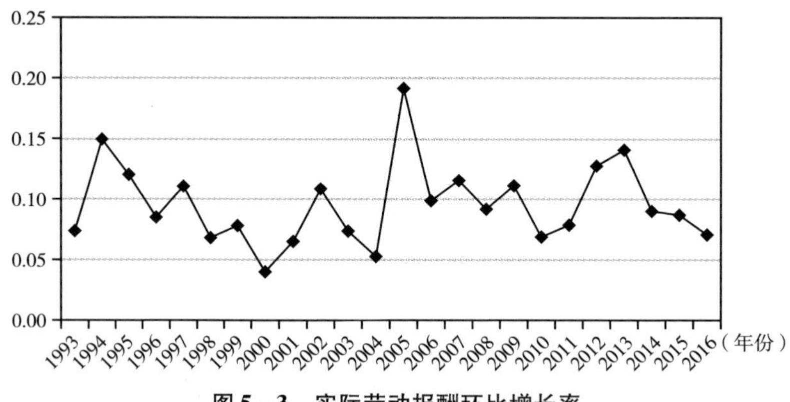

图 5-3 实际劳动报酬环比增长率

四、劳动与资本份额演化及同步性检验

与前面一致，劳动报酬份额用劳动报酬与增加值之比衡量；资本收入用

增加值减去劳动报酬和生产税净额的余值表示。计算中国整体的劳动报酬份额、资本报酬份额、两者比值及比值变化如表5－16所示，同时画出国内总收入中劳动和资本收入份额的折线图（见图5－4）。

表5－16　　中国整体劳动与资本报酬份额

年份	劳动报酬份额	资本报酬份额	两者份额之比	比值变化
1992	0.5459	0.3090	1.7665	—
1993	0.5143	0.3295	1.5611	－0.2054
1994	0.5233	0.3211	1.6296	0.0685
1995	0.5278	0.3324	1.5881	－0.0415
1996	0.5210	0.3287	1.5853	－0.0028
1997	0.5302	0.3141	1.6878	0.1024
1998	0.5253	0.3107	1.6907	0.0029
1999	0.5261	0.3112	1.6903	－0.0004
2000	0.5047	0.3324	1.5186	－0.1716
2001	0.4965	0.3352	1.4814	－0.0373
2002	0.5047	0.3239	1.5580	0.0766
2003	0.4927	0.3352	1.4699	－0.0881
2004	0.4714	0.3804	1.2393	－0.2306
2005	0.5045	0.3689	1.3674	0.1281
2006	0.4926	0.3811	1.2924	－0.0750
2007	0.4820	0.3872	1.2448	－0.0476
2008	0.4799	0.3962	1.2112	－0.0336
2009	0.4902	0.3886	1.2614	0.0502
2010	0.4756	0.3955	1.2026	－0.0588
2011	0.4704	0.4003	1.1751	－0.0275
2012	0.4941	0.3754	1.3163	0.1412
2013	0.5086	0.3682	1.3813	0.0651
2014	0.5103	0.3705	1.3774	－0.0039
2015	0.5187	0.3686	1.4072	0.0297
2016	0.5204	0.3656	1.4235	0.0163

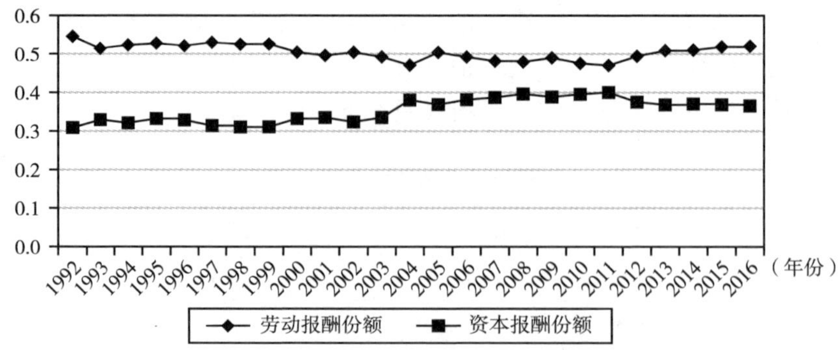

图 5-4　中国 1992～2016 年资金流量表劳动报酬份额和资本收入份额

从表 5-15 和图 5-4 可以看出，劳动报酬份额和资本报酬的演变过程虽不像收入法下中国整体的“U”型特征那么鲜明，但基本上劳动报酬演变为正“U”型、资本收入份额为倒“U”型。1992～2002 年，劳动报酬份额在 0.50 以上；2006～2012 年为“U”型平底期（为资本收入份额的倒“U”型平底期），劳动报酬份额在 0.47～0.50，2013 年开始缓慢直线上升，直至 2016 年的 0.52。从劳动报酬份额与资本报酬份额之比来看，均值为 1.4451，标准差为 0.1731，呈现出先下降再上升的特征；超过正负一倍标准差的值所占比重为 41.67%，比重较高。从比值的变化来看，出现 10 个正数、14 个负数，负值较多说明资本份额占比上升相对较多；但从具体值来看，2012 年以来正数为主，同样说明党的十八大以来劳动报酬份额处于上涨通道。

第四节　投入产出表核算视角：1990～2015 年

一、投入产出数据说明

投入产出表，又称部门联系平衡表，是反映一定时期各部门相互联系和平衡比例关系的平衡表，用于反映国民经济各部门的投入和产出、投入的来源和产出的去向，以及部门与部门之间相互提供、相互消耗产品的错综复杂的技术经济关系。该表逢二、七年份编制，是国家唯一直接给出全国层面按产业部门分类的要素收入数据。中国在 1982 年首次编制了 1981 年的全国投入产出表。为了和前面数据可比，本书分析投入产出表的年份为1990年、1992年、1995年、1997年、2000年、2002年、2005年、2007年、2010年、2012年和2015年。数据来源于国家统计局。除1990年指标统计存在差别外，其余年份投入产出表中与省际国内生产总值统计分类一致，划分为劳动者报酬、生产税净额、固定资产折旧和营业盈余。

1990年投入产出数据将增加值划分为基本折旧、大修理折旧、固定资产折旧合计、劳动者收入、福利基金、利润和税金以及其他。本书用劳动者收入代表劳动报酬，用固定资产折旧合计代表固定资产折旧。生产税净额估算过程为：依据《中国发展报告2000年》中各地区的生产税净额数据，将1990年各地区生产税净额数据加总，代表1990年中国政府获得的总生产税净额，其值为2396.95亿元（当年价格）；进一步估算资本收入 = 增加值 - 劳动报酬 - 生产税净额，或者为固定资产折旧 + 福利基金 + 其他 + （利润和税金 - 生产税净额）。据此，计算劳动报酬增长率和劳动报酬贡献份额。

二、劳动报酬与劳动生产率演化及同步性检验

利用投入产出表，计算中国整体的实际人均劳动报酬、实际劳动生产率和两者比值及比值变化如表5-17所示。从表5-16中可以看出，实际人均劳动报酬和实际劳动生产率都在增加。从两者比值来看，呈现出先升再降再升的特点；正负一倍标准差之外值占比为40%。从两者比值变化来看，出现五正五负，中期以负值为主，2010年以来均为正值。

表5-17 中国整体劳动报酬与劳动生产率

年份	实际人均劳动报酬	实际劳动生产率	两者比值	比值变化
1990	0.4247	0.9091	0.4672	—
1992	0.5298	1.1713	0.4523	-0.0149
1995	0.7548	1.6087	0.4692	0.0169
1997	1.0120	1.8443	0.5487	0.0795
2000	1.1795	2.1820	0.5406	-0.0082
2002	1.3338	2.7572	0.4838	-0.0568
2005	1.5234	3.6027	0.4228	-0.0609
2007	1.8956	4.5827	0.4136	-0.0092

续表

年份	实际人均劳动报酬	实际劳动生产率	两者比值	比值变化
2010	2. 8327	5. 9861	0. 4732	0. 0596
2012	3. 5169	7. 1475	0. 4921	0. 0188
2015	4. 5331	8. 7082	0. 5206	0. 0285

三、劳动报酬与劳动生产率增长率演化及同步性检验

由于投入产出表为不连续时间数据，因而先计算间隔时长段内的发展速度，再计算几何平均增长速度，进而计算时间段内平均增长速度 = 几何平均增长速度 - 1。采用该方式，计算中国整体的实际人均劳动报酬增长率、实际劳动生产率增长率、两者比值和比值变化（见表 5 - 18）。从表 5 - 18 中可以看出，人均劳动报酬增长率和劳动生产率增长率增长速度不一，有的年份两者增速较为一致，如 2000 年；但有的年份两者增速差异明显，如 1997 年。从两者比值来看，上下波动较为明显，最高值为 1997 年的 2. 2327，最低值为 2005 年的 0. 4856；超过正负一倍标准差之外的值占比为 30%。从两者比值的变化来看，出现五个正数、四个负数；和劳动报酬及劳动生产率原值特征一致，中期负值较多，后期以正数为主。

表 5 - 18　　中国整体劳动报酬与劳动生产率增长率

年份	人均劳动报酬增长率	劳动生产率增长率	两者增长率之比	比值变化
1992	0. 1169	0. 1351	0. 8653	—
1995	0. 1252	0. 1116	1. 1223	0. 2570
1997	0. 1579	0. 0707	2. 2327	1. 1103
2000	0. 0524	0. 0577	0. 9087	- 1. 3240
2002	0. 0634	0. 1241	0. 5109	- 0. 3978
2005	0. 0453	0. 0933	0. 4856	- 0. 0252
2007	0. 1155	0. 1278	0. 9036	0. 4180
2010	0. 1433	0. 0931	1. 5383	0. 6347
2012	0. 1143	0. 0927	1. 2324	- 0. 3059
2015	0. 0883	0. 0681	1. 2974	0. 0649

进一步计算中国劳动报酬增长率，分为名义劳动报酬和实际劳动报酬两个视角，计算结果如表5－19所示。从表5－19中可以看出，劳动报酬增长率各年度的速度差异较大，以实际劳动报酬增速为例，历年平均增速为11%，最大增速为2007～2010年的15%，最低增速为2002～2005年的5%；增速极差达到12%。2000～2005年期间速度相对缓慢，平均速度在7%以下，其余年份都高于12%，直至2012～2015年平均增速下滑至9%。从名义值和实际值比较来看，劳动报酬绝对值差别较大，但从相对指标速度来看名义值与实际值趋势基本一致。

表5－19　　中国投入产出表中劳动报酬增长率演化

年份	间隔时长	GDP缩减指数	名义劳动报酬			实际劳动报酬		
			名义值	发展速度	增长速度	实际值	发展速度	增长速度
1990	—	336	81918340	—	—	275002120	—	—
1992	2	291	120524389	1.47	0.21	350488412	1.27	0.13
1995	3	184	278937372	2.31	0.32	513769823	1.47	0.14
1997	2	170	415403512	1.49	0.22	706570326	1.38	0.17
2000	3	170	499195924	1.20	0.06	850248267	1.20	0.06
2002	2	166	589504993	1.18	0.09	977411649	1.15	0.07
2005	3	145	782322465	1.33	0.10	1137135160	1.16	0.05
2007	2	130	1100473000	1.41	0.19	1427792492	1.26	0.12
2010	3	113	1910089276	1.74	0.20	2155796162	1.51	0.15
2012	2	102	2641340939	1.38	0.18	2697635209	1.25	0.12
2015	3	99	3541099852	1.34	0.10	3510942532	1.30	0.09

注：间隔时长指相邻投入产出表之间的间隔年数；GDP缩减指数以2013年为基准价格。

四、劳动与资本份额演化及同步性检验

计算中国整体的劳动报酬份额、资本报酬份额、两者比值及比值变化（见表5－20），并利用投入产出数据下的劳动份额和资本份额作图5－5。

从表5－20和图5－5中可以看出，图中形状与中国GDP收入法下和资

金流量表下的曲线形状不同，不再是明显的正“U”型或倒“U”型，而是呈现出“正躺着”和“反躺着”的“S”型。1997 年之后呈现出传统的劳动份额的正“U”型特征和资本份额的倒“U”型特征。“U”型分布阶段，2003～2007 年为“U”型的平底期。与前两个核算视角相比，GDP 收入法下的平底期为 2004～2007 年，资金流量表下的平底期为 2006～2012 年，投入产出表下平底期时间与 GDP 收入法基本一致。从两者比值来看，均值为 1.2813，标准差为 0.2570，正负一倍标准差之外值占比为 40%；从比值的变化来看，再次出现五正五负。

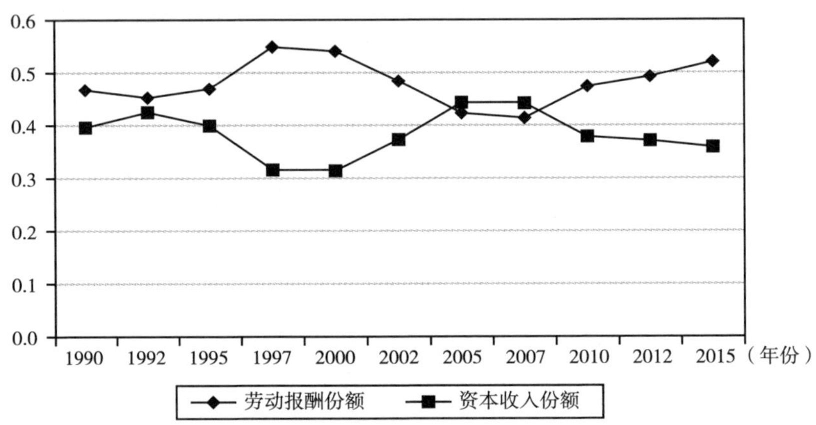

图 5－5　中国 1990～2015 年投入产出表中劳动报酬份额与资本收入份额

表 5－20　中国整体劳动与资本报酬份额

年份	劳动报酬份额	资本报酬份额	两者份额比值	比值变化
1990	0.4672	0.3961	1.1795	—
1992	0.4523	0.4248	1.0649	－0.1147
1995	0.4692	0.3994	1.1748	0.1099
1997	0.5487	0.3160	1.7367	0.5619
2000	0.5406	0.3142	1.7205	－0.0162
2002	0.4838	0.3729	1.2971	－0.4233
2005	0.4228	0.4428	0.9548	－0.3423
2007	0.4136	0.4416	0.9367	－0.0181
2010	0.4732	0.3784	1.2506	0.3139
2012	0.4921	0.3708	1.3269	0.0763
2015	0.5206	0.3585	1.4520	0.1251

第五节　三种核算尺度的比较与结论

一、GDP 收入法下三种分类视角的比较

GDP 收入法下对劳动报酬与劳动生产率演化及其同步性检验，发现31个省份、八大地区的划分及最后全部地区的加总，是一个从中观到宏观的整合过程。地区分类越细，越能发现相应变量变化的剧烈程度及两个变量间的不一致性。随着分类逐步整合，波动程度和不一致性下降，但仍能从全国整体的劳动报酬与劳动生产率绝对值的分析、劳动报酬增长率与劳动生产率增长相对值的分析、要素报酬份额的分析中，发现劳动报酬与劳动生产率两个指标尚未实现同步增长。

二、中国整体三种核算尺度的比较

（一）中国人均劳动报酬与劳动生产率的比较

三种数据来源中的人均劳动报酬与劳动生产率归纳如表 5－21 所示。进一步计算各个尺度下两个指标的相关系数：GDP 收入法下两者的相关系数为 0.9972；资金流量表下两者的相关系数为 0.9977；投入产出表下两者的相关系数为 0.9921。再计算 1993～2016 年的 GDP 收入法下和资金流量表下实际人均劳动报酬的相关系数为 0.9961；实际劳动生产率的相关系数为 0.9972。从上述相关关系可以看出，无论哪种数据核算口径下，人均劳动报酬与劳动生产率都有较强线性相关关系；并且不同核算口径下的人均劳动报酬指标和劳动生产率指标都有较强相关性，说明实际人均劳动报酬与实际劳动生产率高度相关，并且不同核算口径下的数据具有高度可替代性。

表 5-21　　三种核算尺度下劳动报酬与劳动生产率　　单位：万元/人

年份	GDP 收入法		资金流量表		投入产出表	
1990	—	—	—	—	0.4247	0.9091
1992	—	—	0.6461	1.1836	0.5298	1.1713
1993	0.6960	1.4040	0.6869	1.3354	—	—
1994	0.7700	1.5223	0.7820	1.4944	—	—
1995	0.8585	1.6584	0.8683	1.6451	0.7548	1.6087
1996	0.9406	1.8172	0.9300	1.7848	—	—
1997	1.0294	1.9938	1.0200	1.9239	1.0120	1.8443
1998	1.1150	2.1633	1.0769	2.0500	—	—
1999	1.1840	2.3336	1.1486	2.1833	—	—
2000	1.2455	2.5126	1.1832	2.3443	1.1795	2.1820
2001	1.3238	2.6947	1.2479	2.5133	—	—
2002	1.4368	2.9436	1.3741	2.7226	1.3338	2.7572
2003	1.5444	3.2701	1.4662	2.9756	—	—
2004	1.5480	3.6013	1.5326	3.2512	—	—
2005	1.7657	4.0537	1.8167	3.6011	1.5234	3.6027
2006	1.9337	4.4788	1.9873	4.0343	—	—
2007	2.1025	4.9056	2.2067	4.5787	1.8956	4.5827
2008	2.4825	5.3420	2.4015	5.0045	—	—
2009	2.6887	5.7660	2.6591	5.4250	—	—
2010	2.8560	6.3455	2.8321	5.9544	2.8327	5.9861
2011	3.0921	6.8793	3.0423	6.4680	—	—
2012	3.3514	7.3503	3.4176	6.9167	3.5169	7.1475
2013	3.5743	7.7930	3.8852	7.6389	—	—
2014	3.8289	8.2332	4.2202	8.2705	—	—
2015	4.1460	8.6567	4.5756	8.8209	4.5331	8.7082
2016	4.3616	9.1900	4.8900	9.3963	—	—
2017	4.5649	9.6091	—	—	—	—

（二）中国劳动报酬与劳动生产率增长率比值的比较

三种数据来源中的实际人均劳动报酬增长率与实际劳动生产率增长率归纳如表 5-22 所示。进一步计算各个尺度下两个指标的相关系数：GDP 收入法下两者的相关系数为 0.3328；资金流量表下两者的相关系数为 0.4010；投入产出表下两者的相关系数为 0.1237。再计算 1993～2016 年的 GDP 收入法下和资金流量表下实际人均劳动报酬的相关系数为 0.5565；实际劳动生产率的相关系数为 0.5061。从上述相关关系可以看出，无论哪种数据核算口径下，人均劳动报酬增长率与劳动生产率增长率的线性相关关系或者处于低度相关或者处于关系极弱区域；并且不同核算口径下的人均劳动报酬增长率指标和劳动生产率增长率的相关性与绝对量相比均有所下降，处于中度相关区间，说明实际人均劳动报酬增长率与实际劳动生产率增长率相关性较差，进而证实两者尚未实现同步增长；但不同核算口径下的增长率数据具有一定的可替代性。

表 5－22　三种核算尺度下劳动报酬与劳动生产率增长率

年份	GDP 收入法		资金流量表		投入产出表	
1992	—	—	—	—	0.1169	0.1351
1993	—	—	0.0631	0.1283	—	—
1994	0.1062	0.0842	0.1385	0.1190	—	—
1995	0.1150	0.0894	0.1104	0.1009	0.1252	0.1116
1996	0.0955	0.0958	0.0710	0.0849	—	—
1997	0.0944	0.0971	0.0968	0.0779	0.1579	0.0707
1998	0.0832	0.0850	0.0557	0.0655	—	—
1999	0.0619	0.0787	0.0666	0.0651	—	—
2000	0.0519	0.0767	0.0301	0.0737	0.0524	0.0577
2001	0.0629	0.0725	0.0547	0.0721	—	—
2002	0.0853	0.0924	0.1012	0.0833	0.0634	0.1241
2003	0.0749	0.1109	0.0670	0.0929	—	—
2004	0.0024	0.1013	0.0453	0.0926	—	—
2005	0.1406	0.1256	0.1853	0.1076	0.0453	0.0933
2006	0.0951	0.1049	0.0939	0.1203	—	—
2007	0.0873	0.0953	0.1104	0.1349	0.1155	0.1278
2008	0.1807	0.0890	0.0883	0.0930	—	—
2009	0.0831	0.0794	0.1073	0.0840	—	—
2010	0.0622	0.1005	0.0650	0.0976	0.1433	0.0931
2011	0.0827	0.0841	0.0742	0.0863	—	—
2012	0.0839	0.0685	0.1234	0.0694	0.1143	0.0927

续表

年份	GDP 收入法		资金流量表		投入产出表	
2013	0.0665	0.0602	0.1368	0.1044	—	—
2014	0.0712	0.0565	0.0862	0.0827	—	—
2015	0.0828	0.0514	0.0842	0.0665	0.0883	0.0681
2016	0.0520	0.0616	0.0687	0.0652	—	—
2017	0.0466	0.0456	—	—	—	—

（三）中国要素份额的比较

三种数据来源中的劳动报酬份额和资本报酬份额归纳如表 5－23 所示。进一步计算各个尺度下两个指标的相关系数：GDP 收入法下两者的相关系数为－0.9638；资金流量表下两者的相关系数为－0.7979；投入产出表下两者的相关系数为－0.9793。再计算 1993～2016 年的 GDP 收入法下和资金流量表下劳动报酬份额的相关系数为 0.7922；资本报酬份额的相关系数为 0.7639。从上述相关关系可以看出，无论哪种数据核算口径下，劳动报酬份额与资本报酬份额的线性相关关系都处于高度相关附近；并且不同核算口径下的劳动报酬份额间和资本报酬份额间的相关性都处于中度相关区域中偏高度相关的区域，说明劳动报酬份额和资本报酬份额的相关性较强，不同核算口径下要素份额数据具有较高的可替代性。

表 5－23　　三种核算尺度下中国劳动和资本报酬份额

年份	GDP 收入法		资金流量表		投入产出表	
1990	—	—	—	—	0.4672	0.3961
1991	—	—	—	—	—	—
1992	—	—	0.5459	0.3090	0.4523	0.4248
1993	0.4958	0.3649	0.5143	0.3295	—	—
1994	0.5058	0.3566	0.5233	0.3211	—	—
1995	0.5177	0.3522	0.5278	0.3324	0.4692	0.3994
1996	0.5176	0.3554	0.5210	0.3287	—	—
1997	0.5163	0.3509	0.5302	0.3141	0.5487	0.316
1998	0.5154	0.3495	0.5253	0.3107	—	—
1999	0.5074	0.3551	0.5261	0.3112	—	—
2000	0.4957	0.3613	0.5047	0.3324	0.5406	0.3142

续表

年份	GDP 收入法		资金流量表		投入产出表	
2001	0.4913	0.3673	0.4965	0.3352	—	—
2002	0.4881	0.3715	0.5047	0.3239	0.4838	0.3729
2003	0.4723	0.3865	0.4927	0.3352	—	—
2004	0.4299	0.4271	0.4714	0.3804	—	—
2005	0.4356	0.4239	0.5045	0.3689	0.4228	0.4428
2006	0.4317	0.4261	0.4926	0.3811	—	—
2007	0.4286	0.4238	0.4820	0.3872	0.4136	0.4416
2008	0.4647	0.3876	0.4799	0.3962	—	—
2009	0.4663	0.3818	0.4902	0.3886	—	—
2010	0.4501	0.3977	0.4756	0.3955	0.4732	0.3784
2011	0.4495	0.3948	0.4704	0.4003	—	—
2012	0.456	0.3853	0.4941	0.3754	0.4921	0.3708
2013	0.4587	0.3823	0.5086	0.3682	—	—
2014	0.4651	0.3786	0.5103	0.3705	—	—
2015	0.4789	0.3724	0.5187	0.3686	0.5206	0.3585
2016	0.4746	0.3834	0.5204	0.3656	—	—
2017	0.4751	0.3830	—	—	—	—

三、指标演化与同步性检验结论

经过 GDP 收入法下的 31 个省份视角、八大地区视角和中国整体核算，以及资金流量表和投入产出表的中国整体核算，人均劳动报酬与劳动生产率演化及其同步性、人均劳动报酬增长率与劳动生产率增长率演化及其同步性、要素报酬份额演化及其同步性的研究结论如下。

1. 劳动报酬演化特征：三大核算视角下的人均劳动报酬、人均劳动报酬增长率、劳动报酬份额由于其较强相关性，具有高度可替代性，且中国人均劳动报酬呈现递增特征、人均劳动报酬增长率波动较大、劳动报酬份额呈现先降后升特征。

2. 劳动生产率演化特征：三大核算视角下的劳动生产率、劳动生产率增长率由于其中度相关性，具有一定程度的可代替性，且中国劳动生产率呈现递增特征，但劳动生产率的增长率各地区差异较大。前文中的劳动生产率仅限于各地区或中国整体的刻画，而分三大产业来看（见图5－6），中国整体及各产业劳动生产率整体上扬，但第二产业上升趋势最为明显，第三产业后期增长率放缓，第一产业增速较为平稳。可见，各产业劳动生产率的差异性也较为突出。

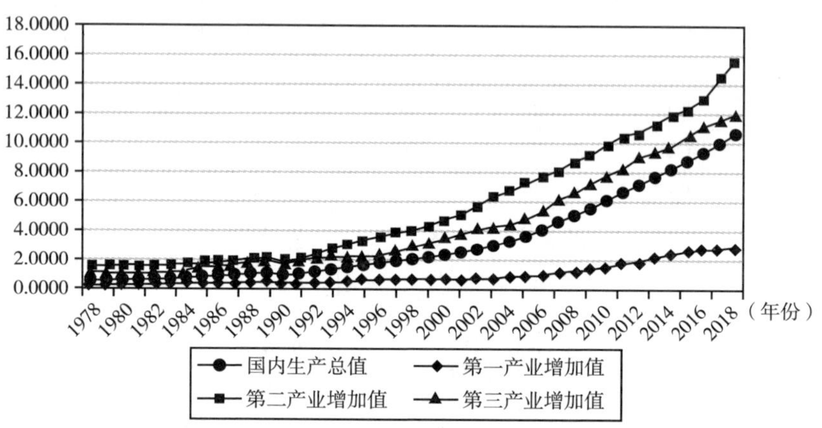

图5－6　中国1978～2018年分产业实际劳动生产率

3. 两者的同步性。劳动报酬与劳动生产率的同步性检验，从31个省份、八大地区、中国整体的三大视角、三大核算数据、三个尺度，共计15个具体检验来看，均显示劳动报酬与劳动生产率比值、劳动报酬增长率与劳动生产率增长率比值、要素份额比值的观测值都有在正负一倍标准差之外的值，且占有一定比例；尤其从变量的增长率来看，其不一致特征非常明显，因此，本书研究认为中国当前的劳动报酬和劳动生产率尚未实现同步增长。

第六章　中国劳动报酬与劳动生产率同步增长的静态模拟

可计算一般均衡（computable general equilibrium）模型，简称 CGE 模型，是在一般均衡理论基础上发展而来的。该模型可根据研究目标将生产活动、产品、地域、经济主体等进行不同程度的细分，例如，经济主体可以划分为居民、企业、政府和国外四大主体；并对其经济主体的行为进行设定，如生产者根据利润最大化或者成本最小化原则，在生产要素供给约束和一定技术条件下，确定对生产要素的需求，提供商品的供给；居民等账户在预算约束条件下，确定对生产要素的供给和各类商品的需求，收入等于支出；各市场出清下，商品供给等于商品需求、要素供给等于要素需求、外部经济账户平衡等，整个经济系统处于均衡状态。因为有整个经济系统平衡的约束条件，CGE 模型可以探讨在外生变量的确定性冲击下，各个内生变量的变化方向和变化幅度，进而可以定量模拟分析各经济变量间的相互影响关系。本章将利用 CGE 模型比较静态分析的模拟功能，探讨要素供给变化和税收政策变化对我国劳动报酬与劳动生产率增长的影响，进而发现其同步增长的实现路径。

第一节　中国 2015 年社会核算矩阵的编制

CGE 模拟分析之前，需要编制社会核算矩阵作为其参数和变量初始值的基准数据集来源。

一、社会核算矩阵及其结构

社会核算矩阵（social accounting matrix，SAM），是社会价值交易的一种记录方法，即以矩阵形式记录了一定时期内各部门、各经济主体，以及要素市场与商品市场之间的关系①。SAM 具有很大的灵活性，其结构和规模可以根据研究目的不同以及数据的可得性进行细分或合并，从而对 SAM 结构进行从宏观到微观、从一般到特殊的扩展。

一个按照功能分类、开放经济的 SAM 一般有八个主要账户（见表 6－1），即活动、商品、生产要素、居民、企业、政府、国外和储蓄投资。在数据记录上，采用单一记录方式，行表示收入，列表示支出，具体为生产账户是行业生产部门按出厂价格计算的生产活动，行向是总产出或总收入，列向是总投入或总支出；商品账户是各个行业按市场价格计算的商品销售额，行向为商品总需求，列向为商品总供给；要素账户是生产企业生产过程中所投入的要素，依据生产函数设置一般包括劳动要素、资本要素和技术要素等，

表 6－1　　开放经济的描述性 SAM 表

收入	支出								汇总
	活动	商品	生产要素	居民	企业	政府	国外	储蓄投资	
1. 活动		总产出							总产出
2. 商品	中间投入			居民消费		政府消费	出口	投资	总需求
3. 生产要素	要素投入								要素收入
4. 居民			居民要素收入		企业向居民转移支付	政府向居民转移支付			居民收入
5. 企业			企业要素收入						企业收入
6. 政府	增值税			收入税	收入税				政府收入
7. 国外		进口							外汇支出
8. 储蓄投资				居民储蓄	企业储蓄	政府储蓄	国外净储蓄		总储蓄
汇总	总投入	总供给	要素支出	居民支出	企业支出	政府支出	外汇收入	总投资	

① 赵永，王劲峰．经济分析——CGE 模型与应用［M］．北京：中国经济出版社，2008（6）：142－143．

行向是要素收入，纵向是要素支出；接下来是开放经济条件下四大经济活动主体账户，即居民、企业、政府和国外，行向对应其收入，列向对应其支出。第八个为储蓄投资账户，行向对应总储蓄，列向对应总投资。

二、中国2015年社会核算矩阵的账户设置和数据来源

（一）SAM表账户设置及其明细

本书主要模拟要素供给变化和税收政策变化对劳动报酬和劳动生产率的影响，因而将生产要素分解为劳动要素、资本要素和固定资产折旧；将税收政策细化分增值税、进口税、出口退税、居民收入所得税和企业收入所得税，其中，增值税依据三个产业生活活动细化分三类。进一步将描述性SAM表扩展为14个账户（见表6－2），具体为将活动账户细化为农业活动、工业活动、服务业活动；商品账户细化为农业商品、工业商品、服务业商品；要素账户细化为劳动要素、资本要素、固定资本形成；储蓄投资账户细化为货币投资和存货投资；进口税、出口退税和其他转移单列。各账户的收支内容具体如下。

1. 活动账户收入为各个生产部门对自身生产活动和其他行业生产活动中间投入的供给收入；活动账户支出为中间生产投入、生产要素报酬和增值税的支出。

2. 商品账户收入来源于本行业提供的中间投入、居民消费、政府消费、出口、资本投资和库存变化；商品账户支出为国内总产出、进口额及进口税和出口退税。

3. 要素账户的收入为劳动要素和资本要素获得的报酬及固定资产折旧额；要素账户的支出为劳动要素、资本要素、固定资产折旧在国内三类经济主体居民、企业和政府间的分配，其中，假定劳动要素收入为居民所有，资本要素收入在三类主体间分配，固定资产折旧归企业所有。

4. 四大经济主体账户中，居民账户收入为劳动报酬、资本报酬、企业向居民的转移支付、政府向居民的转移支付以及其他转移中的净转移收入；居民账户支出为居民消费、居民向政府缴纳收入税以及社会保障缴款等，剩余为居民储蓄。

表 6－2 中国 2015 年开放经济的 SAM 表

项目		活动			商品			要素			四大经济主体				资本投资	存货投资	进口税	出口退税	其他转移	汇总
		农业	工业	服务业	农业	工业	服务业	劳动力	资本	固定资本折旧	居民	企业	政府	国外						
1. 活动	农业				农业总产出															总产出
	工业					工业总产出														总产出
	服务业						服务业总产出													总产出
2. 商品	农业	农给农	农给工	农给服							居民消费		政府消费	出口	投资	存货变动				总需求
	工业	工给农	工给工	工给服							居民消费			出口	投资	存货变动				总需求
	服务业	服给农	服给工	服给服							居民消费		政府消费	出口	投资	存货变动				总需求
3. 要素	劳动力	劳动报酬	劳动报酬	劳动报酬																劳动报酬
	资本	资本报酬	资本报酬	资本报酬																资本报酬
	固定资本折旧	资本折旧	资本折旧	资本折旧																资本折旧

续表

项目		活动			商品			要素			四大经济主体				资本投资	存货投资	进口税	出口退税	其他转移	汇总
		农业	工业	服务业	农业	工业	服务业	劳动力	资本	固定资本折旧	居民	企业	政府	国外						
四大经济主体	4. 居民							劳动报酬	资本报酬			企业转移支付	政府转移支付						净转移收入	居民收入
	5. 企业								资本报酬	固定资本折旧									净转移收入	企业收入
	6. 政府	增值税	增值税	增值税					资本报酬		收入税	收入税					总进口税	总出口退税	净转移收入	政府收入
	7. 国外				进口	进口	进口													外汇支出
8. 资本投资											居民储蓄	企业储蓄	政府储蓄	国外储蓄						总储蓄
9. 存货投资															存货投资					存货投资
10. 进口税					进口税	进口税	进口税													进口税
11. 出口退税					出口退税	出口退税	出口退税													出口税
12. 其他转移														国外净转移支出						其他转移
汇总		总投入	总投入	总投入	总供给	总供给	总供给	劳动报酬	资本报酬	资本折旧	居民支出	企业支出	政府支出	外汇收入	总投资	存货投资	进口税	出口退税	其他转移	

5. 企业账户收入为资本报酬、固定资产折旧和其他转移中的净转移收入；企业账户支出为企业向居民的转移支付、企业向政府支付的收入税等，剩余为企业储蓄。

6. 政府账户收入为增值税、居民收入税和社会保障缴款等、企业收入税等、进口税、出口退税（负）及其他转移中的净转移收入；政府账户支出为政府消费、政府向居民的转移支付，剩余为政府储蓄。

7. 国外账户收入为我国的进口额，支出为我国的出口额和其他转移中的国外净转移支出，剩余为国外储蓄。

8. 储蓄投资账户划分为资本投资和存货投资，资本账户收入为居民储蓄、企业储蓄、政府储蓄、国外储蓄之和；资本账户支出为三个产业的资本投资额和存货投资之和；存货投资账户收入为总存货投资额，其支出为各行业商品存货投资变化额。

9. 单列的进口税账户收入为各行业商品缴纳的税额，其支出税额属于政府收入；出口退税账户收入为各行业生产活动缴纳的税额，其支出税额属于政府负收入；其他转移账户收入为国外净转移，其支出为国外净转移在国内三大经济主体居民、企业和政府之间的分配。

（二）数据来源

SAM 表的数据基础为投入产出表。如第五章所述，最新的投入产出表时间为 2015 年，因此，本章 SAM 的主要数据来源为《2015 年中国投入产出表》，此外，为了账户细分和税收数据估算，部分数据来源于《2015 年中国资金流量表（实物部分）》《中国 2015 年一般公共预算·决算收支统计》《中国 2015 年国际收支表》和 WTO 官方发布的《世界关税报告 2017》中的商品贸易数据。

三、中国 2015 年社会核算矩阵的编制结果

各账户的收支数据具体编制过程按序描述，因一个数据行向和纵向皆有含义，一个角度填制完成后，尽管后面含义不同，也不再赘述。编制过程及结果如下。

1. 活动账户收入和支出数据均来自《中国 2015 年投入产出表》，收入数

据为对应行业的总产出；支出数据为行业间的中间投入，劳动报酬为其中的劳动者报酬，资本报酬为营业盈余，固定资产折旧对应固定资产折旧，生产税净额对应政府征收的增值税。

2. 商品账户收入中，除中间投入和总产出数据与上述重叠外，剩余收入的居民消费、政府消费、出口、资本投资和库存变化来自《中国 2015 年投入产出表》，其中出口价值为出口额加上出口退税额；商品账户支出中还有进口额及进口税和出口退税，因为投入产出表数据中的进口额为含税进口额，因而将进口税扣除后记录；进口税率估算数据来自《世界关税报告 2017》中的中国进口产品 2015 年关税税率，并反推其进口税及进口额；平均出口退税率估算是利用《中国 2015 年一般公共预算·决算收支统计》中的出口货物退增值税、消费税的决算数为总退税额（后面的出口退税额）和投入产出表中的总出口额，两者相除估算总退税额，进而推算各分行业退税额。

3. 要素账户的收入数据同活动中的支出数据；劳动报酬和固定资本折旧数据各为三类生产活动的相应数据加总，资本要素支出比例参考《2015 年中国资金流量表（实物部分）》中的三个部门资本报酬所占的比例来确定。

4. 居民账户收入为劳动报酬和资本报酬数据同要素账户的支出数据；此外，企业向居民的转移支付、政府向居民的转移支付及其他转移中的净转移收入数据来自《2015 年中国资金流量表（实物部分）》；支出数据中的居民消费同商品账户中的收入数据，居民向政府缴纳收入税及社会保障缴款来自《2015 年中国资金流量表（实物部分）》，居民储蓄为校准数据。企业向政府支付的收入税、企业储蓄和政府储蓄及国外的其他转移、国外储蓄来源同居民。

5. 进口税额同出口退税额一致，来自《中国 2015 年一般公共预算·决算收支统计》中的进口货物增值税、消费税。其余数据参见前文论述。根据以上原则，最终编制中国 2015 年 SAM 表，结果如表 6－3 所示。

表 6-3　　**中国 2015 年社会核算矩阵**　　单位：亿元

项目		活动			商品			生产要素			经济活动主体				资本账户	存货变动	进口税	出口退税	其他转移	合计
		农业	工业	服务业	农业			劳动	资本	固定资本折旧	居民	企业	政府	国外						
活动	农业				107056															107056
	工业					1333366														1333366
	服务业						641025													641025
商品	农业	13900	67479	6214							18102		1083	872	3258	1326				112234
	工业	25656	801341	117730							112501		0	105032	256079	3285				1421625
	服务业	4597	187713	176563							135377		95970	29677	32601	-2625				659874
生产要素	劳动	63511	116929	173670																354110
	资本	1263	73544	82553																157360
	固定资本折旧	2060	34265	50184																86509
经济活动主体	居民							354110	95820			291	60759						-1167	509813
	企业								38017	86509									-2575	121951
	政府	-3930	52095	34110					23524		45001	27134					12533	-12867	2947	180547
	国外				4759	96984	10877													112620
资本账户											198831	94526	22736	-22168						293925
存货变动																1986				1986
进口税					462	3879	8192													12533
出口退税					-44	-12604	-220													-12867
其他转移														-794						-794
合计		107056	1333366	641025	112234	1421625	659874	354110	157360	86509	509813	121951	180547	112620	293925	1986	12533	-12867	-794	

第二节　中国 CGE 模型构建

林伯强和牟敦国（2008）认为，CGE 模型不仅考虑到经济体系的整体性，解决了产业结构内生变动的解释难题，而且具有三个重要优点：承认要素之间的可替代性；能够在运用投入产出分析社会总产值的基础上，延伸出要素分配、税收等视角分析；市场的均衡是建立在各微观主体最大化福利函数的基础上，各经济主体实现消费商品的边际效用与价格之比相等的均衡，且消费受收入约束①。本书参考贺菊煌和沈可挺等（2002）②、周建军和王韬（2006）③、陈烨和张欣等（2010）④、董万好和刘兰娟等（2011）⑤、张欣（2015）⑥、姜春海和宋志永等（2017）⑦、李虹和熊振兴（2017）⑧ 等的 CGE 模型设定方法，将模型划分为生产模块、开放模块、收支模块和均衡模块四个模块，通过建立经济活动各组成部分的数量关系，分析要素供给变量变化和税收政策变量变化对劳动报酬和劳动生产率的影响。

一、CGE 模型结构

CGE 模型结构主要由各模块下方的子模块组成，子模块是由相关的方程组成，各方程由内生变量、外生变量和参数组成。由于变量和参数个数较多，具体含义第二部分内容单独描述，此处先给出四大模块的方程结构。

---

① 林伯强，牟敦国．能源价格对宏观经济的影响——基于可计算一般均衡（CGE）的分析［J］．经济研究，2008（11）：88－101.

② 贺菊煌，沈可挺，徐嵩龄．碳税与二氧化碳减排的模型［J］．数量经济技术经济研究，2002（10）：39－47.

③ 周建军，王韬．一个中国经济的 CGE 模型［J］．管理工程学报，2006（1）：72－78.

④ 陈烨，张欣，寇恩惠，刘明．增值税转型对就业负面影响的 CGE 模拟分析［J］．经济研究，2010（9）：29－321.

⑤ 董万好，刘兰娟，王军．调整财政民生支出和行政管理支出对劳动报酬的影响——基于 CGE 模型的收入再分配研究［J］．财经研究，2011（9）：4－15.

⑥ 张欣．中国对外贸易影响要素收入分配研究［D］．长春：东北师范大学，2015（5）.

⑦ 姜春海，宋志永，冯泽．雾霾治理及其经济社会效应：基于“禁煤区”政策的可计算一般均衡分析［J］．中国工业经济，2017（9）：44－62.

⑧ 李虹，熊振兴．生态占用、绿色发展与环境税改革［J］．经济研究，2017（7）：124－138.

（一）生产模块

生产模块包括总产出生产函数、增加值生产函数和中间投入生产函数。本书假定前两类函数为 CES 形式，第三类函数为 Leontief 形式。根据张欣（2010）介绍的生产模块的简洁数学表达式①一般由生产函数、成本最小化一阶条件、利润最大化条件或价格方程组成，本书将三类生产函数子模块设定如下。

1. 总产出函数子模块。

总产出 CES 生产函数：

$$QA_j = \alpha_j^x(\delta_j^x \times QVA_j^{\rho_j^x} + (1-\delta_j^x)QINT\ A_j^{\rho_j^x})^{1/\rho_j^x} \tag{6.1}$$

总产出成本最小化一阶条件：

$$\frac{PV\ A_j}{PINTA_j} = \frac{\delta_j^x}{1-\delta_j^x}\left(\frac{QINT\ A_j}{QVA_j}\right)^{1-\rho_j^x} \tag{6.2}$$

利润最大化条件：

$$PA_j \times QA_j = PVA_j \times QVA_j + PINTA_j \times QINT\ A_j \tag{6.3}$$

2. 增加值生产函数子模块。

增加值 CES 生产函数：

$$QVA_j = \alpha_j^{VA}(\delta_j^{VA} \times QLD_j^{\rho_j^{VA}} + (1-\delta_j^{VA}) \times QKD_j^{\rho_j^{VA}})^{1/\rho_j^{VA}} \tag{6.4}$$

增加值成本最小化的一阶条件：

$$\frac{WL}{WK} = \frac{\delta_j^{VA}}{(1-\delta_j^{VA})}\left(\frac{QKD_j}{QLD_j}\right)^{1-\rho_j^{VA}} \tag{6.5}$$

利润最大化条件：

$$PVA_j \times QVA_j = (WL \times QLD_j + WK \times QKD_j) \times (1+tva_j) \tag{6.6}$$

3. 中间投入生产函数子模块。

中间投入 Leontief 生产函数：

---

① 张欣．可计算一般均衡模型的基本原理与编程［M］．上海：格致出版社，2010（5）：94－95.

$$QINT_{ij} = a_{ij} \times QINTA_j \tag{6.7}$$

中间投入价格方程：

$$PINTA_j = \sum_i a_{ij} \times PQ_i \tag{6.8}$$

（二）开放模块

国内生产的产品分为国内生产国内消费部分和出口部分，采用 CET 生产函数表示；国内消费由本国产品和进口产品组成，采用 Armington 生产函数表示。

1. 国内生产函数子模块。

国内生产函数：

$$QX_i = \alpha_i^e (\delta_i^e \times QD_i^{\rho_i^e} + (1 - \delta_i^e) \times QE_i^{\rho_i^e})^{1/\rho_i^e} \tag{6.9}$$

国内生产成本最小化的一阶条件：

$$\frac{PD_i}{PE_i} = \frac{\delta_i^e}{1 - \delta_i^e}\left(\frac{QE_i}{QD_i}\right)^{1-\rho_i^e} \tag{6.10}$$

利润最大化条件：

$$PX_i \times QX_i = PD_i \times QD_i + PE_i \times QE_i \tag{6.11}$$

2. 国内消费函数子模块。

国内消费函数：

$$QQ_i = \alpha_i^m (\delta_i^m \times QD_i^{-\rho_i^m} + (1 - \delta_i^m) QM_i^{-\rho_i^m})^{-1/\rho_i^m} \tag{6.12}$$

综合消费品数量成本最小化的一阶条件：

$$\frac{QM_i}{QD_i} = \left(\frac{1 - \delta_i^m}{\delta_i^m} \frac{PD_i}{PM_i}\right)^{1/1+\rho_i^m} \tag{6.13}$$

利润最大化条件：

$$PQ_i \times QQ_i = PD_i \times QD_i + PM_i \times QM_i \tag{6.14}$$

3. 出口与进口价格方程。

出口价格和进口价格都受国际市场价格和汇率影响，则：

$$PE_i = pwe_i(1 - te_i) \times exr \tag{6.15}$$

$$PM_i = pwm_i(1 + tm_i) \times exr \tag{6.16}$$

4. 生产活动账户与商品账户的映射关系。

简单起见，本书假定生产产品数量和商品流通数量、生产品价格和流通商品价格相同，因此，QA_j与QX_i、PA_j和PX_i存在一一对应关系。为后面模拟程序识别的需要，将这一映射关系刻画出来，即：

$$QX_i = \sum_j ident_{ij} \times QA_j \tag{6.17}$$

$$PX_i = \sum_j ident_{ij} \times PA_j \tag{6.18}$$

（三）收支模块

收支模块包括四大经济主体的收入、支出及储蓄四个子模块。

1. 家庭收支子模块。

居民收入：

$$YH = WL \times qls + \lambda_h \times WK \times qks + hthg + thrhe + TTH \tag{6.19}$$

居民收入所得税为：

$$DTH = txh \times YH \tag{6.20}$$

居民可支配收入为：

$$YDH = YH - DTH \tag{6.21}$$

家庭消费：

$$PQ_i \times QH_i = shrh_i \times Mpc \times YDH \tag{6.22}$$

居民储蓄为可支配收入的一个比例：

$$SH = (1 - Mpc) \times YDH \tag{6.23}$$

2. 企业收支子模块。

企业收入：

$$YF = \lambda_f \times WK \times qks + ttf \tag{6.24}$$

企业收入所得税：

$$DTF = txe \times YF \tag{6.25}$$

各个行业名义投资量是总投资的一个比例：

$$QINV_i = \mu_{1i} \times INVEST/PQ_i \tag{6.26}$$

各个行业商品存货也是总投资的一个比例：

$$DST_i = \mu_{2i} \times INVEST/PQ_i \tag{6.27}$$

企业储蓄：

$$SF = YF - trhe - DTF \tag{6.28}$$

3. 政府收支子模块。

增值税：

$$TI_j = tva_j \times (WL \times QLD_j + WK \times QKD_j) \tag{6.29}$$

进口关税：

$$TIM_i = tm_i \times pwm_i \times QM_i \times exr \tag{6.30}$$

出口退税：

$$TIE_i = te_i \times PE_i \times QE_i \times exr \tag{6.31}$$

政府总收入：

$$YG = \sum_j TI_j + (1 - \lambda_h - \lambda_f) \times WK \times QKS + DTH + DTF + \sum_i TIM_i + \sum_i TIE_i + tt \tag{6.32}$$

政府购买需求：

$$G_i = PQ_i \times QG_i \tag{6.33}$$

政府储蓄：

$$sg = YG - \sum_i G_i - trhg \tag{6.34}$$

4. 国外收支子模块。

国外收入：

$$YFOR = \sum_i pwm_i \times QM_i \times exr \tag{6.35}$$

国外支出：

$$EFOR = \sum_i pwe_i \times QE_i \times exr + ttfor \tag{6.36}$$

国外储蓄：

$$sfor = YFOR - EFOR \tag{6.37}$$

总储蓄：

$$SAVING = SH + SF + sg + sfor \tag{6.38}$$

（四）均衡模块

劳动要素市场均衡：

$$\sum_j QLD = qls \tag{6.39}$$

资本要素市场均衡：

$$\sum_j QKD = qks \tag{6.40}$$

资本账户平衡：

$$SAVING = INVEST \tag{6.41}$$

转移支付额平衡：

$$ttfor = TTH + ttf + ttg \tag{6.42}$$

商品市场量的均衡：

$$QQ_i = \sum_j QINT_{ij} + QH_i + DST_i + QG_i + QINV_i \tag{6.43}$$

GDP 量：

$$GDP = \sum_i (QH_i + DST_i + QINV_i + QG_i + QE_i - QM_i) \tag{6.44}$$

GDP 额：

$$PGDP \times GDP = \sum_i PQ_i \times (QH_i + QINV_i + DST_i) + \sum_i G_i + \sum_i PE_i \times QE_i - \sum_i PM_i \times QM_i + \sum_i TIM_i \tag{6.45}$$

二、CGE 模型中变量及参数的含义

内生变量是由模型系统决定的变量；外生变量是独立于模型系统之外的外在的给定变量；参数是刻画变量之间关系的数值。CGE 模型中各内生变量、外生变量和参数的具体含义如下。

（一）内生变量符号及其含义

内生变量用大写字母表示，具体变量及含义如表 6－4 所示。

表 6－4　内生变量符号及其含义

生产模块		收支模块	
QA_j	行业总产出数量	YH	居民收入
QVA_j	行业增加值需求量	TTH	其他对居民的净转移收入
$QINTA_j$	行业中间投入需求量	DTH	居民向政府缴纳的收入所得税
PA_j	行业国内总产出价格	YDH	居民可支配收入
PVA_j	行业增加值价格	QH_i	居民各行业消费数量
$PINTA_j$	行业中间投入价格	SH	居民储蓄
QLD_j	行业的劳动需求量	YF	企业收入
QKD_j	行业的资本需求量	DTF	企业向政府缴纳的收入所得税
WK	单位资本报酬	SF	企业储蓄
WL	单位劳动报酬	TI_j	每行业的增值税额
$QINT_{ij}$	各个行业间的中间投入	TIM_i	每行业进口税额
PQ_i	QQ 国内消费综合品价格	TIE_i	每行业的出口退税额
开放模块		YG	政府收入
QX_i	行业消费数量	G_i	政府各行业消费额
QD_i	国内产销的商品数量	QG_i	政府各行业消费数量
QE_i	行业生产出口商品数量	YFOR	国外收入
PX_i	行业国内总产出消费价格	EFOR	国外支出
PD_i	国内生产国内消费商品价格	SAVING	总储蓄
PE_i	行业生产商品出口价格	均衡模块	
QQ_i	国内消费商品数量	INVEST	总投资
QM_i	国内消费的进口商品数量	DST_i	每行业存货
PM_i	国内消费的进口商品价格	$QINV_i$	每行业投资
—		GDP	国内生产总值
—		PGDP	国内生产总值价格指数

（二）外生变量符号及其含义

外生变量用小写字母表示，具体变量及含义如表6－5所示。

表6－5　　外生变量符号及其含义

生产模块		收支模块	
tva_j	每个行业的生产税税率	qls	劳动要素供给总量
开放模块		qks	资本要素供给总量
pwm_i	进口商品的世界市场价格	trhg	政府对居民的转移支付
pwe_j	出口产品的世界市场价格	trhe	企业对居民的转移支付
exr	汇率	txh	居民所得税税率
te_i	每行业的出口退税率	ttf	企业的净转移收入
tm_i	每行业的进口税率	txe	企业收入所得税率
均衡模块		ttg	政府的净转移收入
ttfor	国外的净转移支付	sg	政府储蓄
qg_{agr}	政府农业消费	sfor	国外储蓄
qg_{ind}	政府供应消费	—	

（三）参数符号及其含义

参数符号以希腊字母为主，iden t_{ij}为单位转换阵，其他参数的具体表达和含义如表6－6所示。

表6－6　　参数符号及其含义

生产模块		收支模块	
α_j^x	QA国内生产CES函数中的规模参数	λ_h	资本要素收入分配给居民的份额
δ_j^x	QA国内生产CES函数中的增加值份额参数	λ_f	资本要素收入分配给企业的份额
ρ_j^x	QA国内生产CES函数中的弹性系数	$shrh_i$	居民各行业的消费系数
α_j^{VA}	VA增加值CES函数中的规模参数	Mpc	居民边际消费倾向
δ_j^{VA}	VA增加值CES函数中的劳动份额参数	μ_{1i}	每行业投资占总投资的比例
ρ_j^{VA}	VA增加值CES函数中的弹性系数	μ_{2i}	每行业存货占总投资的比例
a_{ij}	以行业总中间投入为分母的直接消耗系数	—	

续表

生产模块		收支模块	
开放模块			
α_i^e	QX 国内生产 CET 函数中的规模参数	α_i^m	QQ 国内消费 Armington 函数的规模参数
δ_i^e	QX 国内生产 CET 函数中国内产销的份额参数	δ_i^m	QQ 国内消费 Armington 函数的国内产销份额
ρ_i^e	QX 国内生产 CET 函数中的弹性系数	ρ_i^m	QQ 国内消费 Armington 函数的弹性系数

三、模型初始值设定和有效性检验

（一）模型初始值设定

CGE 模型中所有变量和大部分参数初始值设定来源于前面的中国2015 年SAM 表。只有生产模块中的生产方程和对外模块中的国内、进口、出口选择方程中的替代参数需要参考已有研究资料设定。其中，总产出 CES 方程中的替代参数参考张欣（2010）①；增加值 CES 方程中的替代参数参考赵永和王进峰（2008）②，用其农业弹性值 0.427、制造业弹性值 0.435 和服务业弹性值 0.727 反推替代参数值；国内产品和出口品之间的 CET 替代弹性值参考张欣（2015）③；国内产品和进口品之间 Armington 的替代弹性值参考贺菊煌和沈可挺等（2002）④、周建军和王韬（2006）⑤。

（二）模型的有效性检验

在应用 CGE 模型进行模拟冲击分析之前，应对模型的有效性进行检验。

① 张欣．可计算一般均衡模型的基本原理与编程［M］．上海：格致出版社，2010（5）：191.

② 赵永，王进峰．经济分析 CGE 模型与应用［M］．北京：中国经济出版社，2008（6）：192.

③ 张欣．中国对外贸易影响要素收入分配研究［D］．长春：东北师范大学，2015（5）.

④ 贺菊煌，沈可挺，徐嵩龄．碳税与二氧化碳减排的模型［J］．数量经济技术经济研究，2002（10）：39－47.

⑤ 周建军，王韬．一个中国经济的 CGE 模型［J］．管理工程学报，2006（1）：72－78.

综合樊明太和郑玉歆等（1999）[①]、周建军和王韬（2006）、蒋春海和李向等（2016）[②]，检验有效性一般分为以下四个方面。

1. 原始数据平衡性。填制 SAM 表时，由于投入产出比表存在误差项，所以通过政府账户、国外账户以及使用校准法，使其横纵数据实现完全平衡。

2. 价格齐次性检验。本书以劳动要素价格作为价格基准；劳动要素价格翻倍前后，模拟任意冲击，其他变量反应效果不变，因此，本模型通过价格齐次性检验。

3. 稳健性检验。变更增加值生产方程中的替代参数值，如分别参考赵永和王劲峰（2008）、张欣（2015），两者结果基本一致。

4. 冲击后数据的平衡性及意义。模拟冲击，发现各变量达到新的均衡，且含义与事实相符。

经过以上分析，本书的 CGE 模型有效，具备比较静态分析的科学基础。后面将分别模拟分析中国要素供给变化和税收政策变化的情形下，对劳动报酬和劳动生产率关系相关变量的影响。

第三节　要素供给变化对两者同步性影响的比较静态分析

根据前面提出的中国 CGE 模型框架，下面模拟、分析、评估要素供给变化对中国经济，特别是人均劳动报酬、劳动生产率、人均劳动报酬增长率、劳动生产率增长率、劳动报酬份额、资本报酬份额及其比值的影响。在总体经济增长的情形下，如果人均劳动报酬与劳动生产率比值变化较小，或者劳动报酬增长率与劳动生产率增长率比值在 1 附近，再或者劳动报酬份额相对资本报酬份额变化较小，皆可认为两者在经济总体实现增长的情形下实现了同步增长。本节设计以下三种模拟方案：一是劳动要素供给变化的情形；二是资本要素供给变化的情形；三是两种要素供给同时发生变化的情形。

① 樊明太，郑玉歆，马纲．中国 CGE 模型：基本结构及有关应用问题（下）［J］．数量经济技术经济研究，1999（4）：24－30.

② 姜春海，李向，王敏．煤电能源外送结构调整的经济社会影响分析——基于 CGE 模型的山西案例［J］．宏观经济研究，2016（12）：67－79.

一、劳动要素供给变化的影响

首先模拟劳动要素供给增加1%、5%和10%的情形；其次模拟劳动要素供给减少1%、5%和10%的情形，比较六种情形下的GDP、劳动报酬和劳动生产率相关变量的冲击效应（见表6－7）。

表6－7　劳动要素供给变化对劳动报酬和劳动生产率的冲击模拟

变量	分类	GDP	人均劳动报酬	劳动生产率	两者比值	增长率之比	要素份额之比
	基准值	692787.466	1	1.956	0.511	—	1.452
劳动供给+1%	模拟值	695580.306	1.000	1.945	0.514	—	1.466
	变化率	0.004	-6.02E-5	-0.006	0.003	0.010	0.014
劳动供给+5%	模拟值	706716.278	1.000	1.901	0.526	—	1.524
	变化率	0.020	-3.05E-4	-0.028	0.015	0.011	0.072
劳动供给+10%	模拟值	720551.326	0.999	1.850	0.540	—	1.596
	变化率	0.040	-6.22E-4	-0.054	0.029	0.011	0.144
劳动供给-1%	模拟值	689991.211	1.000	1.968	0.508	—	1.438
	变化率	-0.004	5.98E-5	0.006	-0.003	0.010	-0.014
劳动供给-5%	模拟值	678773.154	1.000	2.018	0.496	—	1.380
	变化率	-0.020	2.95E-4	0.031	-0.015	0.009	-0.072
劳动供给-10%	模拟值	664679.957	1.001	2.086	0.480	—	1.308
	变化率	-0.041	5.83E-4	0.066	-0.031	0.009	-0.144

注：基准值为冲击之前变量的原始均衡值；模拟值为冲击之后的变量反应值；变化率为该变量变化前后的变化率或增长率。E为科学计数法。本章所有表格变量含义均与此相同。

模拟的结果显示，随着劳动要素供给从增加1%到增加10%，GDP增长率从0.4%上升到4%；人均劳动报酬从基准值1下降到0.999，下降幅度从0.00602%到0.0622%；劳动生产率从基准值1.956下降到1.850，下降幅度从0.6%到5.4%；人均劳动报酬与劳动生产率的比值从基准值0.511增加到0.540，上涨幅度从0.3%到2.9%；人均劳动报酬增长率与劳动生产率增长率的比值从0.010增加到0.011；劳动报酬份额与资本报酬份额之比从基准值1.452增加到1.596，上涨幅度从1.4%到14.4%。

随着劳动要素供给从下降1%到下降10%，GDP增长率为负，下降幅度从0.4%到4.1%；人均劳动报酬从基准值1增加到1.001，上涨幅度从0.00598%到0.0583%；劳动生产率从基准值1.956增加到2.086，上涨幅度从0.6%到6.6%；人均劳动报酬与劳动生产率的比值从基准值0.511下降到0.480，下降幅度从0.3%到3.1%；人均劳动报酬增长率与劳动生产率增长率的比值从0.010下降到0.009；劳动报酬份额与资本报酬份额之比从基准值1.452下降到1.308，下降幅度从1.4%到14.4%。

模拟结果表明，劳动供给增加有利于GDP增加，但不利于人均劳动报酬和劳动生产率提升；在劳动要素供给变化的冲击下，人均劳动报酬与劳动生产率反应方向一致，即随着劳动供给增加，人均劳动报酬下降、劳动生产率下降，反之则反；但劳动供给变化对劳动生产率的影响相对更大。可见，为促进两者同步增长，在劳动报酬增速低于劳动生产率增速的情况下，可以通过增加劳动供给的方式促进两者同步增长；反之，在劳动报酬增长率增速超过劳动生产率增速的情况下，可以通过减少劳动供给的方式促进两者同步增长。

二、资本要素供给变化的影响

与劳动要素变化冲击模拟类似，首先模拟资本要素供给增加1%、5%和10%的情形；其次模拟资本要素供给减少1%、5%和10%的情形，比较六种情形下的GDP、劳动报酬和劳动生产率相关变量的冲击效应（见表6-8）。

表6-8　资本要素供给变化对劳动报酬和劳动生产率的冲击模拟

变量	分类	GDP	人均劳动报酬	劳动生产率	两者比值	增长率之比	要素份额之比
	基准值	692787.466	1	1.956	0.511	—	1.452
资本供给+1%	模拟值	698821.408	1.007	1.973	0.510	—	1.463
	变化率	0.009	0.007	0.009	-6.52E-4	0.852	0.011
资本供给+5%	模拟值	720363.077	1.036	2.034	0.509	—	1.504
	变化率	0.040	0.036	0.040	-0.002	0.903	0.052
资本供给+10%	模拟值	748919.010	1.068	2.115	0.505	—	1.551
	变化率	0.081	0.068	0.081	-0.006	0.839	0.099

续表

变量	分类	GDP	人均劳动报酬	劳动生产率	两者比值	增长率之比	要素份额之比
	基准值	692787.466	1	1.956	0.511	—	1.452
资本供给 -1%	模拟值	687003.195	0.992	1.940	0.512	—	1.441
	变化率	-0.008	-0.008	-0.008	4.38E-4	0.898	-0.011
资本供给 -5%	模拟值	667923.510	0.962	1.886	0.510	—	1.396
	变化率	-0.036	-0.038	-0.036	-0.001	1.066	-0.056
资本供给 -10%	模拟值	629407.443	0.917	1.777	0.516	—	1.332
	变化率	-0.091	-0.083	-0.091	0.005	0.905	-0.120

模拟的结果显示，随着资本要素供给从增加1%到增加10%，GDP增长率从0.9%上升到8.1%；人均劳动报酬从基准值1上升到1.068，上涨幅度从0.7%到6.8%；劳动生产率从基准值1.956上升到2.115，上涨幅度从0.9%到8.1%；人均劳动报酬与劳动生产率的比值从基准值0.511下降到0.505，下降幅度从0.0652%到0.6%；人均劳动报酬增长率与劳动生产率增长率的比值从0.852上升到0.903，再下降到0.839；劳动报酬份额与资本报酬份额之比从基准值1.452增加到1.551，上涨幅度从1.1%到9.9%。

随着资本要素供给从下降1%到下降10%，GDP增长率为负，下降幅度从0.8%到9.1%；人均劳动报酬从基准值1下降到0.907，下降幅度从0.8%到8.3%；劳动生产率从基准值1.956下降到1.777，下降幅度从0.8%到9.1%；人均劳动报酬与劳动生产率的比值从基准值0.511上升到0.512，又下降到0.510，再上升到0.516，呈现先升再降再升的“N”型特征；人均劳动报酬增长率与劳动生产率增长率的比值从0.898上升到1.066，再下降到0.905；劳动报酬份额与资本报酬份额之比从基准值1.452下降到1.332，下降幅度从1.1%到12%。

模拟结果表明，资本供给增加有利于GDP增加、人均劳动报酬和劳动生产率提升；在资本要素供给变化的冲击下，人均劳动报酬与劳动生产率反应方向一致，即随着资本供给增加，人均劳动报酬和劳动生产率也增加，反之则反；但此处变化方向与劳动供给增加的影响不同，且资本要素供给冲击对两者的影响幅度较为一致；同时发现在资本供给增加的冲击下，劳动报酬份额上升。可见，资本要素市场的发展有利于促进两者的同步增长，尤其在劳动报酬增速低于劳动生产率增速的情况下，不仅可以通过增加资本供给的方式促进两者同步增长，而且还能实现劳动报酬份额的增加。

三、两种要素供给同时变化的影响

两种要素供给同时发生变化分为以下两个方面，一方面是两种要素供给涨幅或降幅一致；另一方面要素供给一增一减幅度一致，或一增一减幅度不一致。模拟结果如表6－9所示。

表6－9　两种要素供给同时变化对劳动报酬和劳动生产率的冲击模拟

变量	分类	GDP	人均劳动报酬	劳动生产率	两者比值	增长率之比	要素份额之比
	基准值	692787.466	1	1.956	0.511	—	1.452
劳动供给＋1% 资本供给＋1%	模拟值	701608.793	1.007	1.962	0.513	—	1.477
	变化率	0.013	0.007	0.003	0.002	2.706	0.025
劳动供给＋5% 资本供给＋5%	模拟值	736019.398	1.035	1.980	0.523	—	1.578
	变化率	0.062	0.035	0.012	0.012	2.952	0.126
劳动供给－1% 资本供给－1%	模拟值	684172.706	0.993	1.952	0.509	—	1.427
	变化率	－0.012	－0.007	－0.002	－0.003	3.044	－0.025
劳动供给－5% 资本供给－5%	模拟值	652592.383	0.961	1.940	0.495	—	1.325
	变化率	－0.058	－0.039	－0.008	－0.016	4.655	－0.127
劳动供给＋1% 资本供给－1%	模拟值	715273.021	0.992	1.836	0.540	—	1.585
	变化率	0.032	－0.008	－0.061	0.029	0.124	0.133
劳动供给－1% 资本供给＋1%	模拟值	696027.269	1.008	1.985	0.507	—	1.448
	变化率	0.005	0.008	0.015	－0.004	0.508	－0.004
劳动供给＋1% 资本供给－5%	模拟值	670994.766	0.962	1.876	0.513	—	1.411
	变化率	－0.031	－0.038	－0.041	0.002	0.927	－0.041
劳动供给＋5% 资本供给－1%	模拟值	701146.250	0.992	1.886	0.526	—	1.513
	变化率	0.012	－0.008	－0.036	0.015	0.210	0.061
劳动供给－5% 资本供给＋1%	模拟值	684786.086	1.008	2.036	0.495	—	1.390
	变化率	－0.012	0.008	0.040	－0.016	0.196	－0.062
劳动供给－1% 资本供给＋5%	模拟值	717193.831	1.036	2.046	0.506	—	1.490
	变化率	0.035	0.036	0.046	－0.005	0.792	0.037

表6－9中两种要素供给涨幅或降幅一致的模拟结果显示，随着劳动要素

和资本要素供给从增加1%到增加5%，GDP增长率从1.3%上升到6.2%；人均劳动报酬从基准值1上升到1.035，上涨幅度从0.7%到3.5%；劳动生产率从基准值1.956上升到1.980，上涨幅度从0.3%到1.2%；人均劳动报酬与劳动生产率的比值从基准值0.511上升到0.523，上涨幅度从0.0652%到0.6%；人均劳动报酬增长率与劳动生产率增长率的比值从2.706到2.952；劳动报酬份额与资本报酬份额之比从基准值1.452增加到1.578，上涨幅度从2.5%到12.6%。

随着劳动要素和资本要素供给从下降1%到下降5%，GDP增长率为负，下降幅度从1.2%到5.8%；人均劳动报酬从基准值1下降到0.961，下降幅度从0.7%到3.9%；劳动生产率从基准值1.956下降到1.940，下降幅度从0.2%到0.8%；人均劳动报酬与劳动生产率的比值从基准值0.511下降到0.495，下降幅度从0.3%到1.6%；人均劳动报酬增长率与劳动生产率增长率的比值从3.044上升到4.655；劳动报酬份额与资本报酬份额之比从基准值1.452下降到1.325，下降幅度从2.5%到12.7%。

两种要素同向变化模拟的结果表明，当两种要素供给增加时，GDP增加、人均劳动报酬和劳动生产率提升效果更加明显，说明两种要素联合作用效果强于任意要素的单独作用；而且人均劳动报酬的反应强度均强于劳动生产率，该特征与劳动要素供给单独作用的特征正好相反。可见，为促进两者同步增长，当人均劳动报酬增长率慢于或快于劳动生产率增长率，同时增加或减少两种要素供给会起到事半功倍的作用。

表6-9中要素供给一增一减的模拟结果显示：细分为劳动供给增加、资本供给减少和劳动供给减少、资本供给增加两个方向，当劳动供给增加1%、资本供给减少1%时，GDP增长率为3.2%，人均劳动报酬下降0.8%，劳动生产率下降6.1%，两者比值为0.029，两者增长率比值为0.124，要素份额增加13.3%；当劳动供给增加1%、资本供给减少5%时，GDP增长率为负3.1%，人均劳动报酬下降3.8%，劳动生产率下降4.1%，两者比值为0.002，两者增长率比值为0.927，要素份额下降4.1%；当劳动供给增加5%、资本供给减少1%时，GDP增长率为1.2%，人均劳动报酬下降0.8%，劳动生产率下降3.6%，两者比值为0.015，两者增长率比值为0.210，要素份额增加6.1%。劳动供给减少、资本供给增加的解释与此类似。

要素供给一增一减的结果表明：当劳动供给增加、资本供给减少时，人均劳动报酬下降、劳动生产率下降；当劳动供给减少、资本供给增加时，人均劳动报酬增加、劳动生产率增加；两种要素供给幅度变化不一致时，人均劳动报酬的反应幅度均弱于劳动生产率；一种要素供给增加带动 GDP 上升的特征明显，除非另一种要素供给降幅达到一定程度才会令其变为相反的方向。可见，为促进两者同步增长，当人均劳动报酬增速慢于劳动生产率增速时，可以采取增加劳动供给、减少资本供给的政策组合；当人均劳动报酬增速快于劳动生产率增速时，也可以采取减少劳动供给、增加资本供给的政策组合。

第四节　税收政策变化对两者同步性影响的比较静态分析

与上一节类似，根据前面提出的中国 CGE 模型框架，下面模拟、分析、评估税收政策变化对中国经济，特别是人均劳动报酬、劳动生产率、人均劳动报酬增长率、劳动生产率增长率、劳动报酬份额、资本报酬份额及其比值的影响。评价标准同前。本节设计以下三种模拟方案：一是增值税变化的情形；二是所得税变化的情形；三是关税变化的情形。

一、增值税变化的影响

（一）三个行业增值税同时变化幅度一致情形模拟

首先模拟三个行业增值税统一增加 1%、5% 和 10% 的情形；其次模拟三个行业增值税统一减少 1%、5% 和 10% 的情形，比较六种情形下的 GDP、劳动报酬和劳动生产率相关变量的冲击效应（见表 6－10）。

模拟的结果显示，随着增值税从增加 1% 到增加 10%，GDP 下降，增长率降幅从 0.0638% 到 0.6%；人均劳动报酬从基准值 1 下降到 0.979，下降幅度从 0.2% 到 2.1%；劳动生产率从基准值 1.956 下降到 1.945，下降幅度从 0.0638% 到 0.6%；人均劳动报酬与劳动生产率的比值从基准值 0.511 下降到 0.503，下降幅度从 0.0782% 到 0.8%；人均劳动报酬增长率与劳动生产率增长率的比值从 3.398 增加到 3.566；劳动报酬份额与资本报酬份额之比从基准值 1.452 下降到 1.422，下降幅度从 0.3% 到 3%。

表 6-10 增值税变化对劳动报酬和劳动生产率的冲击模拟

变量	分类	GDP	人均劳动报酬	劳动生产率	两者比值	增长率之比	要素份额之比
	基准值	692787.466	1	1.956	0.511	—	1.452
增值税+1%	模拟值	692345.576	0.998	1.955	0.510	—	1.449
	变化率	-6.38E-4	-0.002	-6.38E-4	-7.82E-4	3.398	-0.003
增值税+5%	模拟值	690634.500	0.989	1.950	0.507	—	1.437
	变化率	-0.003	-0.011	-0.003	-0.004	3.426	-0.015
增值税+10%	模拟值	688738.738	0.979	1.945	0.503	—	1.422
	变化率	-0.006	-0.021	-0.006	-0.008	3.566	-0.030
增值税-1%	模拟值	693231.322	1.002	1.958	0.512	—	1.455
	变化率	6.41E-4	0.002	6.41E-4	7.89E-4	3.412	0.003
增值税-5%	模拟值	694989.453	1.011	1.963	0.515	—	1.468
	变化率	0.003	0.011	0.003	0.004	3.497	0.016
增值税-10%	模拟值	697029.314	1.023	1.968	0.520	—	1.485
	变化率	0.006	0.023	0.006	0.008	3.699	0.033

随着增值税从下降1%到下降10%，GDP增加，增长率增速从0.0641%到0.6%；人均劳动报酬从基准值1增加到1.023，上涨幅度从0.2%到2.3%；劳动生产率从基准值1.956增加到1.968，上涨幅度从0.0641%到0.6%，与GDP增幅一致；人均劳动报酬与劳动生产率的比值从基准值0.511增加到0.520，上涨幅度从0.0789%到0.8%；人均劳动报酬增长率与劳动生产率增长率的比值从3.412增加到3.699；劳动报酬份额与资本报酬份额之比从基准值1.452增加到1.485，上涨幅度从0.3%到3.3%。

模拟结果表明，增值税变化方向与GDP增加、人均劳动报酬和劳动生产率变化方向相反；在增值税变化的冲击下，人均劳动报酬与劳动生产率反应方向一致，即随着增值税下降，人均劳动报酬和劳动生产率增加，反之则反；但增值税变化带给人均劳动报酬的影响相对劳动生产率更大。可见，为促进两者同步增长，在劳动报酬增速低于劳动生产率增速的情况下，可以通过降低增值税的方式促进两者同步增长；反之，在劳动报酬增长率增速超过劳动生产率增速的情况下，可以通过增加增值税的方式促进两者同步增长。

（二）三个行业增值税变化幅度非一致情形模拟

三个行业增值税变化幅度非一致可分为三种情况：一是三个行业中只有

一个行业增值税发生变化；二是三个行业中有两个行业增值税发生变化；三是三个行业增值税都发生变化，且幅度非一致。

1. 三个行业中只有一个行业增值税发生变化。首先模拟三个行业增值税分别单独增加1%和5%的情形；其次模拟三个行业增值税分别单独减少1%和5%的情形，比较12种情形下的GDP、劳动报酬和劳动生产率的冲击效应（见表6－11）。

表6－11　一个行业增值税变化对劳动报酬和劳动生产率的冲击模拟

变量	分类	GDP	人均劳动报酬	劳动生产率	两者比值	增长率之比	要素份额之比
	基准值	692787.466	1	1.956	0.511	—	1.452
农业增值税+1%	模拟值	692812.348	1.000	1.956	0.511	—	1.452
	变化率	3.59E－5	1.039E－4	3.59E－5	3.48E－5	2.893	1.51E－4
工业增值税+1%	模拟值	691999.382	0.999	1.954	0.511	—	1.450
	变化率	－0.001	－0.001	－0.001	－1.84E－4	1.315	－0.002
服务业增值税+1%	模拟值	693077.494	0.999	1.957	0.511	—	1.451
	变化率	4.19E－4	－7.46E－4	4.19E－4	－5.95E－4	－1.782	－0.001
农业增值税+5%	模拟值	692913.202	1.001	1.957	0.511	—	1.453
	变化率	1.81E－4	5.20E－4	1.81E－4	1.73E－4	2.864	7.55E－4
工业增值税+5%	模拟值	688557.007	0.993	1.944	0.511	—	1.442
	变化率	－0.006	－0.007	－0.006	－3.15E－4	1.100	－0.010
服务业增值税+5%	模拟值	694021.828	0.996	1.960	0.508	—	1.447
	变化率	0.002	－0.004	0.002	－0.003	－2.024	－0.005
农业增值税－1%	模拟值	692762.716	1.000	1.956	0.511	—	1.452
	变化率	－3.57E－5	－1.04E－4	－3.57E－5	－3.48E－5	2.907	－1.51E－4
工业增值税－1%	模拟值	693539.544	1.002	1.959	0.511	—	1.454
	变化率	0.001	0.002	0.001	2.40E－4	1.434	0.002
服务业增值税－1%	模拟值	692472.378	1.001	1.956	0.512	—	1.453
	变化率	－4.55E－4	7.61E－4	－4.55E－4	6.22E－4	－1.673	0.001
农业增值税－5%	模拟值	692665.008	0.999	1.956	0.511	—	1.451
	变化率	－1.77E－4	－5.19E－4	－1.77E－4	－1.75E－4	2.936	－7.54E－4
工业增值税－5%	模拟值	696195.191	1.008	1.966	0.513	—	1.464
	变化率	0.005	0.008	0.005	0.002	1.676	0.012
服务业增值税－5%	模拟值	690924.960	1.004	1.951	0.515	—	1.458
	变化率	－0.003	0.004	－0.003	0.003	－1.485	0.006

模拟的结果显示，三个行业增值税都各增加1%时，农业增值税冲击使GDP增长率为0.00359%、人均劳动报酬增加0.01039%、劳动生产率增加0.00359%、两者比值增加0.00348%、两者增长率比值为2.893、要素份额之比增加0.0151；工业增值税冲击使GDP增长率为-0.1%、人均劳动报酬下降0.1%、劳动生产率下降0.1%、两者比值下降0.0184%、两者增长率比值为1.315、要素份额之比下降0.2%；服务业增值税冲击使GDP增长率为0.0419%、人均劳动报酬下降0.0746%、劳动生产率增加0.0419%、两者比值下降0.0595%、两者增长率比值为-1.782、要素份额之比下降0.1%。三个行业增值税都增加5%时，变量反应方向一致，但幅度增大。

三个行业增值税都各下降1%时，农业增值税冲击使GDP增长率为负0.00357%、人均劳动报酬下降0.0104%、劳动生产率下降0.00357%、两者比值下降0.00348%、两者增长率比值为2.907、要素份额之比下降0.0151；工业增值税冲击使GDP增长率为0.1%、人均劳动报酬增加0.2%、劳动生产率增加0.1%、两者比值增加0.024%、两者增长率比值为1.434、要素份额之比增加0.2%；服务业增值税冲击使GDP增长率为-0.0455%、人均劳动报酬增加0.0761%、劳动生产率下降0.0455%、两者比值增加0.0622%、两者增长率比值为-1.673、要素份额之比增加0.1%。三个行业增值税都降低5%时，变量反应方向一致，幅度也变大。

模拟结果表明，农业增值税为补贴税种，其增加意味着补贴增加，继而利于GDP、人均劳动报酬和劳动生产率增加，但三者增加幅度均较小；工业增值税增加，工业产值下降，由于其行业主体地位，GDP、人均劳动报酬和劳动生产率下降；服务业增值税增加，服务业产值下降，服务业从业人员转移到其他行业，最终使GDP增加、人均劳动报酬下降、劳动生产率增加，三者变化幅度也较小。显然，人均劳动报酬反应幅度大于劳动生产率，且三类增值税冲击中工业增值税冲击效果最突出。可见，为促进两者同步增长，三个行业增值税变化应以工业增值税为主，辅以农业和服务业增值税变化政策。

2. 三个行业中有两个行业增值税发生变化。一方面模拟三个行业中任意两个行业增值税分别增加1%和减少1%的情形；另一方面模拟三个行业中任意两个行业增值税一增一减各为1%的情形，比较12种情形下的GDP、劳动报酬和劳动生产率的冲击效应（见表6-12）。

表 6－12　一个行业增值税变化对劳动报酬和劳动生产率的冲击模拟

变　量	分类	GDP	人均劳动报酬	劳动生产率	两者比值	增长率之比	要素份额之比
	基准值	692787.466	1	1.956	0.511	—	1.452
农业增值税＋1% 工业增值税＋1%	模拟值	692024.799	0.999	1.954	0.511	—	1.450
	变化率	－0.001	－0.001	－0.001	－1.51E－4	1.266	－0.002
农业增值税＋1% 服务业增值税＋1%	模拟值	693101.531	0.999	1.957	0.511	—	1.451
	变化率	4.53E－4	－6.41E－4	4.53E－4	－5.59E－4	－1.414	－9.31E－4
工业增值税＋1% 服务业增值税＋1%	模拟值	692321.019	0.998	1.955	0.510	—	1.449
	变化率	－6.73E－4	－0.002	－6.73E－4	－8.17E－4	3.372	－0.003
农业增值税－1% 工业增值税－1%	模拟值	693515.299	1.001	1.958	0.511	—	1.454
	变化率	0.001	0.001	0.001	2.04E－4	1.381	0.002
农业增值税－1% 服务业增值税－1%	模拟值	692446.762	1.001	1.955	0.512	—	1.453
	变化率	－4.92E－4	6.58E－4	－4.92E－4	5.88E－4	－1.338	9.55E－4
工业增值税－1% 服务业增值税－1%	模拟值	693256.409	1.002	1.958	0.512	—	1.455
	变化率	6.77E－4	0.002	6.77E－4	8.24E－4	3.384	0.003
农业增值税＋1% 工业增值税－1%	模拟值	693563.926	1.002	1.969	0.511	—	1.454
	变化率	0.001	0.002	0.001	2.76E－4	1.483	0.002
农业增值税＋1% 服务业增值税－1%	模拟值	692498.127	1.001	1.956	0.512	—	1.453
	变化率	－4.18E－4	8.64E－4	－4.18E－4	6.55E－4	－2.068	0.001
工业增值税＋1% 服务业增值税－1%	模拟值	691650.861	0.999	1.953	0.512	—	1.451
	变化率	－0.002	－7.04E－4	－0.002	4.79E－4	0.429	－0.001
工业增值税＋1% 农业增值税－1%	模拟值	691974.090	0.998	1.954	0.511	—	1.450
	变化率	－0.001	－0.002	－0.001	－2.17E－4	1.361	－0.002
服务业增值税＋1% 农业增值税－1%	模拟值	693053.586	0.999	1.957	0.511	—	1.451
	变化率	3.84E－4	－8.51E－4	3.84E－4	－6.31E－4	－2.214	－0.001
服务业增值税＋1% 工业增值税－1%	模拟值	693799.687	1.001	1.959	0.511	—	1.453
	变化率	0.001	8.34E－4	0.001	－3.20E－4	0.571	0.001

注：三个行业中有两个行业增值税发生变化的其他情形略，有意者可向笔者索要。

三个行业中任意两个行业增值税分别增加1%的模拟结果显示，当农业增值税和工业增值税同时增加1%时，GDP增长率为－0.1%，人均劳动报酬下降0.1%，劳动生产率下降0.1%，两者比值下降0.00154%，两者增长率比值为1.266，要素份额之比下降0.2%；当农业增值税和服务业增值税同时增加1%时，GDP增长率为0.0453%，人均劳动报酬下降0.0641%，劳动生产率增加0.0453%，两者比值下降0.0559%，两者增长率比值为-1.414，要素份额之比下降0.0931%；当工业增值税和服务业增值税同时增加1%时，GDP增长率为-0.0673%、人均劳动报酬下降0.2%、劳动生产率下降0.0673%、两者比值下降0.0817%、两者增长率比值为3.372、要素份额之比下降0.3%。上述情形为反方向时，波幅基本一致，但方向相反。

三个行业中任意两个行业增值税一增一减各为1%的模拟结果显示，当农业增值税增加1%和工业增值税减少1%同时发生时，GDP增长率为0.1%，人均劳动报酬增加0.2%，劳动生产率增加0.1%，两者比值增加0.00276%，两者增长率比值为1.483，要素份额之比增加0.2%；当农业增值税增加1%和服务业增值税下降1%时，GDP增长率为-0.0418%，人均劳动报酬增加0.0864%，劳动生产率减少0.0418%，两者比值增加0.0655%，两者增长率比值为-2.068，要素份额之比增加0.1%。其他情形不再赘述。

模拟结果再次表明，各变量值的变化方向取决于工业增加值的变化方向，且农业增值税的作用强度略强于服务业增值税，应重视农业补贴的拉动作用；同时需要再次强调服务业增值税冲击过程中，人均劳动报酬和劳动生产率呈现反向变动关系。

3. 三个行业增值税都发生变化，且幅度非一致。一方面模拟三个行业增值税分别增加1%、5%和10%的情形；另一方面模拟三个行业增值税减少为1%、5%和10%的情形，比较12种情形下的GDP、劳动报酬和劳动生产率的冲击效应（见表6-13）。

表6-13　三个行业增值税非一致变化对劳动报酬和劳动生产率的冲击模拟

变　量	分类	GDP	人均劳动报酬	劳动生产率	两者比值	增长率之比	要素份额之比
	基准值	692787.466	1	1.956	0.511	—	1.452
农业增值税+1% 工业增值税+5% 服务业增值税+10%	模拟值	691899.220	0.985	1.954	0.504	—	1.430
	变化率	-0.001	-0.015	-0.001	-0.007	11.644	-0.022
农业增值税+1% 工业增值税+10% 服务业增值税+5%	模拟值	686634.807	0.983	1.939	0.507	—	1.428
	变化率	-0.009	-0.017	-0.009	-0.004	1.892	-0.024

续表

变量	分类	GDP	人均劳动报酬	劳动生产率	两者比值	增长率之比	要素份额之比
	基准值	692787.466	1	1.956	0.511	—	1.452
农业增值税+5% 工业增值税+1% 服务业增值税+10%	模拟值	694368.542	0.992	1.961	0.506	—	1.440
	变化率	0.002	-0.008	0.002	-0.005	-3.560	-0.012
农业增值税+5% 工业增值税+10% 服务业增值税+1%	模拟值	684871.469	0.988	1.934	0.511	—	1.435
	变化率	-0.011	-0.012	-0.011	-2.86E-4	1.048	-0.017
农业增值税+10% 工业增值税+1% 服务业增值税+5%	模拟值	693592.199	0.996	1.959	0.508	—	1.446
	变化率	0.001	-0.004	0.001	-0.003	-3.578	-0.006
农业增值税+10% 工业增值税+5% 服务业增值税+1%	模拟值	689269.625	0.993	1.946	0.510	—	1.442
	变化率	-0.005	-0.007	-0.005	-8.45E-4	1.324	-0.010
农业增值税-1% 工业增值税-5% 服务业增值税-10%	模拟值	693434.037	1.015	1.958	0.518	—	1.474
	变化率	9.33E-4	0.015	9.33E-4	0.007	16.296	0.022
农业增值税-1% 工业增值税-10% 服务业增值税-5%	模拟值	698226.602	1.020	1.972	0.517	—	1.482
	变化率	0.008	0.020	0.008	0.006	2.591	0.030
农业增值税-5% 工业增值税-1% 服务业增值税-10%	模拟值	689212.049	1.009	1.946	0.519	—	1.466
	变化率	-0.005	0.009	-0.005	0.007	-1.801	0.013
农业增值税-5% 工业增值税-10% 服务业增值税-1%	模拟值	698641.389	1.017	1.973	0.516	—	1.477
	变化率	0.008	0.017	0.008	0.005	2.053	0.025
农业增值税-10% 工业增值税-1% 服务业增值税-5%	模拟值	691576.378	1.004	1.953	0.514	—	1.458
	变化率	-0.002	0.004	-0.002	0.003	-2.505	0.006
农业增值税-10% 工业增值税-5% 服务业增值税-1%	模拟值	695786.606	1.008	1.965	0.513	—	1.463
	变化率	0.004	0.008	0.004	0.002	1.806	0.011

模拟结果显示，三类增值税增加以农业增加值增加5%、工业增加值增加10%、服务业增加值增加1%为例，冲击结果为GDP增长率为负1.1%、人均劳动报酬下降1.2%、劳动生产率下降1.1%、两者比值下降0.00286%、两者增长率比值为1.048、要素份额之比下降1.72%；三类增值税下降以农业增值税下降1%、工业增值税下降10%、服务业增值税下降5%为例，冲击结果为GDP增长率为0.8%、人均劳动报酬增加2%、劳动生产率增加0.8%，两者比值增加0.6%，两者增长率比值为2.591，要素份额之比增加3%。其余情况解释与此类似。

模拟结果表明，人均劳动报酬在三类增值税增加过程中均下降、在下降过程中均上升，而且其波动幅度大于劳动生产率；在农业增值税变化较小（1%）、工业增值税变化适中（5%）、服务业增值税变化较大（10%）搭配组合时，人均劳动报酬增长率与劳动生产率增长率比值都达到增税或减税波动差异的最大值。可见，为促进两者同步增长，在不同条件下可以充分利用两者反应不同的特点，当人均劳动报酬增速慢于劳动生产率增速时，可以采取小幅降低农业增值税、适中降低工业增值税和大幅降低服务业增值税的政策组合；当人均劳动报酬增速快于劳动生产率增速时，也可以采取小幅增加农业增值税、适中增加工业增值税、大幅增加服务业增值税的政策组合。

二、所得税变化的影响

本章构建的CGE模型中包括居民所得税和企业所得税，此处模拟所得税变化对人均劳动报酬和劳动生产率增长同步性影响的冲击，分为三种情况：一是模拟居民所得税变化的情形；二是模拟企业所得税变化的情形；三是模拟居民所得税和企业所得税同时发生变化的情形。

（一）居民所得税变化

首先模拟居民所得税增加1%、5%和10%的情形；其次模拟居民所得税减少1%、5%和10%的情形，比较六种情形下的GDP、劳动报酬和劳动生产率相关变量的冲击效应（见表6-14）。

表 6－14　居民所得税变化对劳动报酬和劳动生产率的冲击模拟

变量	分类	GDP	人均劳动报酬	劳动生产率	两者比值	增长率之比	要素份额之比
	基准值	692787.466	1	1.956	0.511	—	1.452
居民所得税+1%	模拟值	692787.466	1.000	1.956	0.511	—	1.452
	变化率	5.04E－16	0.000	4.54E－16	－2.22E－16	0.000	－4.44E－16
居民所得税+5%	模拟值	692787.466	1.000	1.956	0.511	—	1.452
	变化率	5.04E－16	0.000	4.54E－16	－2.22E－16	0.000	－4.44E－16
居民所得税+10%	模拟值	692787.466	1.000	1.956	0.511	—	1.452
	变化率	5.04E－16	0.000	4.54E－16	－2.22E－16	0.000	－4.44E－16
居民所得税－1%	模拟值	692787.466	1.000	1.956	0.511	—	1.452
	变化率	3.36078E－16	0.000	2.27E－16	－1.11E－16	0.000	－4.44E－16
居民所得税－5%	模拟值	692787.466	1.000	1.956	0.511	—	1.452
	变化率	5.04E－16	0.000	4.54E－16	－2.22E－16	0.000	－4.44E－16
居民所得税－10%	模拟值	692787.466	1.000	1.956	0.511	—	1.452
	变化率	5.04E－16	0.000	4.54E－16	－2.22E－16	0.000	－4.44E－16

注：居民所得税正向扩大到1.4倍时，数据才有变化，但变化亦不明显。

模拟的结果显示，随着居民所得税从增加1%到增加10%或下降1%到下降10%，GDP增长率都呈现正向增加、人均劳动报酬都呈现负向下降和劳动生产率都呈现正向增加，但三个变量变化皆不明显，各数据已经到小数点后16位，说明其值很小。这与本章的CGE模型设置结构密切相关，前面CGE模型中假设居民除劳动要素和资本要素获得相应的报酬外，还会获得企业转移支付、政府转移支付和其他净转移收入，均衡的约束使转移性收入的稳定器功能大大增强，抵消了居民所得税的调节能力，因此，居民所得税调节能力较弱。

（二）企业所得税变化

首先模拟企业所得税增加1%、5%和10%的情形；其次模拟企业所得税减少1%、5%和10%的情形，比较六种情形下的GDP、劳动报酬和劳动生产率相关变量的冲击效应（见表6－15）。

表 6－15　　企业所得税变化对劳动报酬和劳动生产率的冲击模拟

变量	分类	GDP	人均劳动报酬	劳动生产率	两者比值	增长率之比	要素份额之比
	基准值	692787.466	1	1.956	0.511	—	1.452
企业所得税+1%	模拟值	692376.963	0.998	1.955	0.510	—	1.445
	变化率	－5.93E－4	－0.002	－5.93E－4	－7.47E－4	3.463	－0.007
企业所得税+5%	模拟值	690816.073	0.990	1.951	0.507	—	1.417
	变化率	－0.003	－0.010	－0.003	－0.004	3.655	－0.035
企业所得税+10%	模拟值	689159.049	0.979	1.946	0.503	—	1.381
	变化率	－0.005	－0.021	－0.005	－0.008	4.039	－0.071
企业所得税－1%	模拟值	693201.765	1.002	1.958	0.512	—	3.409
	变化率	5.98E－4	0.002	5.98E－4	7.36E－4	3.409	0.007
企业所得税－5%	模拟值	694841.284	1.010	1.962	0.515	—	1.487
	变化率	0.003	0.010	0.003	0.004	3.392	0.035
企业所得税－10%	模拟值	696601.354	1.020	1.967	0.518	—	1.522
	变化率	0.006	0.020	0.006	0.007	3.588	0.070

模拟的结果显示，随着企业所得税从增加1%到增加10%，GDP下降，增长率从－0.0593%下降到－0.5%；人均劳动报酬从基准值1下降到0.979，下降幅度从0.2%到2.1%；劳动生产率从基准值1.956下降到1.946，下降幅度从0.0593%到0.5%；人均劳动报酬与劳动生产率的比值从基准值0.511下降到0.503，下降幅度从0.0747%到0.8%；人均劳动报酬增长率与劳动生产率增长率的比值从3.463增加到4.039；劳动报酬份额与资本报酬份额之比从基准值1.452下降到1.381，下降幅度从0.7%到7.1%。

随着企业所得税从下降1%到下降10%，GDP增长率为正，增加幅度从0.0598%到0.6%；人均劳动报酬从基准值1增加到1.020，上涨幅度从0.2%到2%；劳动生产率从基准值1.956增加到1.967，上涨幅度从0.0598%到0.6%；人均劳动报酬与劳动生产率的比值从基准值0.511增加到0.518，上涨幅度从0.0736%到0.7%；人均劳动报酬增长率与劳动生产率增长率的比值从3.409降低到3.392，再增加到3.588；劳动报酬份额与资本报酬份额之比从基准值1.452增加到1.522，上涨幅度从0.7%到7%。

模拟结果表明，企业所得税下降有利于GDP、人均劳动报酬和劳动生产率提升；在企业所得税变化的冲击下，人均劳动报酬与劳动生产率反应方向一致，即随着企业所得税下降，人均劳动报酬增加，劳动生产率增加，反之则相反；

但企业所得税变化对人均劳动报酬的影响相对劳动生产率更大。可见，为促进两者同步增长，在劳动报酬增速低于劳动生产率增速的情况下，可以通过降低企业所得税的方式促进两者同步增长；反之，在劳动报酬增长率增速超过劳动生产率增速的情况下，可以通过增加企业所得税的方式促进两者同步增长。

（三）居民所得税和企业所得税同时变化

一方面模拟居民所得税和企业所得税同步增加1%和5%，以及同步下降1%和5%的情形；另一方面模拟居民所得税和企业所得税一增一减幅度不一致的情形，比较10种情形下的GDP、劳动报酬和劳动生产率相关变量的冲击效应（见表6-16）。

表6-16　两种要素供给同时变化对劳动报酬和劳动生产率的冲击模拟

变量	分类	GDP	人均劳动报酬	劳动生产率	两者比值	增长率之比	要素份额之比
	基准值	692787.466	1	1.956	0.511	—	1.452
居民所得税+1%	模拟值	692376.963	0.998	1.955	0.510	—	1.445
企业所得税+1%	变化率	-5.93E-4	-0.002	-5.93E-4	-7.47E-4	3.463	-0.007
居民所得税+5%	模拟值	690816.073	0.990	1.951	0.507	—	1.417
企业所得税+5%	变化率	-0.003	-0.010	-0.003	-0.004	3.655	-0.035
居民所得税-1%	模拟值	693201.765	1.002	1.958	0.512	—	1.459
企业所得税-1%	变化率	5.98E-4	0.002	5.98E-4	7.36E-4	3.409	0.007
居民所得税-5%	模拟值	694841.284	1.010	1.962	0.515	—	1.487
企业所得税-5%	变化率	0.003	0.010	0.003	0.004	3.392	0.035
居民所得税+1%	模拟值	693201.765	1.002	1.958	0.512	—	1.459
企业所得税-1%	变化率	5.98E-4	0.002	5.98E-4	7.36E-4	3.409	0.007
居民所得税-1%	模拟值	692376.963	0.998	1.955	0.510	—	1.445
企业所得税+1%	变化率	-5.93E-4	-0.002	-5.93E-4	-7.47E-4	3.463	-0.007
居民所得税+1%	模拟值	694841.284	1.010	1.962	0.515	—	1.487
企业所得税-5%	变化率	0.003	0.010	0.003	0.004	3.392	0.035
居民所得税+5%	模拟值	693201.765	1.002	1.958	0.512	—	1.459
企业所得税-1%	变化率	5.98E-4	0.002	5.98E-4	7.36E-4	3.409	0.007
居民所得税-5%	模拟值	692376.963	0.998	1.955	0.510	—	1.445
企业所得税+1%	变化率	-5.93E-4	-0.002	-5.93E-4	-7.47E-4	3.463	-0.007
居民所得税-1%	模拟值	690816.073	0.990	1.951	0.507	—	1.417
企业所得税+5%	变化率	-0.003	-0.010	-0.003	-0.004	3.655	-0.035

注：E为科学计数法。

居民所得税和企业所得税同步增加1%、5%的结果显示，GDP下降，增长率从-0.0593%到-0.3%；人均劳动报酬从原始值1降为0.990，下降幅度从0.2%到1%；劳动生产率从基准值1.956下降到1.951，下降幅度从0.0593%到0.3%；人均劳动报酬与劳动生产率的比值从基准值0.511下降到0.507，下降幅度从0.0747%到0.4%；人均劳动报酬增长率与劳动生产率增长率的比值从3.463增加到3.655；劳动报酬份额与资本报酬份额之比从基准值1.452下降到1.417，下降幅度从0.7%到3.5%。

随着居民所得税和企业所得税从1%下降到5%的结果与上述数值一致，但方向相反，具体为：GDP增长率为正，上涨幅度从0.0598%到0.3%；人均劳动报酬从基准值1增加到1.010，上涨幅度从0.2%到1%；劳动生产率从基准值1.956增加到1.962，上涨幅度从0.0598%到0.3%；人均劳动报酬与劳动生产率的比值从基准值0.511增加到0.515，上涨幅度从0.0736%到0.4%；人均劳动报酬增长率与劳动生产率增长率的比值从3.409下降到3.392；劳动报酬份额与资本报酬份额之比从基准值1.452增加到1.487，上涨幅度从0.7%到3.5%。

居民所得税和企业所得税一增一减幅度不一致情形模拟的结果显示，以居民所得税增加5%、企业所得税下降1%与居民所得税下降1%以及企业所得税增加5%为例进行说明。前者情形下，GDP增长率为0.0598%、人均劳动报酬增长率为0.2%、劳动生产率增长率为0.0598%、两者比值增长率为0.0736%、两者增长率比值为3.409、要素份额增长率为0.7%；后者情形下，GDP增长率为-0.3%、人均劳动报酬增长率为-1%、劳动生产率增长率为-0.3%、两者比值增长率为-0.4%、两者增长率比值为3.655、要素份额增长率为负3.5%。其他情形解释与此类似。

模拟结果表明，当居民所得税与企业所得税联合冲击时，仍以企业所得税的变化冲击为主；居民所得税的作用方向与企业所得税的作用方向一致，但其作用微弱。可见，为促进两者同步增长，在劳动报酬增速低于劳动生产率增速的情况下，可以通过降低企业所得税、辅之降低居民所得税的方式促进两者同步增长；反之，在劳动报酬增长率增速超过劳动生产率增速的情况下，可以通过增加企业所得税、辅之增加居民所得税的方式促进两者同步增长。

三、关税变化的影响

本章构建CGE模型中的关税包括出口退税和进口关税，此处模拟关税变化对人均劳动报酬和劳动生产率同步性的影响，分为三种情况：一是模拟出口退税变化的情形；二是模拟进口关税变化的情形；三是模拟出口退税和进口关税同时发生变化的情形。

（一）出口退税变化

首先模拟出口退税增加1%、5%和10%的情形；其次模拟出口退税减少1%、5%和10%的情形，比较六种情形下的GDP、劳动报酬和劳动生产率相关变量的冲击效应（见表6－17）。

表6－17　出口退税变化对劳动报酬和劳动生产率的冲击模拟

变量	分类	GDP	人均劳动报酬	劳动生产率	两者比值	增长率之比	要素份额之比
	基准值	692787.466	1	1.956	0.511	—	1.452
出口退税+1%	模拟值	695187.606	1.001	1.963	0.510	—	1.453
	变化率	0.003	7.726E－4	0.003	－0.001	0.223	0.001
出口退税+5%	模拟值	708751.937	1.005	2.002	0.502	—	1.459
	变化率	0.023	0.005	0.023	－0.009	0.211	0.007
出口退税+10%	模拟值	723523.019	1.010	2.043	0.494	—	1.467
	变化率	0.044	0.010	0.044	－0.017	0.227	0.015
出口退税－1%	模拟值	690706.275	0.999	1.951	0.512	—	1.451
	变化率	－0.003	－6.84E－4	－0.003	0.001	0.228	－9.93E－4
出口退税－5%	模拟值	684802.248	0.997	1.934	0.516	—	1.448
	变化率	－0.012	－0.003	－0.012	0.005	0.235	－0.004
出口退税－10%	模拟值	680720.806	0.996	1.922	0.518	—	1.446
	变化率	－0.017	－0.004	－0.017	0.007	0.241	－0.006

模拟结果显示，随着出口退税从增加1%到增加10%，GDP增长率为正，上涨幅度从0.3%到4.4%；人均劳动报酬从基准值1上涨到1.010，上涨幅度从0.0726%到1%；劳动生产率从基准值1.956增加到2.043，上涨幅度从0.3%到4.4%；人均劳动报酬与劳动生产率的比值从基准值0.511下降到0.494，下降幅度从0.1%到1.7%；人均劳动报酬增长率与劳动生产率增长率的比值从0.223下降到0.211、再增加到0.227；劳动报酬份额与资本报酬份额之比从基准值1.452增加到1.467，上涨幅度从

0.1%到1.5%。

随着出口退税从下降1%到下降10%，GDP下降，增长率为-0.3%到降到-1.7%；人均劳动报酬从基准值1下降到0.996，下降幅度从0.0684%到0.4%；劳动生产率从基准值1.956下降到1.922，下降幅度从0.3%到1.7%；人均劳动报酬与劳动生产率的比值从基准值0.511增加到0.518，上涨幅度从0.1%到0.7%；人均劳动报酬增长率与劳动生产率增长率的比值从0.228增加到0.241；劳动报酬份额与资本报酬份额之比从基准值1.452下降到1.446，下降幅度从0.0993%到0.6%。

模拟结果表明，出口退税增加有利于GDP、人均劳动报酬和劳动生产率提升；在出口退税变化的冲击下，人均劳动报酬与劳动生产率反应方向一致，即随着出口退税增加，人均劳动报酬增加、劳动生产率增加，反之则相反；但出口退税变化对劳动生产率的影响相对人均劳动报酬更大。可见，为促进两者同步增长，在劳动报酬增速高于劳动生产率增速的情况下，可以通过增加出口退税的方式促进两者同步增长；反之，在劳动报酬增长率增速低于劳动生产率增速的情况下，可以通过降低出口退税的方式促进两者同步增长。

（二）进口税变化

首先模拟进口税增加1%、5%和10%的情形；其次模拟进口税减少1%、5%和10%的情形，比较六种情形下的GDP、劳动报酬和劳动生产率相关变量的冲击效应（见表6-18）。

表6-18　进口税变化对劳动报酬和劳动生产率的冲击模拟

变量	分类	GDP	人均劳动报酬	劳动生产率	两者比值	增长率之比	要素份额之比
	基准值	692787.466	1	1.956	0.511	—	1.452
进口税+1%	模拟值	692943.491	1.000	1.957	0.511	—	1.452
	变化率	2.25E-4	-7.25E-5	2.25E-4	-1.52E-4	-0.322	-1.05E-4
进口税+5%	模拟值	693554.670	1.000	1.959	0.510	—	1.452
	变化率	0.001	-3.75E-4	0.001	-7.57E-4	-0.338	-5.44E-4
进口税+10%	模拟值	694294.834	0.999	1.961	0.510	—	1.451
	变化率	0.002	-7.78E-4	0.002	-0.002	-0.357	-0.001

续表

变量	分类	GDP	人均劳动报酬	劳动生产率	两者比值	增长率之比	要素份额之比
	基准值	692787.466	1	1.956	0.511	—	1.452
进口税-1%	模拟值	692629.993	1.000	1.956	0.511	—	1.452
	变化率	-2.27E-4	7.11E-5	-2.27E-4	1.53E-4	-0.313	1.03E-4
进口税-5%	模拟值	691983.894	1.000	1.954	0.512	—	1.453
	变化率	-0.001	3.41E-4	-0.001	7.68E-4	-0.294	4.96E-4
进口税-10%	模拟值	691132.458	1.001	1.952	0.513	—	1.453
	变化率	-0.002	6.42E-4	-0.002	0.002	-0.269	9.33E-4

模拟结果显示，随着进口税从增加1%到增加10%，GDP增加，增长率从0.0225%上升到0.2%；人均劳动报酬从基准值1下降到0.999，下降幅度从0.0725%到0.0778%；劳动生产率从基准值1.956增加到1.961，上涨幅度从0.0225%到0.2%；人均劳动报酬与劳动生产率的比值从基准值0.511下降到0.510，下降幅度从0.0152%到0.2%；人均劳动报酬增长率与劳动生产率增长率的比值从-0.322到-0.357；劳动报酬份额与资本报酬份额之比从基准值1.452下降到1.451，下降幅度从0.0105%到0.1%。

随着进口税从下降1%到下降10%，GDP下降，增长率从-0.0227%下降到-0.2%；人均劳动报酬从基准值1增加到1.001，上涨幅度从0.00711%到0.0642%；劳动生产率从基准值1.956下降到1.952，下降幅度从0.0227%到0.2%；人均劳动报酬与劳动生产率的比值从基准值0.511增加到0.513，上涨幅度从0.0153%到0.2%；人均劳动报酬增长率与劳动生产率增长率的比值从-0.313到-0.269；劳动报酬份额与资本报酬份额之比从基准值1.452增加到1.453，上涨幅度从0.0103%到0.0933%。

模拟结果表明，进口税增加有利于GDP和人均劳动报酬提升，但会使劳动生产率下降；在进口税变化的冲击下，人均劳动报酬与劳动生产率反应方向相反，即随着进口税增加，人均劳动报酬增加、劳动生产率下降，反之则相反；但大部分情况下进口税变化对劳动生产率的影响相对人均劳动报酬更大。可见，为促进两者同步增长，在劳动报酬增速低于劳动生产率增速的情况下，可以通过增加进口税的方式促进两者同步增长；反之，在劳动报酬增长率增速高于劳动生产率增速的情况下，可以通过降低进口税的方式促进两者同步增长。

（三）出口退税与进口税同时变化

一方面，模拟出口退税和进口税同步增加 1% 和 5% 及同步下降 1% 和 5% 的情形；另一方面，模拟出口退税和进口税一增一减幅度不一致的情形，比较 10 种情形下的 GDP、劳动报酬和劳动生产率相关变量的冲击效应（见表 6－19）。

表 6－19　出口退税和进口税同时变化对劳动报酬和劳动生产率的冲击模拟

变量	分类	GDP	人均劳动报酬	劳动生产率	两者比值	增长率之比	要素份额之比
	基准值	692787.466	1	1.956	0.511	—	1.452
出口退税＋1% 进口税＋1%	模拟值	695344.651	1.001	1.964	0.510	—	1.453
	变化率	0.004	6.94E－4	0.004	－0.002	0.188	0.001
出口退税＋5% 进口税＋5%	模拟值	709583.993	1.004	2.004	0.501	—	1.458
	变化率	0.024	0.004	0.024	－0.010	0.178	0.006
出口退税－1% 进口税－1%	模拟值	690550.034	0.999	1.950	0.512	—	1.451
	变化率	－0.003	－6.17E－4	－0.003	0.001	0.191	－8.96E－4
出口退税－5% 进口税－5%	模拟值	684049.655	0.998	1.932	0.516	—	1.448
	变化率	－0.013	－0.002	－0.013	0.005	0.194	－0.004
出口退税＋1% 进口税－1%	模拟值	695029.533	1.001	1.963	0.510	—	1.453
	变化率	0.003	8.49E－4	0.003	－0.001	0.262	0.001
出口退税－1% 进口税＋1%	模拟值	690860.736	0.999	1.951	0.512	—	1.451
	变化率	－0.003	－7.51E－4	－0.003	0.001	0.270	－0.001
出口退税＋1% 进口税－5%	模拟值	694385.478	1.001	1.961	0.511	—	1.454
	变化率	0.002	0.001	0.002	－5.93E－4	0.496	0.002
出口退税＋5% 进口税－1%	模拟值	708589.752	1.005	2.001	0.502	—	1.459
	变化率	0.023	0.005	0.023	－0.009	0.218	0.007
出口退税－5% 进口税＋1%	模拟值	684945.089	0.997	1.934	0.516	—	1.448
	变化率	－0.011	－0.003	－0.011	0.004	0.244	－0.004
出口退税－1% 进口税＋5%	模拟值	691462.488	0.999	1.953	0.512	—	1.451
	变化率	－0.002	－0.001	－0.002	4.49E－4	0.542	－0.002

出口退税和进口税同步增加 1%、5% 及同步下降 1%、5% 模拟的结果显示，在前者情形下：GDP 增加，增长率从 0.4% 到 2.4%；人均劳动报酬从原

始值 1 增加到 1. 004，上涨幅度从 0. 0694% 到 0. 4%；劳动生产率从基准值 1. 956 增加到 2. 004，上涨幅度从 0. 4% 到 2. 4%；人均劳动报酬与劳动生产率的比值从基准值 0. 511 下降到 0. 501，下降幅度从 0. 2% 到 1%；人均劳动报酬增长率与劳动生产率增长率的比值从 0. 188 下降到 0. 178；劳动报酬份额与资本报酬份额之比从基准值 1. 452 增加到 1. 458，上涨幅度从 0. 1% 到 0. 6%。

随着企业所得税从下降 1% 到下降 5%，GDP 下降，增长率从 -0. 3% 到 -1. 3%；人均劳动报酬从基准值 1 降低到 0. 998，降低幅度从 0. 0617% 到 0. 2%；劳动生产率从基准值 1. 956 下降到 1. 932，下降幅度从 0. 3% 到 1. 3%；人均劳动报酬与劳动生产率的比值从基准值 0. 511 增加到 0. 516，上涨幅度从 0. 1% 到 0. 5%；人均劳动报酬增长率与劳动生产率增长率的比值从 0. 191 增加到 0. 194；劳动报酬份额与资本报酬份额之比从基准值 1. 452 下降到 1. 448，下降幅度从 0. 0896% 到 0. 4%。

出口退税和进口税一增一减幅度不一致情形模拟的结果显示，以出口退税增加 5%、进口税下降 1% 和出口退税下降 1%、进口税增加 5% 为例进行说明。在前者情形下，GDP 增长率为 2. 3%、人均劳动报酬增长率为 0. 5%、劳动生产率增长率为 2. 3%、两者比值增长率为 -0. 9%、两者增长率比值为 0. 218、要素份额增长率为 0. 7%；在后者情形下，GDP 增长率为 -0. 2%、人均劳动报酬增长率为 -1%、劳动生产率增长率为 -0. 2%、两者比值增长率为 0. 0449%、两者增长率比值为 0. 542、要素份额增长率为 -0. 2%。其他情形解释与此类似。

模拟结果表明，当出口退税与进口税联合变化冲击时，两者同时增加更有利于 GDP、人均劳动报酬和劳动生产率增加；任何形式下劳动生产率的反应幅度均强于人均劳动报酬。可见，为促进两者同步增长，在劳动报酬增速低于劳动生产率增速的情况下，可以通过适当增加出口退税、较大增加进口税的方式促进两者同步增长；反之，在劳动报酬增长率增速超过劳动生产率增速的情况下，可以通过较大增加出口退税、适度降低进口税的方式促进两者同步增长。

第七章　中国劳动报酬与劳动生产率同步增长的动态模拟

上一章利用CGE模型，模拟了劳动要素供给变化、资本要素供给变化以及两者同时变化的影响；模拟了总体增值税变化、行业增值税变化一致及不一致的影响；模拟了居民所得税、企业所得税及两者同时变化的影响；模拟了进口税变化、出口退税变化以及两者同时变化的影响。该模拟为确定性冲击模拟，利用比较静态分析，比较基准均衡值和确定性冲击发生后的新均衡值之间的差异，是两个长期状态之间的比较。至于随机冲击及两个稳态值中间变量的动态演绎过程则需要利用DSGE模型进行。本章将构建一个包含两类家庭、两类厂商、政府和中央银行、国外的小型开放经济的NK-DSGE模型，在保留要素供给冲击和企业所得税的基础上，将增值税细分为劳动所得税和资本所得税、补充两类消费税；将对外贸易账户转化为引入包含风险的国际债券，探讨要素供给随机冲击和税收政策随机冲击发生时，劳动报酬和劳动生产率相关指标的变化方向、变化时长和变化幅度，从而判断政策作用的时效性及其对两者同步性的影响。

第一节　中国异质性家庭NK-DSGE模型构建

按照能否参与金融市场，本书将家庭划分为传统的李嘉图家庭和非李嘉图家庭。李嘉图家庭能够参与金融市场，通过劳动、资本和国际债券获取收入；非李嘉图家庭不能参与金融市场，只能通过劳动获取收入，同时会获得政府转移支付。厂商分为中间产品厂商和最终产品厂商。中间产品厂商通过雇佣劳动和资本生产出具有差异化的产品；最终产品厂商将中间产品打包成最终产品出售给家庭。政府选择税收政策，对消费、劳动所得、资本所得和企业所得征税，获得的税收收入用于政府购买、公共投资和一次性转移支付；同时政府能够制定相应的政策引导要素供给变化。中央银行依据泰勒规则确定名义利率变动机制。各模块方程具体设置如下。

一、异质性家庭

Campbell 和 Mankiw（1989）①认为，只有部分家庭会依据其对未来收入的预期进行跨期消费配置，其余家庭则简单地消费掉所有当期收入。本书参照 Motta 和 Tirelli（2012）②对家庭部门的设定，假设市场中存在两类家庭，李嘉图家庭代表可通过跨期资源配置最大化其效用的家庭，用下标 R 表示；非李嘉图家庭代表不具有跨期资源配置能力的家庭，每一期的收入全部用于消费，用下标 NR 表示。

（一）李嘉图家庭

李嘉图家庭通过消费获得正效用、劳动获得负效用，进而通过理性选择消费和劳动使其终身效用最大化。此外，考虑到每个家庭的消费会受前期消费习惯的影响，引进消费习惯变量，从而消费所带来的效用不仅会依赖于当期消费水平，也会依赖于前期消费水平。效用函数设定如下：

$$\max_{C_{R,t},K_{t+1}^{P},U_t,I_t^P,B_{t+1}} E_t\sum_{t=0}^{\infty}\beta^t\left[\frac{(C_{R,t}-\phi_c C_{R,t-1})^{1-\sigma}}{1-\sigma}-S_{R,t}^{H}\frac{H_{R,t}^{1+\varphi}}{1+\varphi}\right] \tag{7.1}$$

其中，$C_{R,t}$代表李嘉图家庭消费；$H_{R,t}$代表李嘉图家庭劳动；参数 β 为贴现因子（$0<\beta<1$）；ϕ_c为家庭消费习惯参数；σ 为跨期消费替代弹性的倒数；φ 为劳动供给弹性的倒数；$S_{R,t}^{H}$为李嘉图家庭劳动供给冲击。

李嘉图家庭为厂商提供劳动和私人资本，分别获得劳动收入与资本收入；购买政府发行债券，到期获得债券收入；参与厂商生产决策，获得相应利润；收入之和用于私人消费和投资。此外，本书考虑资本利用率问题，并假设物质资本折旧不是一个常数，而是资本利用率的一个函数，越高的资本利用程

---

① Campbell J Y, Mankiw N G. Consumption, income, and interest rates: Reinterpreting the time series evidence [J]. NBER macroeconomics annual, 1989, 4: 185 –216.

② Motta G, Tirelli P. Optimal simple monetary and fiscal rules under limited asset market participation [J]. Journal of Money, Credit and Banking, 2012, 44 (7): 1351 –1374.

度越会加速折旧。参照 Smets 和 Wouters（2003）① 以及 Christiano、Eichenbaum 和 Evans（2005）②，将 $\Psi(U_t)$ 定义为由于资本利用率变化导致的使用成本变化，且 $\Psi(U_t)'>0$、$\Psi(U_t)''>0$，具体函数形式为 $\Psi(U_t)=\Psi_1(U_t-1)+\frac{\Psi_2}{2}(U_t-1)^2$。因此，李嘉图家庭的跨期预算约束方程设定如下：

$$P_t(1+\tau_t^{cr})(C_{R,t}+I_t^P)+e_tB_t=\left\{R_tU_tK_{t-1}^P-P_tK_{t-1}^P\left[\Psi_1(U_t-1)+\frac{\Psi_2}{2}(U_t-1)^2\right]\right\}(1-\tau_t^k)+W_tH_{R,t}(1-\tau_t^h)+e_t(1+r_{t-1}^f)B_{t-1}+Prof_t \tag{7.2}$$

其中，P_t表示一般价格水平；I_t^P表示李嘉图家庭的私人投资；B_t表示李嘉图家庭购买的国际债券；r_{t-1}^f表示国际实际利率；W_t表示工资率；K_{t-1}^P表示家庭提供的私人资本；R_t表示资本收益率；U_t表示资本利用率；$Prof_t$表示李嘉图家庭所获得的厂商利润；Ψ_1、Ψ_2表示资本利用的灵敏度参数；τ_t^{cr}、τ_t^h、τ_t^k分别表示李嘉图家庭消费税税率、劳动所得税税率和资本所得税税率。

标准的 NK-DSGE 模型假定投资过程中资本存量能够不受限制地从当期转移到下一期，当某个冲击影响最优资本存量时，厂商通过调整投资决策，能使资本存量在没有任何转换成本的情况下保持最优。现实中，由于厂房、机械设备等物质资本投资周期长、调整缓慢，可能会发生沉没成本或转换成本，因此，本书加入投资调整成本，参考 Christiano、Eichenbaum 和 Evans（2005）③最终资本积累方程设定如下：

$$K_t^P=(1-\delta)K_{t-1}^P+S_t^KI_t^P\left[1-\frac{\chi}{2}\left(\frac{I_t^P}{I_{t-1}^P}-1\right)^2\right] \tag{7.3}$$

其中，δ是私人资本的折旧率；χ是投资调整成本的灵敏度参数；S_t^K是私人资本要素供给冲击。

李嘉图家庭跨期效用最大化的一阶条件为：

① Smets F, Wouters R. An estimated dynamic stochastic general equilibrium model of the euro area [J]. Journal of the European economic association, 2003, 1 (5): 1123-1175.

②③ Christiano L J, Eichenbaum M, Evans C L. Nominal rigidities and the dynamic effects of a shock to monetary policy [J]. Journal of political Economy, 2005, 113 (1): 1-45.

$$\lambda_{R,t} = \frac{(C_{R,t} - \phi_c C_{R,t-1})^{-\sigma}}{P_t(1+\tau_t^{cr})} - \phi_c \beta \frac{(E_t C_{R,t+1} - \phi_c C_{R,t})^{-\sigma}}{P_t(1+\tau_t^{cr})} \tag{7.4}$$

$$Q_t = \beta E_t \left\{ \begin{array}{c} (1-\delta) Q_{t+1} + \lambda_{R,t+1} R_{t+1} U_{t+1} (1-\tau_{t+1}^k) \\ -\lambda_{R,t+1} P_{t+1} \left[\Psi_1 (U_{t+1} - 1) + \frac{\Psi_2}{2} (U_{t+1} - 1)^2 \right] (1-\tau_{t+1}^k) \end{array} \right\} \tag{7.5}$$

$$\frac{R_t}{P_t} = \Psi_1 + \Psi_2 (U_{t+1} - 1) \tag{7.6}$$

$$\lambda_{R,t} P_t (1+\tau_t^{cr}) - Q_t S_t^k \left[1 - \frac{\chi}{2} \left(\frac{I_t^P}{I_{t-1}^P} - 1 \right)^2 - \chi \frac{I_t^P}{I_{t-1}^P} \left(\frac{I_t^P}{I_{t-1}^P} - 1 \right) \right] = \chi \beta E_t \left[Q_{t+1} S_{t+1}^k \left(\frac{I_{t+1}^P}{I_t^P} \right)^2 \left(\frac{I_{t+1}^P}{I_t^P} - 1 \right) \right] \tag{7.7}$$

$$\frac{\lambda_{R,t}}{R_t^B} = \beta E_t \lambda_{R,t+1} \tag{7.8}$$

其中，$\lambda_{R,t}$是李嘉图家庭预算约束对应的拉格朗日乘子，表示李嘉图家庭消费的影子价格；Q_t是资本积累动态方程对应的拉格朗日乘子，表示李嘉图家庭私人资本的影子价格，即托宾 Q 比例。

（二）非李嘉图家庭

非李嘉图家庭的效用函数形式设定与李嘉图家庭一致，具体表示如下：

$$\max_{C_{NR,t}} E_t \sum_{t=0}^{\infty} \beta^t \left[\frac{(C_{NR,t} - \phi_c C_{NR,t-1})^{1-\sigma}}{1-\sigma} - S_{NR,t}^H \frac{H_{NR,t}^{1+\varphi}}{1+\varphi} \right] \tag{7.9}$$

其中，$C_{NR,t}$代表非李嘉图家庭消费；$H_{NR,t}$代表非李嘉图家庭劳动；参数 β、ϕ_c、σ 和 φ 释义与李嘉图家庭一致。非李嘉图家庭为厂商提供劳动获取劳动收入，还有一部分收入来源于政府给予的转移支付，所有收入全部用于当期消费，满足以下预算约束：

$$P_t (1+\tau_t^{cnr}) C_{NR,t} = W_t H_{NR,t} (1-\tau_t^h) + P_t TRANS_t \tag{7.10}$$

其中，$TRANS_t$表示政府给予非李嘉图家庭的转移支付；τ_t^{cnr}表示非李嘉图家庭消费税税率。非李嘉图家庭效用最大化问题的一阶条件为：

$$\lambda_{NR,t} = \frac{(C_{NR,t} - \phi_c C_{NR,t-1})^{-\sigma}}{P_t(1+\tau_t^{cnr})} - \phi_c \beta \frac{(E_t C_{NR,t+1} - \phi_c C_{NR,t})^{-\sigma}}{P_t(1+\tau_t^{cnr})} \tag{7.11}$$

（三）工资的确定

本书基于垄断竞争的劳动力市场假定，假定工资具有黏性特征。根据Calvo① 规则，确定家庭的最优工资：即假设每期有 θ_W 比例的家庭会维持上一期的工资（$W_{j,t}=W_{j,t-1}$），有（$1-\theta_W$）比例的家庭会获得最优工资。工资优化问题为：

$$\max_{W_{j,t}^*} E_t\sum_{i=0}^{\infty}(\beta\theta_W)^i\left\{\begin{array}{c}-S_{x,t}^H\dfrac{1}{1+\varphi}\left[H_{x,t+i}\left(\dfrac{W_{t+i}}{W_{j,t}^*}\right)^{\psi_W}\right]^{1+\varphi}\\+\lambda_{t+i}\left[W_{j,t}^*H_{x,t+i}\left(\dfrac{W_{t+i}}{W_{j,t}^*}\right)^{\psi_W}\right](1-\tau_{t+i}^h)\end{array}\right\},x\in(R,NR) \tag{7.12}$$

其中，ψ_W为不同劳动力之间的替代弹性；W^*为调整后的最优工资，即：

$$W_{j,t}^*=\left(\frac{\psi_W}{\psi_W-1}\right)\frac{E_t\sum_{i=0}^{\infty}(\beta\theta_W)^i(H_{x,j,t})^{\varphi+1}S_{x,t}^H}{E_t\sum_{i=0}^{\infty}(\beta\theta_W)^i[\lambda_{x,t+i}H_{x,j,t+i}(1-\tau_{t+i}^h)]} \tag{7.13}$$

最终加总的工资为：

$$W_t=[\theta_W W_{t-1}{}^{1-\psi_W}+(1-\theta_W)(W_t^*)^{1-\psi_W}]^{\frac{1}{1-\psi_W}} \tag{7.14}$$

二、代表性厂商

本书以 Dixit 和 Stiglitz（1977）② 垄断竞争模型为基础，假定中间产品厂商所在市场为垄断竞争市场，对其产品有垄断定价权，能生产连续分布的多种差异化中间产品，中间产品用下标 $j\in[0,1]$ 表示；最终产品厂商所在市场是完全竞争市场，通过对中间产品打包生产成最终产品。

（一）最终产品厂商

假设最终产品厂商采用不变替代弹性（CES）生产函数，即：

---

① Calvo G A. Staggered prices in a utility-maximizing framework [J]. Journal of monetary Economics, 1983, 12 (3): 383 -398.

② Dixit A K, Stiglitz J E. Monopolistic competition and optimum product diversity [J]. The American economic review, 1977, 67 (3): 297 -308.

$$Y_t = \left(\int_0^1 Y_{j,t}^{\frac{\psi-1}{\psi}} dj\right)^{\frac{\psi}{\psi-1}} (\psi > 1) \tag{7.15}$$

其中，Y_t 表示产出；$Y_{j,t}$表示中间产品数量；ψ 表示不同中间产品之间的替代弹性。由于最终产品厂商所在市场是完全竞争市场，均衡状态下利润为零，获得最终产品厂商对中间产品的需求函数和最终产品定价规则为：

$$Y_{j,t} = Y_t \left(\frac{P_t}{P_{j,t}}\right)^{\psi} \tag{7.16}$$

$$P_t = \left[\int_0^1 P_{j,t}^{1-\psi} dj\right]^{\frac{1}{1-\psi}} \tag{7.17}$$

（二）中间产品厂商

对于中间产品厂商，本书采用学者（Cassou and Lansing，1998）① 使用的带有公共资本的生产函数形式，投入的三种生产要素为私人资本、劳动和公共资本；同时参考学者（Baxter and King，1993）的研究②，假设私人生产要素规模报酬不变（$\alpha_1 + \alpha_2 = 1$），而整体生产函数规模报酬递增（$\alpha_1 + \alpha_2 + \alpha_3 > 1$），即：

$$Y_{j,t} = A_t (U_t K_{j,t-1}^P)^{\alpha_1} H_{j,t}^{\alpha_2} (K_{j,t-1}^G)^{\alpha_3} \tag{7.18}$$

其中，A_t是全要素生产率；K_t^G是公共资本存量；α_1、α_2、α_3分别代表私人资本、劳动、公共资本的产出贡献份额。中间产品厂商按照成本最小化进行生产，得到中间产品厂商对劳动和资本的需求数量以及边际成本为：

$$H_{j,t} = \alpha_2 MC_{j,t} \frac{Y_{j,t}}{W_t} \tag{7.19}$$

$$U_t K_{j,t-1}^P = \alpha_1 MC_{j,t} \frac{Y_{j,t}}{R_t} \tag{7.20}$$

$$MC_{j,t} = \frac{1}{A_t (K_{j,t-1}^G)^{\alpha_3}} \left(\frac{W_t}{\alpha_2}\right)^{\alpha_2} \left(\frac{R_t}{\alpha_1}\right)^{\alpha_1} \tag{7.21}$$

假定中间产品价格具有黏性价格的特征，最优价格与最优工资的确定类

---

① Cassou S P, Lansing K J. Optimal fiscal policy, public capital, and the productivity slowdown [J]. Journal of economic dynamics and control, 1998, 22 (6): 911 - 935.

② Baxter M, King R G. Fiscal policy in general equilibrium [J]. The American Economic Review, 1993, 83 (3): 315 - 334.

似，均采用 Calvo 规则：即假设每期有 θ 比例的中间产品厂商可以维持上一期的价格水平（$P_{j,t}=P_{j,t-1}$），有（1-θ）比例的中间产品厂商可以灵活调整其价格。中间产品厂商的最优化问题为：

$$\max_{P_{j,t}^*} E_t\sum_{i=0}^{\infty}(\beta\theta)^i\left[P_{j,t}^*Y_{t+i}\left(\frac{P_{t+i}}{P_{j,t}^*}\right)^{\psi}(1-\tau_t^e)-Y_{t+i}\left(\frac{P_{t+i}}{P_{j,t}^*}\right)^{\psi}MC_{j,t+i}\right] \quad (7.22)$$

其中，τ_t^e表示企业所得税税率。第 t 期可调整价格的中间产品厂商的最优产品价格为：

$$P_{j,t}^* = \left(\frac{\psi}{\psi-1}\right)\frac{E_t\sum_{i=0}^{\infty}(\beta\theta)^i Y_{j,t+i}MC_{j,t+i}}{E_t\sum_{i=0}^{\infty}(\beta\theta)^i Y_{j,t+i}(1-\tau_t^e)} \quad (7.23)$$

最终加总的价格水平为：

$$P_t=[\theta P_{t-1}{}^{1-\psi}+(1-\theta)(P_t^*)^{1-\psi}]^{\frac{1}{1-\psi}} \quad (7.24)$$

三、政府和中央银行

（一）政府

政府收入来自税收收入T_t和发行债券B_t所获得的收入；政府支出包括政府购买G_t、公共投资I_t^G和政府转移支付 TRAN S_t三个部分。因此，政府的预算约束为：

$$\frac{B_{t+1}}{R_t^B}-B_t+T_t=P_tG_t(1+\tau_t^{cg})+P_tI_t^G+P_tTRANS_t \quad (7.25)$$

其中，τ_t^{cg}为政府消费税税率。T_t等于各项税收之和，即李嘉图家庭消费税、非李嘉图家庭消费税、政府消费税、劳动所得税、资本所得税和企业所得税之和，即：

$$T_t=\tau_t^{cr}P_t(C_{R,t}+I_t^P)+\tau_t^{cnr}P_tC_{NR,t}+\tau_t^{cg}P_tG_t+\tau_t^hW_tH_t+ \tau_t^kK_{t-1}^P\left\{R_tU_t-P_t\left[\Psi_1(U_t-1)+\frac{\Psi_2}{2}(U_t-1)^2\right]\right\}+\tau_t^eP_tY_t \quad (7.26)$$

政府的要素供给冲击主要通过引导劳动要素供给和政府投资的方式进行，

其冲击形式设定如下：

$$I_t^G = \gamma_{IG} I_{t-1}^G + \left(\frac{B_t}{Y_{t-1}P_{t-1}} \frac{Y_{ss}P_{ss}}{B_{ss}}\right)^{(1-\gamma_{IG})\varphi_{IG}} + S_t^{IG} \tag{7.27}$$

$$S_t^{IG} = \rho_{IG} S_{t-1}^{IG} + \varepsilon_t^{IG} \tag{7.28}$$

为考察税收政策变化对产出、家庭收入及其分配差距的影响，本书结合各项税收政策工具的内生性特征，将其作为内生变量加入模型。参照王文甫（2010）①、Correia 和 Farhi （2013）②、朱军 （2015）③ 等，将τ_t^{cr}、τ_t^{cnr}、τ_t^{h}、τ_t^{k}、τ_t^{e}的税制形式设定为线性平滑税，即：

$$\tilde{Z}_t = \gamma_Z \tilde{Z}_{t-1} + \tilde{S}_t^Z \tag{7.29}$$

其中，$Z = \{\tau_t^{cr}, \tau_t^{cnr}, \tau_t^{h}, \tau_t^{k}, \tau_t^{e}\}$；“～”表示各变量的对数稳态偏离；$\gamma_Z$为各类税收的平滑系数。扰动项$S_t^Z$假定服从一阶自回归过程，即：

$$\log S_t^Z = \rho_Z \log S_{t-1}^Z + \varepsilon_{Z,t} \tag{7.30}$$

其中，ρ_Z表示一阶自回归系数；$\varepsilon_{Z,t}$服从于均值为零、标准差为σ_Z的相互独立正态分布。公共资本存量的积累方程仍采取 Goldsmith 的永续盘存法，即：

$$K_t^G = (1-\delta_G) K_{t-1}^G + I_t^G \tag{7.31}$$

其中，δ_G表示公共资本存量的折旧率。

（二）中央银行

中央银行常规采用的货币政策规则主要有货币供应量规则、泰勒规则和前瞻性利率规则三种。金春雨等（2018）④ 认为，在央行希望稳定经济发展指标时，泰勒规则是最佳选择。基于我国当前稳中求进的经济发展阶段，本书假定中央银行依据泰勒规则确定名义利率变动机制，参照 Smets 和 Wout-

---

① 王文甫．价格粘性、流动性约束与中国财政政策的宏观效应［J］．管理世界，2010（9）：11－25，187．

② Correia I，Farhi E，Nicolini J P，et al. Unconventional fiscal policy at the zero bound［J］．American Economic Review，2013，103（4）：1172－1211．

③ 朱军．中国宏观 DSGE 模型中的税收模式选择及其实证研究［J］．数量经济技术经济研究，2015（1）：67－81．

④ 金春雨，张龙，贾鹏飞．货币政策规则、政策空间与政策效果［J］．经济研究，2018（7）：47－58．

er（2007）[①]、王爱俭和王璟怡（2014）[②]、金春雨等（2018）、江春等（2018）[③]、王立勇和徐晓莉（2018）[④] 等，假定名义利率依据当期通胀和产出偏离水平进行调整，通胀和产出偏离水平用实际值与稳态值的对数偏离刻画，利率规则为：

$$\widetilde{R_t^B} = \gamma_R \widetilde{R_{t-1}^B} + (1-\gamma_R)(\gamma_\pi \widetilde{\pi}_t + \gamma_Y \widetilde{Y}_t) \tag{7.32}$$

其中，γ_R是利率的平滑参数；γ_Y和γ_π分别是利率相对于产出和通货膨胀 π 的敏感性参数。

四、总量方程与市场出清

消费总量方程是李嘉图家庭和非李嘉图家庭的消费之和，劳动总量方程是李嘉图家庭和非李嘉图家庭的劳动之和，加总后的总量方程表示如下：

$$C_t = C_{R,t} + C_{NR,t} \tag{7.33}$$

$$H_t = H_{R,t} + H_{NR,t} \tag{7.34}$$

在均衡状态下，国内市场出清条件为：

$$Y_t - K_{t-1}^P\left[\Psi_1(U_t - 1) + \frac{\Psi_2}{2}(U_t - 1)^2\right] = C_t + I_t^P + I_t^G + G_t \tag{7.35}$$

世界市场出清条件为：

$$B_t - (1 + r_{t-1}^f)B_{t-1} = P_t^f X_t \tag{7.36}$$

其中，X_t 代表商品总量的净出口，时期 t 国外市场的实际利率为：

$$r_t^f = r^* - a\frac{B_t}{P_t^f} \tag{7.37}$$

---

① Smets F，Wouters R. Shocks and frictions in US business cycles：A Bayesian DSGE approach [J]. American economic review，2007，97（3）：586－606.

② 王爱俭，王璟怡．宏观审慎政策效应及其与货币政策关系研究［J］．经济研究，2014（4）：17－31.

③ 江春，向丽锦，肖祖沔．货币政策、收入分配及经济福利——基于 DSGE 模型的贝叶斯估计［J］．财贸经济，2018（3）：17－34.

④ 王立勇，徐晓莉．纳入企业异质性与金融摩擦特征的政府支出乘数研究［J］．经济研究，2018（8）：100－115.

国外市场商品价格及其冲击设定：

$$P_t^f = 1 - \gamma^* + \gamma^* P_{t-1}^f + \varepsilon_t^* \tag{7.38}$$

国外市场商品价格与国内市场商品价格关系：

$$P_t^f = \frac{P_t}{e_t} \tag{7.39}$$

五、劳动报酬与劳动生产率相关变量的衡量

为衡量要素供给政策和税收政策变化对劳动报酬和劳动生产率的影响，本书单独定义了独立于模型系统之外的相关指标，该指标不参与模型系统的连锁反应，只是模型中相关内生变量与参数作用后的结果。前文中的 W 代表人均劳动报酬；LP = Y/L 代表劳动生产率，相应定义如下。

人均劳动报酬与劳动生产率之比：

$$D1 = W/LP \tag{7.40}$$

人均劳动报酬增长率：

$$RW = (W_t - Wss)/Wss \tag{7.41}$$

劳动生产率增长率：

$$RLP = (LP - LPss)/LPss \tag{7.42}$$

人均劳动报酬增长率与劳动生产率增长率之比：

$$D2 = RW/RLP \tag{7.43}$$

劳动报酬份额：

$$LW = W \times L/Y \tag{7.44}$$

资本报酬份额：

$$KR = R \times K/Y \tag{7.45}$$

劳动报酬份额与资本报酬份额之比：

$$D3 = LW/KR \tag{7.46}$$

第二节 要素供给冲击对两者同步性影响的动态模拟分析

NK-DSGE 模型与 CGE 模型一样，都享有“经济政策实验室”的美誉，而要素供给冲击模拟是检验要素供给侧结构改革实验的有效方法。上一节给出了异质性家庭的 NK-DSGE 模型的方程设置，本节将在给出方程参数值的基础上，模拟劳动要素和资本要素供给随机冲击发生时，劳动报酬与劳动生产率相关变量的变化，进而找出促进两者同步增长的路径。

一、参数赋值与参数估计

参数赋值需要符合我国经济形势的基本特征，因此，本书的参数赋值一部分通过文献参考的方式获得；另一部分根据我国实际经济数据计算得出。

（一）家庭部门参数

关于贴现因子 β，本书参照康立和龚六堂（2014）①、王玉凤和张淑芹（2015）② 和江春等（2018）③ 的取值，将其设为 0.99；按照惯例，私人资本的季度折旧率学者们普遍认为是 0.025，对应于年度折旧率 0.1，例如王玉凤和张淑芹（2015）、张岩（2017）④、蒲火元和曹宗平（2018）⑤ 等；消费习惯 φ_c 的取值与 Forni（2009）⑥、马文涛和魏福成（2011）⑦、卞志村和杨

① 康立，龚六堂．金融摩擦、银行净资产与国际经济危机传导——基于多部门 DSGE 模型分析［J］．经济研究，2014（5）：147－159.

② 王玉凤，张淑芹．财政政策冲击对社会福利及宏观经济的动态影响——基于新凯恩斯 DSGE 模型的分析［J］．中央财经大学学报，2015（4）：11－19.

③ 江春，向丽锦，肖祖沔．货币政策、收入分配及经济福利——基于 DSGE 模型的贝叶斯估计［J］．财贸经济，2018（3）：17－34.

④ 张岩．新常态下我国结构性减税和税收工具选择——基于开放经济 DSGE 模型的实证研究［J］．现代财经，2017（7）：71－88.

⑤ 蒲火元，曹宗平．生产部门的减税政策对中国宏观经济的影响——基于 DSGE 模型的研究［J］．华东经济管理，2018，32（3）：89－95.

⑥ Forni L, Monteforte L, Sessa L. The general equilibrium effects of fiscal policy: Estimates for the euro area［J］. Journal of Public economics, 2009, 93（3－4）：559－585.

⑦ 马文涛，魏福成．基于新凯恩斯动态随机一般均衡模型的季度产出缺口测度［J］．管理世界，2011（5）：39－65.

源源（2016）[①] 等一致，设为 0.7；消费跨期替代弹性的倒数 σ 参照刘斌（2008）[②]、Zhang（2009）[③]、康立和龚六堂（2014）以及杨源源（2017）[④] 的做法，设为 2；关于劳动跨期供给弹性的倒数 ϕ，国内外已有的文献对其估计值一般介于 0.5～6.5，本书借鉴杨源源（2017）和张岩（2017）做法，将其设为 1.5；投资调整成本的灵敏度参数 χ 与张佐敏（2013）[⑤] 一致，设为 2.395。

（二）厂商参数

私人资本产出贡献份额 α_1 参照卞志村和杨源源（2016）[⑥]的研究，设为 0.585；公共资本产出贡献份额 α_3 与王国静和田国强（2014）[⑦] 相同，设为 0.06；借鉴王玉凤和张淑芹（2015）[⑧]、罗娜和程方楠（2017）[⑨] 的研究，将中间产品间的替代弹性 ψ 设为 6；劳动力间的替代弹性 ψ_W 参照康立和龚六堂（2014）[⑩] 的研究，设定为 1.5；关于价格黏性的参数 θ，参照许志伟等（2011）[⑪]、梅冬州和龚六堂（2011）[⑫] 以及蒲火元和曹宗平（2018）[⑬] 将其设为 0.75；工资黏性的参数 θ_W 设为 0.75。

---

①⑥ 卞志村，杨源源．结构性财政调控与新常态下财政工具选择［J］．经济研究，2016（3），66－80.

② 刘斌．我国 DSGE 模型的开发及在货币政策分析中的应用［J］．金融研究，2008（10），1－21.

③ Zhang W. China's monetary policy: Quantity versus price rules［J］. Journal of Macroeconomics, 2009, 31（3）：473－484.

④ 杨源源．财政支出结构、通货膨胀与非李嘉图制度——基于 DSGE 模型的分析［J］．财政研究，2017（1）：64－76，88.

⑤ 张佐敏．财政规则与政策效果——基于 DSGE 分析［J］．经济研究，2013（1）：41－53.

⑦ 王国静，田国强．金融冲击和中国经济波动［J］．经济研究，2014（3）：20－34.

⑧ 王玉凤，张淑芹．财政政策冲击对社会福利及宏观经济的动态影响——基于新凯恩斯 DSGE 模型的分析［J］．中央财经大学学报，2015（4）：11－19.

⑨ 罗娜，程方楠．房价波动的宏观审慎政策与货币政策协调效应分析——基于新凯恩斯主义的 DSGE 模型［J］．国际金融研究，2017（1）：39－48.

⑩ 康立，龚六堂．金融摩擦、银行净资产与国际经济危机传导——基于多部门 DSGE 模型分析［J］．经济研究，2014（5）：147－159.

⑪ 许志伟，薛鹤翔，罗大庆．融资约束与中国经济波动——新凯恩斯主义框架内的动态分析［J］．经济学（季刊），2011（11）：83－111.

⑫ 梅冬州，龚六堂．新兴市场经济国家的汇率制度选择［J］．经济研究，2011（11），73－88.

⑬ 蒲火元，曹宗平．生产部门的减税政策对中国宏观经济的影响——基于 DSGE 模型的研究［J］．华东经济管理，2018，32（3）：89－95.

（三）政府和央行参数

稳态时的消费税税率 τ_{ss}^{c}、资本所得税税率 τ_{ss}^{k}、劳动所得税税率 τ_{ss}^{h}，本书借鉴门达萨等（Mendoza et al.，1994）①、刘初旺（2004）② 的做法，利用2007～2015年的年度数据（数据来源于国家统计局），分别计算出消费有效税率、劳动有效税率、资本有效税率，之后取其平均值视为稳态时的各项税率值，结果分别为0.1506、0.3478、0.1282；按照《中华人民共和国企业所得税法》（2017年修订版）第一章第四条规定，我国企业所得税的税率为25%，因此，取 τ_{ss}^{e} 为0.25；由于政府的公共投资主要用于水电、交通等基础设施建设，相较于私人资本而言，其折旧率相对较低，因此，公共资本折旧率 δ_G 参照武晓利和晁江锋（2014）③ 的研究，设定为0.0125（季度），对应的年度折旧率为0.05；参照卞志村和杨源源（2016）④ 的做法，将转移支付占产出比例 $\varphi_{TRANSss}$ 设为0.011，公共投资占产出比例 φ_{IGss} 设为0.123，债券发行占产出比例 φ_{Bss} 设为0.226，公共投资持续性参数 γ_{IG} 设为0.6856，公共投资对债券的反应参数 φ_{IG} 设为0.2141。央行参数与陈利锋（2017）⑤ 取值一致，将利率的平滑参数 γ_R、利率相对于产出的敏感性参数 γ_Y 和利率相对于通货膨胀的敏感性参数 γ_π 分别设为0.82、0.26和1.47。

（四）国外相关参数

国外市场的实际利率等式中，稳态时国外利率参数 r^* 和国外债券（负债）的国外利率弹性a参考乔治·麦坎德利斯（George McCandless，2011）⑥，分别设为0.03和0.01。

以上参数的校准值与估计值如表7－1所示。

---

① Mendoza E G, Razin A, Tesar L L. Effective tax rates in macroeconomics: Cross-country estimates of tax rates on factor incomes and consumption [J]. Journal of Monetary Economics, 1994, 34 (3): 297－323.

② 刘初旺．我国消费、劳动和资本有效税率估计及其国际比较［J］．财经论丛，2004（4）：9－16.

③ 武晓利，晁江锋．财政支出结构对居民消费率影响及传导机制研究——基于三部门动态随机一般均衡模型的模拟分析［J］．财经研究，2014（40）：4－15.

④ 卞志村，杨源源．结构性财政调控与新常态下财政工具选择［J］．经济研究，2016（3）：66－80.

⑤ 陈利锋．消息、房地产价格与货币政策［J］．当代财经，2017（6）：3－17.

⑥ McCandless G. The ABCs of ABCs : An Introduction to Dynamic Macroeconomic Models [M]. Cambridge: Harvard University Press, 2008.

表 7－1 参数校准结果

参数符号	参数名称	参数值
β	贴现因子	0.99
δ	私人资本折旧率	0.1
φ_c	消费习惯	0.7
σ	消费跨期替代弹性的倒数	2
ϕ	劳动跨期供给弹性的倒数	1.5
χ	投资调整成本的敏感性参数	2.395
α_1	私人资本产出贡献份额	0.585
α_3	公共资本产出贡献份额	0.06
ψ	中间产品间的替代弹性	6
ψ_W	劳动力间的替代弹性	1.5
θ	价格黏性的参数	0.75
θ_W	工资黏性的参数	0.75
τ_{ss}^c	稳态时的消费税税率	0.1506
τ_{ss}^k	资本所得税税率	0.3478
τ_{ss}^h	劳动所得税税率	0.1282
τ_{ss}^e	企业所得税税率	0.25
δ_G	公共资本折旧率	0.05
$\varphi_{TRANSss}$	转移支付占产出比例	0.011
φ_{IGss}	公共投资占产出比例	0.123
φ_{Bss}	债券发行占产出比例	0.226
γ_{IG}	公共投资持续性参数	0.6856
φ_{IG}	公共投资对债券的反应参数	0.2141
r^*	稳态时国外利率	0.03
a	国外债券（负债）的国外利率弹性	0.01
γ_R	利率持续性参数	0.82
γ_Y	利率相对于产出的敏感性	0.26
γ_π	利率相对于通货膨胀的敏感性	1.47

二、劳动要素的供给冲击

对相关方程进行 Uhlig 对数线性化处理后，用 Dynare 模拟要素供给随机变动对产出Y、人均劳动报酬和劳动生产率及两者之比（W、LP、D1）、两者增长率及其比值（RW、RLP、D2）、要素报酬份额及其比值（LW、KP、D3）的影响。由于我国经济处于各类要素供给愈加丰富的发展阶段，因此，本书模拟劳动要素和资本要素供给各为1%的正向冲击。冲击模拟效果如下。

（一）李嘉图家庭的劳动要素供给冲击

总产出呈现先递增再递减的过程。由图7－1可知，给李嘉图家庭劳动要素供给一个1%的正向冲击，人均劳动报酬呈现期初快速下降再逐步回升的过程；劳动生产率呈现出先递减再增加再递减的过程；两者的比值由于人均劳动报酬下降相对较多，呈现出先递减再递增的过程。从两者增长率的波动来看，人均劳动报酬增长率处于下降通道，降幅逐渐回稳态；劳动生产率增长率期初由于劳动供给增加，增长为负，但随即快速调整为上升通道；两者增长率之比期初为负，后逐步回稳。从要素份额占比变化来看，随着李嘉图家庭劳动要素供给增长，期初由于人均劳动报酬下降，尽管劳动供给增加，但劳动报酬份额下降；总产出增加，资本报酬份额亦下降；劳动要素与资本要素份额之比也呈现先下降后回稳的趋势。

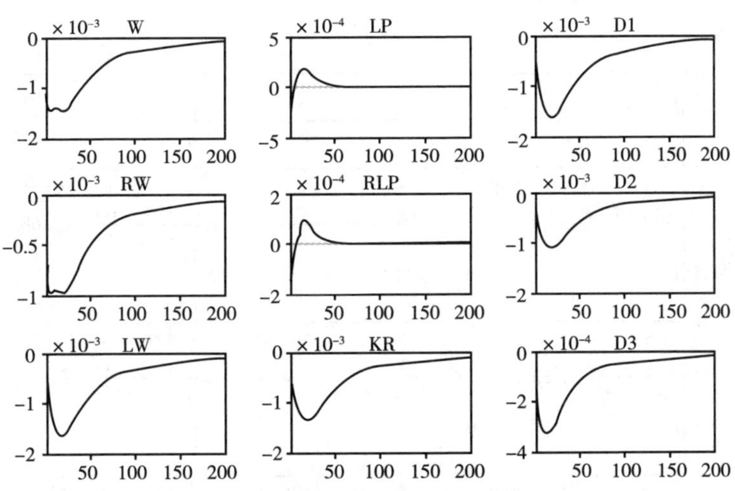

图7－1　李嘉图家庭劳动要素的供给冲击

这些动态特征主要是由两类家庭劳动与闲暇的收入效应和替代效应的大小决定。李嘉图家庭劳动供给增加，劳动报酬下降；非李嘉图家庭由于工资下降，选择闲暇，劳动供给下降，但总的劳动供给增加。李嘉图家庭由于劳动供给增加，配套的私人投资增加，因此，人均劳动报酬增长率负向变化，劳动生产率增长率后期以正向变化为主，两者短期没有呈现同步增长特征；从三类占比曲线来看，短期出现明显波谷，后期曲线较为缓和，因而判断两者短期变化非同步特征明显、中期交错、而长期逐渐趋向同步。

（二）非李嘉图家庭的劳动要素供给冲击

总产出呈现先递增再递减然后再递增再递减的过程。由图 7 – 2 可知，给非李嘉图家庭劳动要素供给一个 1% 的正向冲击，人均劳动报酬呈现期初快速下降再快速回升的过程；劳动生产率呈现出递减过程，但快速稳定；两者的比值由于人均劳动报酬下降相对较多，呈现出递减幅度较大再逐渐降幅减小的过程。从两者增长率的波动来看，人均劳动报酬增长率处于下降通道，降幅快速回落；劳动生产率增长率期初为负，快速回归稳态；两者增长率之比期初负值较大，中长期后比值快速接近。从要素份额占比变化来看，随着非李嘉图家庭劳动要素供给增加，期初由于人均劳动报酬下降，尽管劳动供给增加，劳动报酬份额仍呈现下降特征；总产出增加，资本报酬份额也下降；由于总产出的波动特征，使劳动要素与资本要素份额之比呈现出先下降再上升、再下降再上升的趋势。

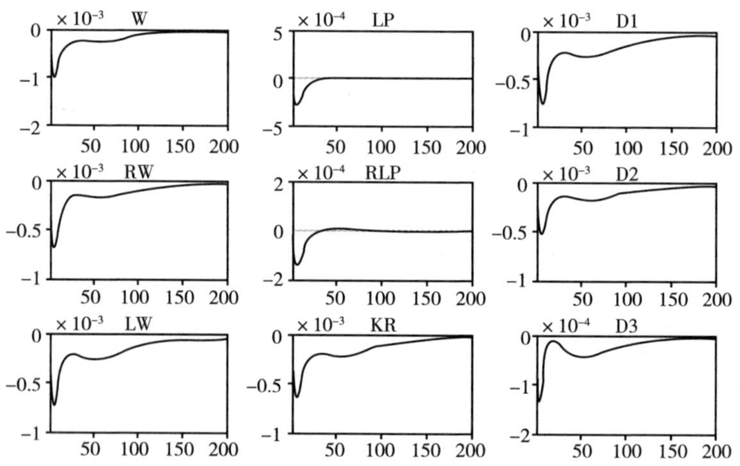

图 7 – 2　非李嘉图家庭劳动要素的供给冲击

与李嘉图家庭劳动供给冲击类似，这些动态特征也是由两类家庭劳动与闲暇的收入效应和替代效应的大小决定的。非李嘉图家庭劳动供给增加，劳动报酬下降；李嘉图家庭由于工资下降，选择闲暇，劳动供给下降，但总的劳动供给增加。李嘉图家庭由于劳动供给减少，也选择降低私人投资，因此，人均劳动报酬增长率指标负向变化，劳动生产率增长率亦负向变化，两者变化方向一致，但前者降幅大于后者；从三类占比曲线来看，均在短期快速下降后，快速反弹表现为相对平缓的曲线，因此，相对李嘉图劳动供给冲击而言，非李嘉图家庭劳动供给冲击下，两者的同步性变化特征相对较好。

（三）李嘉图家庭和非李嘉图家庭同时发生劳动要素供给冲击

假定两类要素供给的冲击是独立进行的，从其冲击后的方差分解结果来看（见表7－2），李嘉图家庭的劳动供给冲击是所有指标波动的主要来源；但在劳动生产率和劳动生产率增长率指标上，非李嘉图家庭的劳动供给冲击也贡献了很大的比重，达到了46.86%。

表7－2　　劳动要素供给冲击的方差分解

项目	W	LP	D1	RW	RLP	D2	LW	KR	D3
李嘉图家庭劳动供给冲击	86.83	53.14	91.07	86.83	53.14	90.45	91.07	90.2	94.05
非李嘉图家庭劳动供给冲击	13.17	46.86	8.93	13.17	46.86	9.55	8.93	9.8	5.95

三、资本要素的供给冲击

（一）私人资本要素供给冲击

总产出呈现先递增再递减的过程。由图7－3可知，给私人资本要素一个1%的正向冲击，人均劳动报酬呈现期初下降再逐步回升的过程；劳动生产率呈现先递增再快速回稳的过程；两者的比值由于人均劳动报酬下降，呈现先递减再回稳的过程。从两者增长率的波动来看，人均劳动报酬增长率处于下降通道，降幅逐渐回落；劳动生产率增长率处于上升通道；两者增长率之比先下降后回稳。从要素份额占比变化来看，资本要素投入增加，劳动要素供给调整与之匹配，在向最优状态稳态迈进的过程中，要素份额均下降；劳动要素与资本要素份额由于劳动份额相对下降较多呈现出先下降后回稳的趋势。

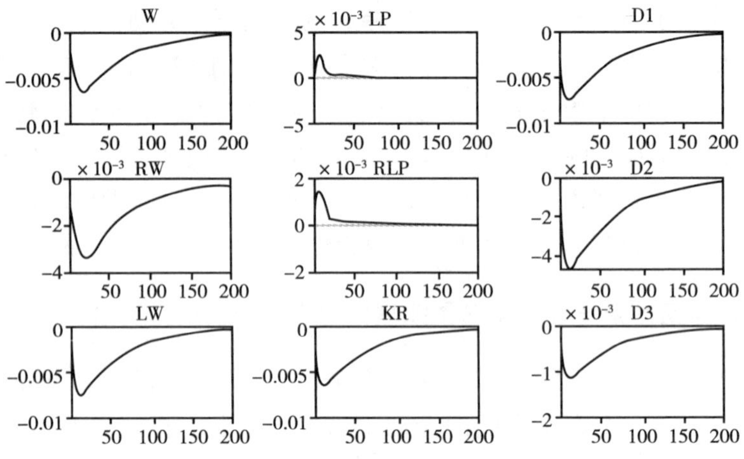

图 7-3 私人资本要素的供给冲击

这些动态特征主要是由动态调整过程中劳动要素与私人资本要素之间的替代关系决定的。李嘉图家庭私人资本供给增加，劳动被替代，总产出增加；劳动报酬下降，随之而来的是李嘉图家庭的劳动供给下降，而非李嘉图劳动供给增加，但总体劳动供给下降。因此，人均劳动报酬增长率指标负向变化，劳动生产率增长率以正向变化为主，两者没有呈现出同步增长特征；从三类占比曲线来看，短期出现尖锐的波谷，中期仍有很大差距，后期曲线才较为缓和，因此，判断两者短期变化非同步特征明显，需要较长时期才能趋向同步。

（二）公共资本要素供给冲击

总产出呈现快速上升立即回落的过程。由图 7-4 可知，给公共投资一个 1% 的正向冲击，人均劳动报酬呈现期初上升再下降的过程；劳动生产率呈现先下降再上升随即马上趋稳的过程；两者的比值由于人均劳动报酬期初上升、后期下降，呈现先递增再递减的过程。从两者增长率的波动来看，与劳动报酬与劳动生产率波动图形基本一致，但相对幅度更小。从要素份额占比变化来看，劳动要素和资本要素报酬份额都呈现先递增再递减的过程；两者份额比值，由于资本份额上升明显，主体呈现递减的特征。

这些动态特征主要是由动态调整过程中劳动要素与公共资本要素之间的互补关系决定的。政府的公共投资增加，引发劳动供给增加，总产出增加；劳动报酬增加，资本报酬增加，但资本份额相对增加更多。因此，人均劳动报酬增长率指标呈现期初正向增长、又快速转为负向增长的特征；而劳动生产率增长率呈现出期初为负向增长、随即快速转为正向变化的特征，两者增长特征完全相反；从三类占比曲线来看，短期出现缓和的波谷，中长期均较为波动较小，说明政府公共投资对两者的作用时效较短。

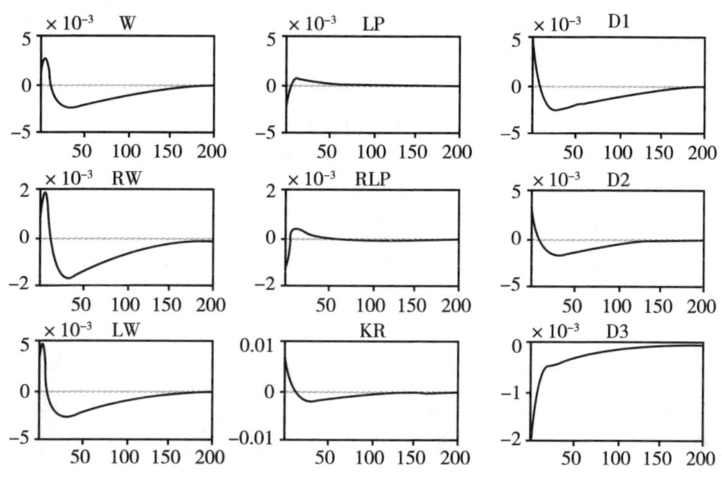

图7－4　公共资本要素的供给冲击

（三）私人部门和公共部门同时发生资本要素供给冲击

假定两类资本供给的冲击是独立进行的，从其冲击后的方差分解结果来看（见表7－3），私人资本的供给冲击是所有指标波动的主要来源；但在劳动生产率、劳动生产率增长率和要素份额比的指标上，公共资本的供给冲击也贡献了很大的比重，分别达到了31.36%和39.42%。

表7－3　资本要素供给冲击的方差分解

项目	W	LP	D1	RW	RLP	D2	LW	KR	D3
私人资本供给冲击	83.75	68.64	82.8	83.75	68.64	82.99	82.8	77.27	60.58
公共资本供给冲击	16.25	31.36	17.2	16.25	31.36	17.01	17.2	22.73	39.42

四、劳动和资本要素供给的同时冲击

假定两类劳动供给冲击和两类资本供给冲击是独立进行的，从其冲击后的方差分解结果来看（见表7－4），首先是私人资本的供给冲击为所有指标波动的主要来源，最小值为解释了要素份额比波动的58.37%；其次是公共资本的供给冲击，最小值也解释了人均劳动报酬及其增长率波动的15.51%；最后是李嘉图家庭劳动供给冲击，而非李嘉图劳动供给冲击解释力均在1%以下。仅有劳动要素供给冲击时，贡献力较大的李嘉图家庭劳动供给冲击，在此情况下其威力不再；而在仅有资本要素供给冲击时，贡献较弱的公共资本冲击，在此情况下其影响力却大大增强。

表7-4　劳动要素和资本要素供给冲击的方差分解

变量	李嘉图家庭劳动供给冲击	非李嘉图家庭劳动供给冲击	私人资本供给冲击	公共资本供给冲击
W	3.95	0.60	79.94	15.51
LP	0.99	0.87	67.36	30.78
D1	3.48	0.34	79.64	16.54
RW	3.95	0.60	79.94	15.51
RLP	0.99	0.87	67.36	30.78
D2	3.55	0.37	79.73	16.34
LW	3.48	0.34	79.64	16.54
KR	3.10	0.34	74.62	21.95
D3	3.44	0.22	58.37	37.98

第三节　税收政策冲击对两者同步性影响的动态模拟分析

贾康和程瑜（2011）① 等认为，结构性减税并不等同于全面减税，而是一种"有增有减、以减为主"的结构性调整，目的是刺激经济增长、降低总体税负水平。本节将利用NK-DSGE模型经济政策实验室的功能，进行税收政策冲击模拟，模拟税收政策随机变动对产出Y、人均劳动报酬和劳动生产率及两者之差（W、LP、D1）、两者增长率及其比值（RW、RLP、D2）、要素报酬份额及其比值（LW、KP、D3）的影响，以找到促进两者同步增长的结构

① 贾康，程瑜．论"十二五"时期的税制改革——兼谈对结构性减税与结构性增税的认识［J］．税务研究，2011（1）：3-8.

性减税政策的有效组合。此外，为增加劳动报酬份额，本书对李嘉图家庭的资本所得税模拟为1%的正向冲击；由于我国税制改革的总体方向是合理减税，因此，本书模拟劳动所得税和企业所得税各自为1%的负向冲击。结构性减税政策的单一政策冲击和组合政策冲击模拟效果如下。

一、消费税冲击

目前，我国现行消费税的征收范围不仅包括所有人共同消费的基本商品和服务，还包括富人消费的高端商品和服务。国家税务总局当前的税收政策调整方向为逐渐增加奢侈品消费税目、减少生活必需品的消费税目，从而达到总体减负的目的。因此，本书假设李嘉图家庭消费的一篮子商品中，高端商品和服务消费额占有较高权重，称为李嘉图家庭消费品，模拟税负水平增加，给其消费税一个1%的正向冲击；非李嘉图家庭消费以基本商品和服务为主，称为非李嘉图家庭消费品，模拟税负水平减少，给其消费税一个1%的负向冲击。

（一）李嘉图家庭消费税的正向冲击

总产出呈现出快速下降随即回调趋稳的过程。由图7－5可知，给李嘉图家庭消费税一个1%的正向冲击，人均劳动报酬开始微微下降之后快速增加，劳动生产率先快速增加再快速减少，两者比值上升；两者增长率变化图形与

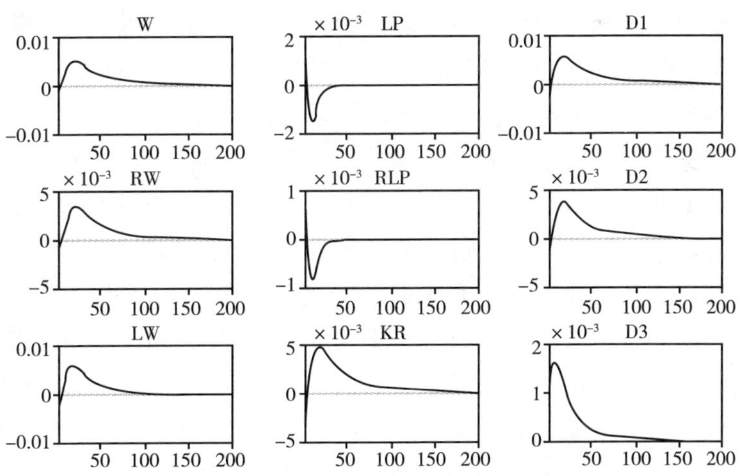

图7－5　李嘉图家庭消费税的正向冲击

前述一致，但相对而言，幅度更小；劳动报酬份额上升，资本报酬份额先快速下降再快速上升，两要素份额比值上升。

理论上认为以消费税为代表的间接税种通过改变消费品价格，进而影响家庭消费和厂商生产行为。这些动态特征主要是由李嘉图家庭存在消费与储蓄跨期的收入效应和替代效应、两类家庭劳动与闲暇的收入效应和替代效应的大小决定的。李嘉图家庭消费品的消费税率增加，使得该类消费品价格上升，从而使该类产品需求下降，刚开始资本收益率和工资率下降，进而投资和劳动供给减少；随后劳动和资本要素供给的减少，要素价格立即出现上升，劳动生产率上升。由于李嘉图家庭消费品价格上升，该家庭一直选择用储蓄替代消费；期初工资下降，闲暇变得更加便宜，劳动与闲暇以替代效应为主，闲暇增加，收入出现明显下降；后期工资率和资本收益率上升，闲暇变得昂贵，但由于资本收益增加，劳动力供给曲线为进入到“向后弯曲”部分，以收入效应为主，尽管选择用闲暇替代劳动，但仍表现出收入增加的特征。而非李嘉图家庭，前期与李嘉图家庭选择一致，由于工资下降，减少劳动供给，收入出现轻微下降；后期在工资上涨的情况下，由于该家庭没有资本收入，选择以替代效应为主，增加劳动供给，收入增加，但整体劳动生产率下降。因此，呈现出劳动报酬与劳动生产率波动短期一致、中期相反、长期一致的特征。

（二）非李嘉图家庭消费税的负向冲击

非李嘉图家庭的消费税减少，总产出呈现出快速增加随即回调趋稳的过程。由图 7 -6 可知，给非李嘉图家庭消费税一个 1% 的负向冲击，人均劳动报酬先增加后下降，劳动生产率先快速下降再快速回调，两者比值先升后降；两者增长率变化图形与前述一致，但相对而言，人均劳动报酬增长率、劳动生产率增长率和两者增长率比值波动幅度略小；劳动报酬份额先上升再下降，资本报酬份额先上升再快速回稳，两要素份额比值先下降再回稳。

这些动态特征主要是由于非李嘉图家庭消费税降低，使得该类消费品的价格下降，从而该类产品需求增加，期初资本收益率和人均劳动报酬上涨，进而投资和劳动供给增加。在需求扩大的背景下，李嘉图家庭受消费和储蓄跨期替代效应、劳动和闲暇替代效应的影响，表现出收入大幅上升的特征；非李嘉图家庭当期收入等于当期消费，不存在消费和储蓄之间的选择，而消费税的直接下降，致使其前期劳动和闲暇之间的收入效应明显、后期替代效应显现，综合表现为收入小幅上升的特征。由于期初的劳动报酬上涨和劳动供给增加，表现为劳动报酬增长率先增后减、劳动生产率增长率先减后增的特征，两者也呈现出短期相反、中长期一致的波动特征。

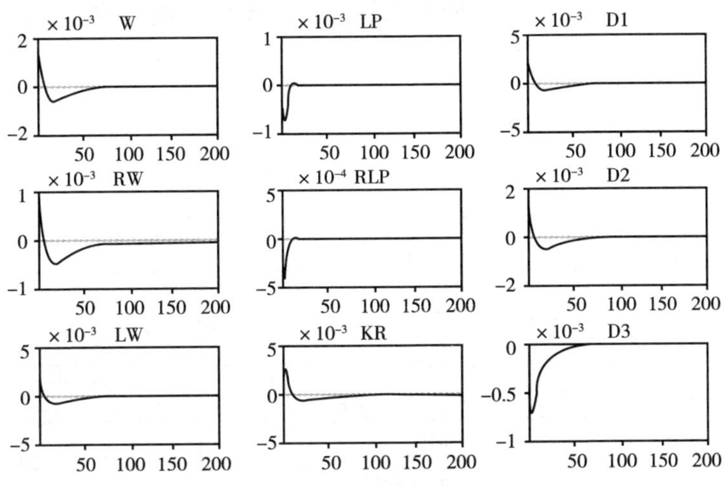

图 7-6　非李嘉图家庭消费税的负向冲击

二、要素所得税冲击

（一）劳动所得税冲击

总产出呈现出短期突然增加然后逐渐回落的过程。由图 7-7 可知，给劳动所得税一个 1% 的负向冲击，人均劳动报酬下降，劳动生产率先下降再快速回调，两者比值先升后降；两者增长率变化图形与前述一致，但相对而言波动幅度更小；劳动报酬份额先上升再下降，资本报酬份额先上升再下降然后逐渐回稳，两要素份额比值先上升再下降再快速回稳。

这些动态特征主要是由于劳动所得税等直接税通过改变资本要素和劳动要素的相对价格，进而影响家庭消费和厂商生产行为。劳动所得税减少使两类家庭的劳动供给增加，人均劳动报酬下降，但总劳动收入增加，消费需求增加，从而厂商扩大生产，进而增加对劳动要素和资本要素的需求，工资率和资本收益率回升；由于资本只来自李嘉图家庭，而劳动来自两类家庭，综合来看，前期资本收益率上升的幅度略大于工资率上升的幅度。随着后期劳动和资本供给的不断增加，工资率和资本收益率长期趋势下降，因此，工资率和资本收益率总体呈现出先升后降的特征。而劳动生产率由于期初的劳动供给大幅增长而出现短暂下降，随后上扬。从两者增长率来看，劳动报酬增长率由降幅较大转为降幅较小，劳动生产率先降后升，且劳动报酬增长率的反应时间更长，导致两者在时期上的错配，呈现出短期一致、中长期相反的特征。

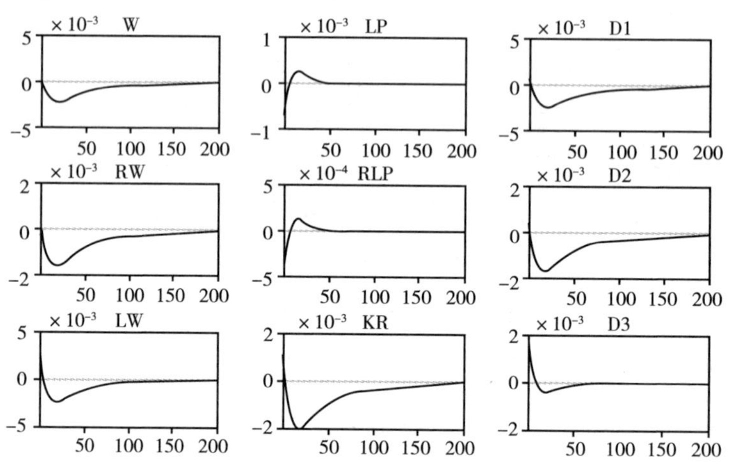

图 7－7 劳动所得税的负向冲击

（二）资本所得税冲击

总产出呈现期初下降然后逐步回调的过程。由图 7－8 可知，给资本所得税一个 1% 的正向冲击，人均劳动报酬先下降再上升，劳动生产率先上升再快速下落，两者比值先降后升；两者增长率变化图形与前述一致，但相对而言幅度更小；劳动报酬份额先下降再上升，资本报酬份额先下降再上升再下降，两要素份额比值快速上升再快速回稳。

这些动态特征主要是由于资本所得税增加使李嘉图家庭的资本收入减少，消费需求减少，从而厂商缩小生产规模，进而减少对劳动要素和资本要素的需求，工资率和资本收益率下降；随着后期劳动和资本供给的不断下降，工资率和资本收益率长期趋势上升，因此，工资率和资本收益率呈现出先降后升的特征。劳动生产率由于期初的劳动供给下降，而呈现递增的趋势；但随着人均劳动报酬增加，劳动供给增加，劳动生产率下降。人均劳动报酬增长率和劳动生产率增长率呈现短期相反、长期一致的变化特征。

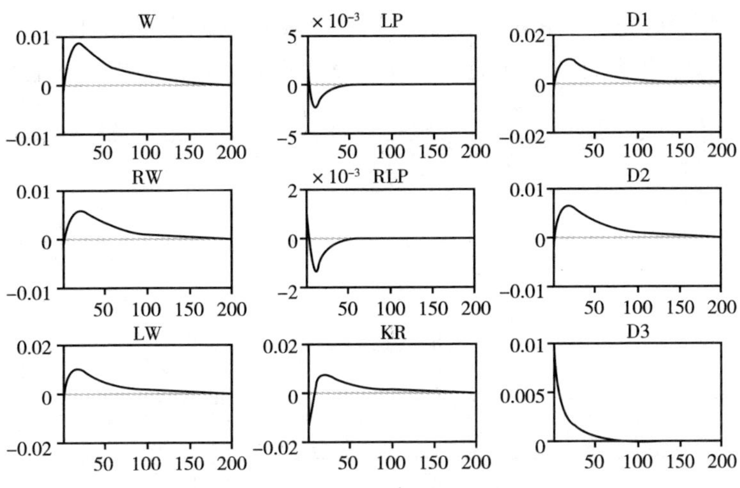

图7－8　资本所得税的正向冲击

（三）企业所得税冲击

总产出呈现出突然上升然后逐步回调的过程。由图7－9可知，给企业所得税一个1%的负向冲击，人均劳动报酬先上升再下降，劳动生产率先下降再快速上升然后快速回稳，两者比值先升后降；两者增长率变化图形与前述一致，但相对而言，波动幅度更小；劳动报酬份额先上升再下降，资本报酬份额与劳动报酬份额变化趋势基本一致，两要素份额比值先下降再快速回稳。

这些动态特征主要是由于企业所得税减少，厂商利润增加，一方面会刺激厂商扩大生产，增加对资本要素和劳动要素的需求，资本收益率和工资率增加，但资本收益率增加更多；另一方面会导致投资收益增加，进一步刺激家庭投资需求，从而资本收益率变化的速度和幅度略大于工资率变化的速度和幅度。期初由于劳动要素供给的大幅增加，劳动生产率出现短暂下降。从两者增长率的波动图形来看，短期两者方向正好相反，长期趋于回稳一致。

（四）单一税收政策的劳动报酬与劳动生产率相关指标效应的比较

假定五类税收的冲击是独立进行的，从其冲击后的方差分解结果来看（见表7－5），首先，资本所得税冲击是所有指标波动的主要来源，最小值为解释了劳动生产率及其增长率波动的38.41%；其次，企业所得税冲击也贡献较大比重，甚至在资本所得税解释最小时，其解释比例高达46.31，其最小值解释了要素报酬份额比值波动的20.91%；最后，李嘉图家庭消费税冲击，大部分解释的贡献占比均在 10% 以上，只有对要素报酬份额占比波动的解释为 4. 85%；劳动所得税冲击贡献较少，非李嘉图家庭消费税冲击贡献最小。

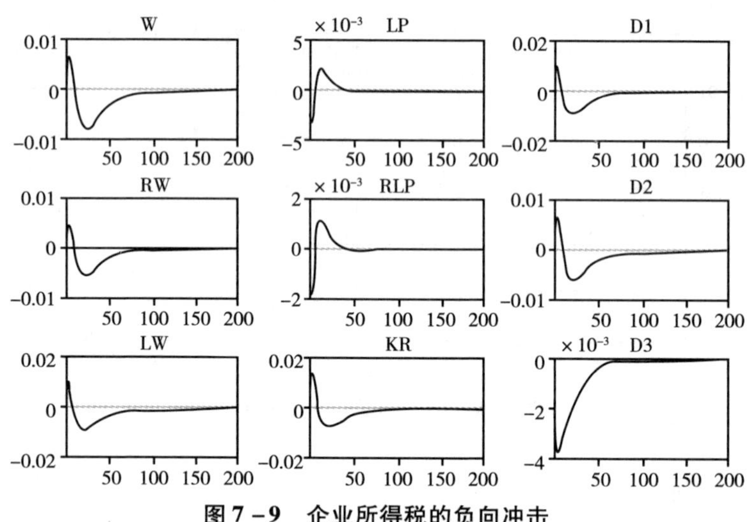

图 7 -9　企业所得税的负向冲击

表 7 -5　各税收政策冲击的方差分解

变量	李嘉图家庭消费税冲击	非李嘉图家庭消费税冲击	劳动所得税冲击	资本所得税冲击	企业所得税冲击
W	13. 83	0. 32	3. 13	50. 42	32. 30
LP	12. 77	1. 10	1. 39	38. 41	46. 32
D1	13. 61	0. 40	2. 80	49. 03	34. 16
RW	13. 83	0. 32	3. 13	50. 42	32. 30
RLP	12. 77	1. 10	1. 39	38. 41	46. 32
D2	13. 65	0. 39	2. 85	49. 26	33. 86
LW	13. 59	0. 40	2. 93	48. 96	34. 11
KR	11. 58	0. 71	2. 36	49. 46	35. 89
D3	4. 85	0. 39	1. 47	72. 38	20. 91

三、结构性减税的税收政策组合分析

假定四类要素供给冲击和五类税收冲击是独立进行的，从其冲击后的方差分解结果来看（见表 7 -6），第一是资本所得税冲击是所有指标波动的主

要来源，最小值也解释了劳动生产率及其增长率波动的27.12%；第二是企业所得税冲击和私人资本供给冲击都贡献较大比重，两者对各类指标的冲击有高有低，除劳动生产率及其增长率差异、要素报酬份额比的解释相差10%以上外，其余贡献两者相差无几；第三是贡献度较大的指标为李嘉图家庭消费税冲击，除要素报酬份额比指标贡献为4.47%，其余指标贡献均在9%左右；第四是公共资本要素冲击，围绕5%上下波动；第五是李嘉图家庭劳动要素供给冲击，围绕1%上下波动；剩余两者均和非李嘉图家庭有关，即非李嘉图家庭消费税冲击和非李嘉图家庭劳动要素供给冲击，贡献度都在1%以下。

表7-6　各要素供给冲击与各税收政策冲击的方差分解

项目	W	LP	D1	RW	RLP	D2	LW	KR	D3
李嘉图家庭劳动要素供给冲击	1.16	0.29	1	1.16	0.29	1.03	1	0.87	0.27
非李嘉图家庭劳动要素供给冲击	0.18	0.26	0.1	0.18	0.26	0.11	0.1	0.09	0.02
私人资本要素供给冲击	23.39	19.8	22.97	23.39	19.8	23.04	22.94	20.94	4.64
公共资本要素供给冲击	4.54	9.05	4.77	4.54	9.05	4.72	4.76	6.16	3.02
李嘉图家庭消费税冲击	9.79	9.02	9.69	9.79	9.02	9.7	9.68	8.33	4.47
非李嘉图家庭消费税冲击	0.23	0.78	0.29	0.23	0.78	0.28	0.28	0.51	0.36
劳动所得税冲击	2.21	0.98	1.99	2.21	0.98	2.02	2.09	1.7	1.35
资本所得税冲击	35.67	27.12	34.89	35.67	27.12	35.03	34.86	35.58	66.63
企业所得税冲击	22.85	32.71	24.31	22.85	32.71	24.07	24.28	25.82	19.25

第八章　推动中国劳动报酬与劳动生产率同步增长的政策建议

经过第四章中国劳动报酬与劳动生产率的演化分析及同步性检验发现，两者尚未实现同步增长，一定时期表现出劳动生产率增长快于劳动报酬增长，一定时期又表现出劳动报酬增长超过劳动生产率增长，这不仅与当时经济发展情况下的宏观调控政策有关，更与当时的收入分配制度密切相关。本章将在对中国收入分配制度演变特征总结的基础上，重点关注其中公平与效率目标的转化，并在新时代宏观经济背景下，凝练出当前公共政策至少应努力实现的目标，结合当前目标及前文的理论梳理、机理研究和实证模拟，提出推动中国劳动报酬与劳动生产率同步增长的政策建议。

第一节　中国收入分配制度变迁

在计划经济时代，企业生产高度集权，收入分配也是高度计划和集权。在改革开放后，尤其是实行市场经济体制以来，企业生产主要由市场调节，收入分配也主要通过市场机制来实现。随着收入分配制度的变迁，劳动报酬和劳动生产率非同步增长问题逐渐凸显。如果劳动生产率增长长期高于劳动报酬增长，那么居民收入差距将会日益扩大，不仅会伤害社会公平，甚至会降低生产效率；反之，如果劳动报酬增长长期高于劳动生产率增长，则将会影响厂商生产的积极性，进而生产效率低下。显然，回顾中国收入分配制度变迁，探索其演变规律，将有助于实现劳动报酬与劳动生产率同步增长。

一、中国收入分配制度变迁的阶段划分

中国收入分配制度改革与经济体制改革紧密相连。按照中国经济体制改

革和收入分配原则制度变迁的进程，可将收入分配制度细分为四个发展阶段①。

第一阶段的按劳分配制度（1978～1986年）：此阶段虽然弱化了改革开放前计划经济体制所实行的平均分配主义，出现了市场经济的苗头，但分配的主体只有政府，分配的要素只有劳动。与改革开放前农村的“工分制”相比，开放后实行的是家庭联产承包责任制，城市里面由原先政府颁布的固定工资制度转变为工资分配权下放给所在企业，由企业根据工人工作表现决定其收入水平，并允许拉大工资收入差距，以打破“大锅饭”，刺激了广大工人的生产积极性，劳动生产率得到极大提升。

第二阶段的按劳分配为主体、其他分配方式为补充的分配制度（1987～1992年）：此阶段中国实行以计划经济为主、市场经济为辅的经济体制，收入分配虽然以国家行政命令为主，但市场机制的作用开始显现。与往年相比，此阶段有一个重大的突破，即党的十三大明确提出要建立“按劳分配为主体，其他分配方式为补充的收入分配制度”，“除了按劳分配这种主要方式和个体劳动所得以外，企业发行债券筹集资金，就会出现凭债权取得利息；随着股份经济的产生，就会出现股份分红；企业经营者的收入中，包含部分风险补偿；私营企业雇用一定数量劳动力，会给企业主带来部分非劳动收入。以上这些收入，只要是合法的，就应当允许”。这表明劳动以外的要素可以参与收入分配，且分配主体由政府和国有企业扩展到股份制企业和私营企业。从此，由于其他要素和其他主体参与分配，随着劳动生产率上升，劳动报酬绝对值增加的同时，其占比呈现下降趋势。

第三阶段的按劳分配为主体、允许资本等生产要素参与收入分配的分配制度（1993～1996年）：邓小平同志南方谈话之后，市场经济体制如火如荼地发展起来。在党的十三大提出允许劳动以外的要素参与收入分配后，资本要素的功能日渐强大；党的十四届三中全会继续实行按劳分配为主体的分配制度，进一步明确提出允许个人资本等要素参与收入分配，从此资本要素登上了收入分配的舞台，并且其力量日渐强大。

第四阶段的按劳分配与按要素分配相结合的分配制度（1997年至今）：随着市场经济体制日渐成熟，收入分配制度逐渐向市场调节为主、政府调节

---

① 刘海波，张兆阳．中国收入分配制度变迁下的居民收入差距形成研究［J］．税务与经济，2014（1）：22－26.

为辅的方向转变。自从党的十四届三中全会提出资本要素参与收入分配以后，后期的收入分配制度就开始围绕各类要素进行发展。党的十五大提出允许和鼓励资本、技术等生产要素参与收益分配；党的十六大确立劳动、资本、技术和管理等生产要素按贡献参与分配的原则；党的十七大提出要健全劳动、资本、技术、管理等生产要素按贡献参与分配的制度；党的十八大提出要进一步深化收入分配制度改革，完善劳动、资本、技术、管理等要素按贡献参与分配的初次分配机制，加快健全以税收、社会保障、转移支付为主要手段的再分配调节机制；党的十九大提出坚持按劳分配原则，完善按要素分配的体制机制。其中，党的十八大明确提出必须深化收入分配制度改革，努力实现居民收入增长和经济发展同步、劳动报酬增长和劳动生产率提高同步，提高居民收入在国民收入分配中的比重，提高劳动报酬在初次分配中的比重；党的十九大报告再次提出坚持在经济增长的同时实现居民收入同步增长、在劳动生产率提高的同时实现劳动报酬同步提高。“双同步”被一再强调。

二、中国收入分配制度变迁的特征

从上述收入分配制度和分配原则的政策演变中，可以发现中国的收入分配制度和分配原则具有鲜明的变化特征（见表 8－1），具体表现为以下四个方面。

表 8－1　改革开放以来党的历次代表大会有关收入分配决议一览

历次会议	分配主体	分配制度	效率	公平	生产要素
党的十一届三中（1978 年）	政府	按劳分配	注重积累	克服平均主义	劳动
党的十二大（1982 年）	政府	按劳分配	注重积累	克服平均主义	劳动
党的十二届三中（1984 年）	政府	按劳分配	注重积累	克服平均主义	劳动
党的十三大（1987 年）	政府 企业	按劳分配为主体 其他分配方式补充	促进效率提高	体现社会公平	劳动
党的十四大（1992 年）	政府 企业	按劳分配为主体 其他分配方式补充	兼顾效率	兼顾公平	劳动

续表

历次会议	分配主体	分配制度	效率	公平	生产要素
党的十四届三中（1993年）	政府、企业个人	按劳分配为主体多种分配方式并存	效率优先	兼顾公平	劳动个人资本
党的十五大（1997年）	政府、企业个人	按劳分配为主体多种分配方式并存	效率优先	兼顾公平	劳动、资本技术
党的十六大（2002年）	政府、企业个人	按劳分配为主体多种分配方式并存	初次分配注重效率（效率优先）	再分配注重公平（兼顾公平）	劳动、资本技术、管理
党的十七大（2007年）	政府、企业个人	按劳分配为主体多种分配方式并存	初次分配处理好效率	更加注重公平	劳动、资本技术、管理
党的十八大（2012年）	政府、企业个人	按劳分配与按要素分配相结合	初次分配和再分配都要兼顾效率	再分配更加注重公平	劳动、资本技术、管理
党的十九大（2017年）	政府、企业个人	坚持按劳分配原则完善按要素分配	更有效率	更加公平	劳动、资本技术、管理

注：资料提炼、整理于中央历次党代会公报。1987 年的党的十三大首次明确提出反对平均主义；1993 年的十四届三中全会首次使用资本要素的概念。

第一，政府与市场分配角色的变化：改革开放之前的计划经济条件下实行平均分配主义，主要靠行政命令强制执行；改革开放之后到 1992 年之前，中国实行计划经济为主、市场经济为辅的经济体制，收入分配仍然以国家行政命令为主，但已经出现市场调节为辅；1992 年之后，市场经济体制逐渐占主要地位，收入分配也逐渐从国家的行政干预向与市场调节相结合的方向转变；1997 年之后，随着市场经济体制改革的深入，其地位已经从主要转变为主导，收入分配也逐渐向市场调节为主、政府调节为辅的方向转变。

第二，参与分配的主体不断增加：由早期的政府分配主体，到政府和企业，再到当前的政府、企业和个人，再加上开放经济条件下的外部经济体。

第三，分配制度的动态调整：分配制度上由原先的平均分配到按劳分配；由按劳分配到按劳分配为主体；再由按劳分配为主体到按劳分配为主体、多种分配方式并存，再到按劳分配与按要素分配相结合，并提及完善按要素贡献分配的体制机制。

第四，参与分配的要素日益丰富：由最开始单一的劳动要素，过渡到劳动要素和个人资本，再到劳动要素、资本要素和技术要素，直到当前的劳动要素、资本要素、技术要素和管理要素。

以上可以看出，就个人拥有生产要素的收入贡献而言，计划经济时期以劳动要素收入为主、资本要素贡献较小；计划经济与市场经济相结合时期劳动要素与资本要素贡献份额上下胶着；市场经济为主时期的劳动要素分配地位逐渐趋弱、资本要素的分配地位逐渐趋强。显然从劳动要素和资本要素开始博弈的那一时刻起，劳动要素由于其本身的不可复制性和不充分流动性，资本要素由于其本身的可复制性和充分流动性，注定前者会越来越弱，后者会越来越强。如果不加干预，那么劳动报酬增速必将慢于劳动生产率增速。事实证明，党的十八大、党的十九大以来，两者同步增长一再强调和贯彻执行，目前已经取得了一定的积极效果。

三、收入分配制度变迁中效率与公平的选择

从表 8 -1 可以看出，改革开放以来，不同时期对效率与公平的侧重并不相同，中国的收入分配制度经历了效率与公平兼顾—效率优先、兼顾公平—更加注重公平阶段—重回效率与公平兼顾。

第一阶段的兼顾效率与公平（1978 ~ 1992 年）：改革开放之初，国内经济基础薄弱，生产资源有限，为了克服平均主义分配阻碍生产效率提高的弊端，开始提出合理拉开收入差距，促进效率的提高，这是释放生产力的要求；但同时为了实现共同富裕，又要防止收入差距过大，所以分配过程中要体现公平。

第二阶段的效率优先兼顾公平（1993 ~ 2004 年）：市场经济制度的确立，需要生产力更大程度地得到释放，因此，效率被提高到前所未有的高度，公平只被兼顾；在所有制结构上，以公有制包括全民所有制和集体所有制经济为主体，个体经济、私营经济、外资经济为补充，多种经济成分长期共同发展，不同经济成分还可以自愿实行多种形式的联合经营。随着更多形式生产要素的加入，收入分配的主体和形式日渐丰富，个体得到收入的渠道增多，但同时，收入分配差距逐渐拉大。

第三阶段的更加注重公平（2005 ~ 2017 年）：市场经济制度下效率的长期倾斜，使得现实中的收入差距被无限放大，资本、技术和管理等要素不断侵占劳动报酬，分配秩序混乱。据此，党的十六届五中全会提出要更加注重公平；党的十七大时期提出初次分配和再分配都要处理好效率和公平的关系，再分配更加注重公平；党的十八大提出了要深化收入分配制度改革，初次分配和再分配兼顾效率与公平，再分配更加注重公平。

第四阶段的重回效率与公平兼顾（2017 年至今）：党的十九大提出要激发全社会创造力和发展活力，努力实现更高质量、更有效率、更加公平、更可持续的发展。必须坚持质量第一、效益优先，以供给侧结构性改革为主线，推动经济发展质量变革、效率变革、动力变革，提高全要素生产率。必须始终把人民利益摆在至高无上的地位，让改革发展成果更多更公平惠及全体人民，朝着实现全体人民共同富裕的道路不断迈进。

可见，随着收入分配制度的变迁，参与收入分配的主体由单一的公有产权被多元化的产权所取代；参与分配的要素由单一的劳动要素被多要素所取代。分配主体和分配要素的不断丰富，加之早期效率的倾斜，及劳动要素与资本要素、技术要素和管理要素相比在初次分配中的天然弱势地位，多种因素相结合，致使劳动报酬增长率低于劳动生产率增长率。如果假定每个劳动力拥有的劳动要素相同，拥有的资本、技术与管理等要素不同，那么劳动报酬相同，而总收入不同；如果劳动报酬增长率超过劳动生产率增长率，那么增加值中的劳动报酬份额上升的概率较大；反之，则其余要素收入份额上升的概率较大。显然，如果生产要素组合及其回报差异明显，也将决定初次分配领域劳动报酬与劳动生产率的非同步性会越来越大；但如果辅助要素市场良好发展，加之结构性减税政策的有效调节，经过再分配阶段，劳动报酬与劳动生产率同步增长亦可实现。

第二节　公共政策目标与政策建议

众所周知，新时代背景下，我国社会主要矛盾已经转化成人民日益增长的美好生活需要和不平衡不充分的发展之间的矛盾。党的十九大报告指出“我国经济已由高速增长阶段转向高质量发展阶段，正处在转变发展方式、优化经济结构、转换增长动力的攻关期，建设现代化经济体系是跨越关口的迫切要求和我国发展的战略目标”。显然，我们应在此背景下思考当前的公共政策目标选择，并结合前文分析，提出有效的促进劳动报酬与劳动生产率同步增长的政策建议。

一、当前我国公共政策的目标

在国家的战略目标和发展理念指导下，结合宏观经济学四大目标，即经济增长、物价稳定、充分就业、国际收支平衡，为实现更高质量、更有效率、更加公平、更可持续的发展，当前我国公共政策目标至少应努力做到：第一，追求经济的适度增长，质量第一，速度适中；第二，缩小收入差距，实现全体人民共同富裕；第三，物价稳定与充分就业；第四，刺激内需与挖掘外需。

幸运的是，如果做到使我国的劳动报酬与劳动生产率同步增长，上述目标亦会以较大概率实现，原因在于：两者实现同步增长意味着经济在适度增长，并没有以牺牲劳动者的利益为代价，劳动报酬也在适度增长；劳动者权益得到保障，代表最广大劳动群众的利益，收入差距必然缩小，共同富裕会逐步实现；两者同步增长，意味着物价稳定，预期稳定，那么收入低的劳动者会选择用劳动替代闲暇、收入增加、需求增加，带动高收入者的投资增加，从而带动就业增加、生产增加，经济良性循环可能形成；国内经济运行质量好、效率高，竞争力强，外需自动实现。

二、基本理论梳理的结论及启示

前文中结合古典经济学、新古典经济学和新古典综合经济学，就其中代表性经济学家有关劳动报酬与劳动生产率的理论进行梳理，发现如下观点。

第一，古典经济学中，斯密认为，分工使劳动生产率提高；劳动报酬高低与劳动要素需求、相应用途和政策环境有关；劳动要素相对于资本要素处于从属地位，强调政策带来的要素分配的不均等。李嘉图认为，劳动报酬的高低，一方面和商品的价格波动有关，另一方面取决于劳动市场中劳动要素供给与需求；较为突出的观点是李嘉图认为机器的使用有利于劳动生产率提升，但不利于劳动报酬提升。萨伊提出效用论，并认为劳动要素和其他要素相结合才会具备生产力量；强调机器使用、生产的制度性安排和分工对劳动生产率的重要影响。乔治认为土地要素是根本，而劳动报酬取决于其劳动力的劳动产品，而且分配份额的多少又取决于在总产出中扣除地租之后剩余增值份额的大小，要素之间的分配是此消彼长的关系。

第二，新古典经济学中，马歇尔认为劳动报酬由劳动供需的均衡决定；要素流动性不同，要素回报不同；管理要素的报酬来自生产效率的提升。克拉克的思想在于其反复强调要素的边际报酬递减规律，工资为最后一单位劳动的边际产品；区分稳态的静态和从一个稳态向另一个稳态转化过程中的动态，并指出动态向新的均衡发展过程中是劳动生产率提升、利润逐渐向利息和工资转化的过程，因此，可以理解为该过程的前半程是劳动生产率高于劳动报酬增长率，后半程是劳动报酬增长率高于劳动生产率增长率的过程。霍布森认为大部分要素获得其边际产品的价格，但由于要素具有稀缺性或者辅助制度性安排，部分要素将会获得非生产性剩余，且稀缺性越高，获得的剩余越多，而劳动要素天然处于劣势。

第三，新古典综合经济学中，凯恩斯认为工资由边际消费倾向、投资量和供给函数来决定；随着有效需求增加，就业增加；资本收益会影响劳动报酬所占份额。罗宾逊夫人认为低水平的工资总是和低水平的生产力联系在一起。当技术进步发生时，劳动生产率会提高；但由于劳动的边际产品增加，工资上升，但工资所占份额如何变化，取决于技术偏向性。萨缪尔森认为劳动质量、市场竞争环境、制度等决定劳动报酬的多少，而利息、地租、利润的变化都会直接或间接影响劳动报酬及其所占份额。

从上述基本理论梳理过程中发现，影响劳动报酬的因素有劳动要素供给、劳动要素需求、劳动边际产品价值、劳动质量、政策制度因素、市场竞争环境等；影响劳动生产率的因素有机器使用、技术进步和政策制度因素等。而对两者之间关系的研究，普遍倾向的观点是稳态时两者一致增长，但在一个稳态向另一个稳态的动态转变过程中，如果受到技术冲击，那么劳动生产率上升，初期其增速快于劳动报酬增速；中期两者增速相当；后期随着该技术日益成熟，劳动生产率增速逐渐下降，相对而言劳动报酬增速上升。

三、机理研究的结论及启示

前文中结合新经济增长模型中的“干中学”模型、研发模型、人力资本模型和分利模型，就劳动报酬与劳动生产率的关系进行一阶矩和二阶矩的数理演绎，发现如下特征。

第一，“干中学”模型的演绎揭示劳动报酬与劳动生产率增长的同步性，不仅和外生参数 B、s 和 α 有关，更和要素供给存量及其变化率有关。

第二，研发模型的演绎揭示劳动报酬与劳动生产率增长的同步性，不仅和外生参数 s、α、δ、n 有关，也和生产部门中的要素投入份额有关；更和 L、K、A 三类生产要素供给过程中存量值的相对变化率密切相关。

第三，人力资本模型的演绎揭示劳动报酬与劳动生产率增长的同步性，不仅和外生参数 s、α、δ、n、ϕ 有关，更和受教育年限 E 有关。同时发现，就国民经济整体而言，适度的增长需要国民适度的受教育年限，并不是越长越好。

第四，分利模型的演绎揭示劳动报酬与劳动生产率增长的同步性，除了前三个模型所揭示的与要素供给变化、受教育时间长短等变量有关外，还揭示出与整个社会参与分利的比例及制度和政策安排有关，尤其是税收政策。

上述模型的稳态演绎显示劳动报酬与劳动生产率实现同步增长，但在动态演绎过程中，两者增长的同步性除了和当下生产关系确定的参数有关外，还和要素供给、制度安排等外生变量密切相关。

四、CGE 静态模拟结论及政策建议

前面通过构建包含三类活动、三类产品、四个经济主体的 CGE 模型，劳动要素和资本要素供给外生，融入增值税、企业所得说、居民所得税、进口关税、出口退税，独自模拟和联合模拟两类要素供给和五类税收政策的确定性变化冲击下，产出、人均劳动报酬、劳动生产率、人均劳动报酬和劳动生产率之比、人均劳动报酬增长率、劳动生产率增长率、人均劳动报酬增长率和劳动生产率增长率之比、劳动报酬份额、资本报酬份额、劳动报酬份额和资本报酬份额之比的静态变化。

（一）模型结论

通过确定性变化的模拟分析发现：第一，要素供给增加，有利于 GDP 增加，但劳动要素供给增加时，劳动报酬和劳动生产率相关指标下降；资本要素供给增加时，劳动报酬和劳动生产率相关指标增加；在劳动要素供给冲击下，劳动报酬逆向反应幅度相对较大，资本要素供给冲击下两者反应幅度一致。第二，增值税下降，GDP、劳动报酬、劳动生产率均增加，同样劳动报酬逆向反应幅度相对较大。第三，所得税中，居民所得税变化的影响不明显，但对企业所得税而言，其变化特征与增值税的影响基本一致，企业所得税下降，劳动报酬增加幅度相对较大。第四，关税中，出口退税增加，有利于 GDP、劳动报酬和劳动生产率相关指标增加，劳动生产率的增加幅度相对较大；进口税增加，有利于 GDP 和劳动报酬相关指标上升，但使劳动生产率相关指标下降，且对劳动生产率的相关指标影响较大。第五，在 CGE 模型的大部分确定性冲击中，劳动报酬和劳动生产率的反应方向一致，只有进口税的变化是唯一使两个变量呈现反方向变动的冲击；而且在大部分冲

击下，劳动生产率指标波幅都较大，只有在增值税和企业所得税的影响下，劳动报酬指标的波幅较大；而资本供给变化是唯一使两个变量反应幅度较为一致的冲击。

（二）政策建议

综上所述，在实现 GDP 稳步增长前提下，为促进劳动报酬和劳动生产率同步增长，本书得到以下三点启示。第一，在劳动报酬增长率低于劳动生产率增速时，可以采取降低增值税和企业所得税的方式，因为两种税率的确定性下降，都会使两者增加，且劳动报酬的反应较为激烈；也可采取增加进口税的方式，因为进口税增加，劳动报酬上升、劳动生产率下降。第二，在两者增速一致时，可以采取刺激资本要素供给增加的方式，因为资本要素供给增加时，劳动报酬与劳动生产率均上扬，且反应幅度较为一致。第三，当劳动报酬增长率高于劳动生产率增速时，可以采取增加出口退税的方式，因为出口退税增加时，各指标增加，且劳动生产率反应较为激烈。

需要强调的是，该模型模拟的是政策变量的确定性冲击下各变量的反应，即该项政策执行时信息完全对称，所有经济参与主体形成稳定预期并调整其行为选择，经过相当长的时期才会衍生出上述政策的作用结果。如果政策发布信息不对称，参与经济主体没有形成稳定预期，时间不够长，则政策作用效果会受到一定影响。

五、NK-DSGE 动态模拟结论及政策建议

前面通过构建开放经济条件下包含两类家庭的 NK-DSGE 模型，融入消费习惯、公共资本、投资调整成本、资本利用率、工资和商品价格黏性，分析了两类劳动要素供给、两类资本要素供给，及两类家庭消费税、劳动所得税、资本所得税和企业所得税五种税收政策冲击下，产出、人均劳动报酬、劳动生产率、人均劳动报酬和劳动生产率之比、人均劳动报酬增长率、劳动生产率增长率、人均劳动报酬增长率和劳动生产率增长率之比、劳动报酬份额、资本报酬份额、劳动报酬份额和资本报酬份额之比的动态变化。

（一）模型结论

通过动态随机冲击模拟分析发现：第一，两类劳动要素供给对劳动报酬

与劳动生产率的冲击方向基本一致，但作用时期和作用幅度不同；李嘉图家庭的劳动要素供给冲击使劳动报酬与劳动生产率呈现出短期变化方向一致、中期交错、长期一致的特征，而非李嘉图家庭的劳动要素供给冲击下两者反应方向基本一致；相对而言，李嘉图家庭的劳动供给冲击影响幅度更大。第二，两类资本要素供给冲击下，劳动报酬与劳动生产率的反应方向、反应时期和反应幅度均存在差别；私人资本供给冲击下，两者呈现出短期相反、中期交错、长期一致的特征；公共资本冲击下，两者短期和中期反应皆相反、但长期一致；相对而言，私人资本供给冲击影响幅度更大。第三，两类消费税冲击中，劳动报酬与劳动生产率的反应方向一致，但反应时期和反应幅度存在差别；李嘉图家庭消费税增加使两者呈现出短期相反、中期相反、长期一致的特征；非李嘉图消费税下降使两者呈现出短期相反、中长期一致的特征。相对而言，李嘉图家庭消费税冲击影响幅度较大。第四，三类所得税冲击中，劳动所得税下降使两者呈现出短期一致、中长期相反的特征；资本所得税增加使两者呈现出短期相反、长期一致的特征；企业所得税下降冲击使两者呈现出短期相反、长期一致的特征。相对而言，资本所得税冲击影响幅度最大，企业所得税影响次之。第五，九种随机冲击同时作用时，发现资本所得税贡献最大，其次是企业所得税和私人资本供给冲击，再次为李嘉图家庭消费税和公共资本要素供给冲击，而非李嘉图家庭的消费税和劳动供给冲击影响均较弱。

（二）政策建议

综上所述，在实现 GDP 稳步增长前提下，为促进劳动报酬和劳动生产率同步增长，本书得到以下四点启示。第一，效率高的生产要素对经济的调节能力更大，一方面应注重人力资本培育和资本的配置效率；另一方面也应关注各类人才的培养比例及私人和公共资本的调配比例。第二，全面减税政策会使家庭收入循环发生“马太效应”，穷者愈穷、富者愈富，阶层固化、贫困代际传递，不利于长期经济的高质量发展。而实施结构性减税政策，“以减为主、有升有降”，即减少企业所得税等税种，将有利于刺激经济稳步增长，同时适当调高奢侈品消费税等税率，将有利于增加政府的财政收入和提高调节收入再分配的能力。第三，为避免税收政策波动性带来的不利影响，任何税收政策都应在特定环境下针对某类行业、某类厂商、某类家庭，分类、局部进行，应采取单一税收政策变化适度、多种税收政策相结合的策略，合理确定税种及税率。在经济实践中，政府可以根据企业类别有选择地进行扶持①，降低企业所得税或给予免税、退税等优惠措施；亦可根据不同收入家庭所消费的商品种类、价格和数量，实行有差别的累进消费税。第四，在以产出增长、收入差距缩小、物价和就业稳定、增加消费需求四重目标为政策导向时，产出增长要以收入差距短期扩大为代价，或者收入差距缩小要以产出短期减少为代价，政策的短期目标和长期目标间存在矛盾与冲突。

在当前新时代背景下，应加强各类宏观政策间的协调配合，政府应在其政策作用效果长期可预期的情况下，短期施政时结合要素供给冲击和各类税收政策冲击的作用方向、作用时期和作用强度，同时也要兼顾生产要素动态调整过程中技术演进对产业升级的影响②，权衡取舍、扬长避短，力求通过实现劳动报酬与劳动生产率同步增长，最终实现更高质量、更有效率、更加公平、更可持续的发展。

---

① 潘文轩．税收如何影响中国的国民收入分配格局？——基于资金流量表的实证研究［J］．财政研究，2018（11）：84－95.

② 刘海波，邵飞飞，陈璐璐．内生性技术创新与东北地区制造业产业升级路径——兼顾东北地区要素贡献份额变化［J］．东北师大学报（哲学社会科学版），2019（4）：170－176.